Knowledge House & Walnut Tree Publishing

Knowledge House & Walnut Tree Publishing

誰在世界的中央

古代中國的天下觀

梁二平 著

自序

中央之國的文化由來

世界地圖是依據什麼觀念繪製的？思索這個問題，促成了我的《誰在地球的另一邊——從古代海圖看世界》。但還有一個問題仍纏繞著我：古代中國是怎樣將自己設定為「天下之中」，它對古代中國天下觀形成和對中國歷史進程的影響，這些問題的思考促成了這本書的寫作。

人類自從有了方位感，就有了空間的人為設定。這種定位留下的歷史痕跡，仍可在歷史悠久的漢字中找到。所以，這本書首先從古漢字入手，研究古人的方位認知。比如，東、西、南、北、中。這個排列與說法，更是「中」在方位裡核心地位的傳統表達。這個「中」似乎屬於方位，但又像是純粹的觀念，它好像不實際存在，而是由「東西南北」諸方位圍繞而成的觀念。另一方面，「中」又像是一種觀察「東西南北」的視點，是本體、是自我；「東西南北」是視線所及，是外在的處境。那麼，是先有存在，還是先有意識，是先有「中」，還是先有「東西南北」，可以留給玄學家接著探討。

《書》云：「人心唯危，道心唯微，唯精唯一，允執厥中。」舜帝告誡大禹說：人心是危險難測的，道心是幽微難明的，只有自己一心一意，精誠懇切的秉行中正之道，才能治理好國家。這裡的「中」字，已將中庸哲學最初的意思含在裡面：不偏謂中，不易謂庸。中者，天下之正道；庸者，天下之定理。中立而不依，無過而無不及。此時的「中」，已由確立方位提升到處世立場，進入了價值觀的層面。

接著本書由字而詞，在方位詞中繼續尋找先人的空間定位與地域分割。比如，甲骨文中提到的「方國」，《禹貢》中提到的「九州」。在「由家而國」和「化國為家」天下一統的過程中，漸漸有了「華夷貴賤」意識形態對空間認知的強力介入，也有了「蠻夷」對大中華「郁郁乎文哉」的融入與認同……古代中國對天下、對世界的認識，就是這樣一步步走過來的。

在相當長時間內，古代中國世界觀是獨立於世界之外而自成一體。如，「溥天之下，莫非王土，率土之濱，莫非王臣」、「帝王居中，撫馭萬國」、「恩威四海」、「萬國來朝」——雖然，古代中國長期以「王即天下」來看待世界，但它無法阻擋中國與世界的聯繫，或者說，開放的世界不會因此而不與中國發生關係，或產生衝突。比如，「張騫通西域」、「鄭和下西洋」、「英使馬戛爾尼訪問大清」……所以，古代中國的天下觀，也在變化中演進，在演進中碰撞出中國與世界的關係。

對世界的認知，除卻文字之外，還有地圖。地圖是空間表達的直觀反映。雖然，《史記》中有「圖窮匕現」的故事，可遺憾的是，我們不僅無法見到那幅燕國地圖，連秦一統天下後的「全國地圖」也見不到。我們能見到相對完整的「全國地圖」是宋代地圖，而古代中國的「世界地圖」則出現得更晚。元朝是中國歷史上極力追求擴張的一朝，但元朝的「世界地圖」也僅描繪了亞洲的西部以及靠近這一區域的非洲和歐洲的一小部份。

真正的世界地圖自西方傳來，即義大利傳教士利瑪竇為大明繪製的世界地圖——《坤輿萬國全圖》。利瑪竇使中國學者，甚至皇帝，認識到中國只是世界的一小部份；但與此同時，這位傳教士也以地圖的形式迎合了中國在世界中央的帝國心理，並成為延續至今中國版世界地圖的定式。

其實，以版圖而論世界的中央，是一個偽命題。因為地圖是一個文化的產物，它反映的不是自然，而是對自然的一種歸納；更多的時候，它呈現的政治現實，即權力現實。在帝王的眼裡，地圖甚至是流動的，每每構成新的延伸，給世界一個必須接受的現實。

凱撒時，羅馬的版圖最大，天下是羅馬的。

成吉思汗時，中國的版圖最大，天下就在蒙古人的馬蹄之下。

大航海時，葡、西兩國的版圖最大，地球一分為二，他們各取其一。

拿破侖時，法國的版圖最大，炮彈落到哪裡，哪裡就歸了小個子的帝國。

維多利亞時期，英國的版圖最大，有太陽的地方就有大不列顛的米字旗。

「王即世界」是所有帝國的世界觀，並非中國獨有。正如學者傅佩榮教授說：文化有四個特色，其中一個就是以自我為中心。一個民族不認為自己是文化的中心，而是邊緣，這個民族存在的理由就困難了。幾乎每一個國家都有這種文化傾向，要肯定自己在天地之間生存的價值。

從世界地理史看，西元前七世紀的巴比倫泥板地圖，即將兩河流域描繪為世界的中央。古羅馬，沒說自己是世界的中心，但卻說「條條大路通羅馬」。歐洲許多小國，都不以本國為世界的中心，卻以歐洲為世界的中心。如，近東、中東、遠東之說，就是以歐洲為中心來命名的。

自大不是古代中國獨有的毛病，只是古代中國在這種自大中，止步不前。在我們的先人以天朝為中心構想「萬國來朝」的和美圖景時，其他自大的國家，已開始用炮艦丈量和拓殖世界了。在中國人以「華夷貴賤」來區分文明的高下之時，西方人已開始信奉「優勝劣汰，適者生存」了。

以大清王朝而言，已不是不知道世界是什麼模樣的問題，而是害怕和無法應對，新觀念對王權對帝國的顛覆。皇帝以為舊的天下觀是「王道」與「道統」的保證和靠山，這才是古代中國最要命的與世界相處的態度。所以，「開眼看世界」也好，「師夷之長技以制夷」也罷，這些皮毛之變，都沒能讓這個王朝擺脫挨打的境地。

世紀之交時，有新銳地理學者擬將中國從世界地圖中央移開，構建新的中國版世界地圖，後來沒有付諸現實。因為，各國的本國版世界地圖都是將本國放在中央，這是通用的讀圖方式，它便於觀察本國與他國的空間關係。那種以東西半球為描繪基準的世界地圖，通常是作為國際版世界地圖來使用的。當然，觀察世界空間關係的最佳工具是地球儀，轉動它就會明白，我們該怎樣與這個世界相處。

梁二平

二〇一五年六月於中國深圳

目錄 CONTENTS

CONTENTS 目錄

目錄 CONTENTS

CONTENTS 目錄

目錄 CONTENTS

CONTENTS 目錄

目錄 CONTENTS

1 遠古方位，天經地義

遙遠的地平線

近代的符號學家說：「人不僅是理性和道德的動物，也是符號的動物。」人以符號的形式描繪世界，又用符號創造了新的世界。那麼，先讓我們從最簡單的符號，來看一看我們的祖先對這個世界「並不簡單」的描述。

祖先用「一」橫，描繪的是什麼呢？

世界最早的符號刻記，多數都留在陶器上，距今至少有八千年的歷史。由於陶符陶文多是以單體形式出現，讓人們很難確信它是文字，只能猜想它所表達的某種可能。

漢字，恐怕只有「一」這個字，出生之後就再沒有改變過。從陶符陶文、甲骨金文，再到大篆小篆，隸書楷書……「一」字的形體沒有絲毫改變。「一」是符號與文字的高度統一，以致我們無法比附它的前世，也很難知曉它是為何而造的。漢字是中國文化的構成因子，只有進入漢字的內部，才能對民族文化有所認知。

「一」是符號之源，是刻劃記憶之物，「一」也是造字之始。它是原始人以簡單應對複雜，以簡單符號概括複雜生活的表現。後來，原始人越來越聰明了，面對的世界也越發複雜了，要表達的東西更多了。符號轉而升級到文字，文字也越來越複雜，越來越像一幅畫了。

無論是中國的「兩河流域」，還是西亞的「兩河流域」，其出土的遠古陶器上都有眾多的「一」的單體符號。橫的「一」除去人們猜想的計數的作用外，更早的時候該是祖先對方位的表達與思考。

西方人認為字母出自陶文或泥板，東方亦認可漢字與陶文的淵源。

曾仔細觀看「人面魚紋」陶盆。這件新石器時代的陶盆，是半坡先民繪畫與符號的經典之作。人們對「人面魚紋」的含義有三十多種猜測，但我更想弄清楚陶盆邊上刻著多種符號，其中就有那神秘的「一」（圖1.1）。

蒙昧初開的先人，面對這個世界與自己的存在，他們用什麼來確定自己的所在，用什麼來區別空間所屬？在神產生之前，他們只能自己為所處的環境命名。大千世界，祖宗最先命名了哪個方位？答案就在「一」的刻劃中。它即是天，也是地，更是天地之間那條縫——地平線——的精彩概括。

祖先造「一」的時候，略去了地上的樹木，也不管天上的白雲，世界簡而約之為一條橫線。如果我們用西方語言學來分析，「一」的能指，它概括了世界的表象；而「一」的所指也進入了世界的本質。在這個意義上，可以

圖1.1：

新石器時代的「人面魚紋」陶盆，是半坡先民的繪畫與符號的經典代表，盆上除了圖畫，還刻了多種符號，其中就有神秘的「一」。

說「一」是表位的，是表數的，是物理的；更是說理的，甚至是精神的。

許慎在《說文解字》中，談了他對「一」的體會：「一，惟初太極，道立於一。造分天地，化成萬物。」劉安在《淮南子・詮言》中說「一也者，萬物之本也」。當然，說得最透的還是老子：「曲則全，枉則直，窪則盈，敝則新，少則得，多則惑。是以聖人抱一為天下式」。老子心中「一」即是天理，他認為「道生一，一生二，二生三，三生萬物」。所以，中國人以「天人合一」，為最高哲學。

漢字的高妙之處，在於它不像字母文字那樣，字母與意義是分開的；漢字的字，甚至是字中的一個筆劃，都有意義；字形與意義完全是一體的。此外，漢字還是向外不斷擴散的，一個字會變出另一個字。我們說它是「一」，它不僅僅是「一」，這偉大的一橫，代表的是天地方位的原點，它是原始部首之首，有著無數可能：一生「上」、一生「下」、一生「土」、一生「天」……「一」孕育著諸多方位和諸多意義的表達。

一生萬物，萬物歸一。

頭頂一片天

漢字是最具哲學意味的字，就說人間最崇高的詞——「天」的創造吧，其象形意味與哲學思想的融合，真是妙不可言。

甲骨文的「天」字有兩種：一種是，大字上面有個人頭的大頭人形象。另一種是，大字上面有一横，近於頭頂藍天的形象。金文繼承了甲骨文的這兩種寫法，稍有變化。小篆將這兩個字合二為一，演進為「從一從大」的「天」字。

「天」是個又具象又抽象的字，表達的意思，也是一步步統一的。

最初的「天」字，指的不是天空。殷墟卜辭中的「天」，是人體之「天」，也就是腦袋。如，「疾朕天」，直譯即「病我頭」。甲骨文中，雖然沒有直接表示天空的「天」字的用法，但卻有表現降水的「雨」字。其字以「一」代天，下面是一串串「雨滴」。那個「一」表明了商朝人對天空的認識，並有了明確地表達。這「一」横，看上去很簡單，實是偉大的定位。人們開始了對天的追問——甲骨文幾乎所有的問題都是「天問」。

金文中的「天」，已經有了天空意思，但所表達的是「上天」與「天命」的抽象概念。

西元前一千多年時，周王朝處在上升期，鋒頭正勁。康王封賞武將盂，告誡他要頭腦清醒，少喝酒。為了紀念此事，盂鑄了一尊今天看來是西周最大的鼎——大盂鼎，上面鑄有兩百九十一個字的「長篇」文章（商朝青銅器銘文很短，西周有所增加）。其銘文在讚美先王時，使用了「文王受天有大命」

的說法。這裡的「天」是最早的「天命」表達。在傳世最長銘文（四百九十七字）的西周毛公鼎內壁銘文中，還可以見到關於「皇天」一詞，其清晰的「天」字的第一筆仍是象徵人的頭部的圓點，「人」與「天」聯繫緊密（圖1.2）。純粹描繪自然天空的「天」，其用法還要更晚一些。

對天的定位，顯示了祖先的高超智慧。以頭為天，這個認識很高；頭上有天，這個認識更高；天人合一，則成就了中國哲學：

有物混成，先天地生。
寂兮寥兮，獨立而不改，周行而不殆，可以為天地母。
吾不知其名，強字之曰道，強為之名曰大。
大曰逝，逝曰遠，遠曰反。
故道大，天大，地大，人亦大。
域中有四大，而人居其一焉。
人法地，地法天，天法道，道法自然。

圖1.2：

西周晚期的毛公鼎內壁銘文中，第一行末尾「皇天」的「天」字，第一筆就是象徵人的頭部的圓點。

「大」是老子給「天」勉強取的名和字，「四大」的次序「人法地，地法天，天法道，道法自然」——則表達了中國人的古代世界觀。所以，後世將「天、地、人」謂之「三才」，作為古代地理學的基礎理論，而「地理」作為一門專學，也在這一時期形成。在《周易》中我們可以看到「地理」一詞的最早使用情況，也與「四大」理論相近，「易與天地準，故能彌綸天地之道，仰以觀於天文，俯以察於地理，是故知幽明之故」。

我們作為猴子時，哲學上的「自我」觀念還沒有形成。成為有思想的人之後，才有了「是、有、在」的概念，知道了「自在」和「自然」的時間與空間的大存在。這種認識到了莊子時代，有了更高明的表述。在《齊物論》、《讓王》、《列御寇》中，莊子率先使用了「宇」和「宙」這兩個超大的時空概念，「宇」是橫無際涯的空間，「宙」是無始無終的時間。古聖先哲們通過敬「天」，有了天地時空的認識。而更準確更細膩地表達它，還要一步步地加以區分與標識，世界在此過程中成為可以科學描繪的對象。

雙鳳朝陽

「所有的時間問題，說到底都是空間問題」——我相信這樣說法。因為，對於「我們從哪裡來，要到哪裡去」那樣宏大的命題，這句話更像地下車庫裡的箭頭，讓人實實在在地感覺到出口的存在。

最佩服當年沒有手錶的農民，他們看一眼太陽就能說出現在是幾點鐘。先祖的原始時間概念，想必是來自空間。人類認識了空間，才找到了自身的存在。而人類對空間的認識與佔有，亦最適用那個著名的句式——「這就是歷史，這就有幾千年的文明史」。

一九五三年，西安人在城外興建電廠時，無意間觸到了黃河文明的重要神經——半坡遺址；二十年後，人們又發現了長江文明的重要遺址——河姆渡。南北兩個文化遺址完整地保存著六千多年前的黃河人與長江人運用的符號和圖畫。我傾向於「符號不是文字」，但我願意相信「符號與圖畫是文字的前生」。至少，它透露了先人的生活訊息。

比如，在浙江我看到的河姆渡出土六千多年前的「雙鳳帶日」、「雙鳳朝陽」等骨器（圖1.3），其刻劃清晰意思明確的圖紋都表達了明確的朝向——日。那應該是先人最初的方向感和最為神聖的生存方位。如果地平線是秤桿，那太陽就是定盤星。以天定地是先人探索自然的法則所表現出來的聰明才智。

陶器在收藏界是不值錢的，但有了圖案，意義就大不一樣。山東龍山文化遺址，出土一個新石器時期的陶罐，上刻有「日、月、山」三個圖形合一的符號，它不僅是古人的信仰表達，也是對環境認識的一種概括。

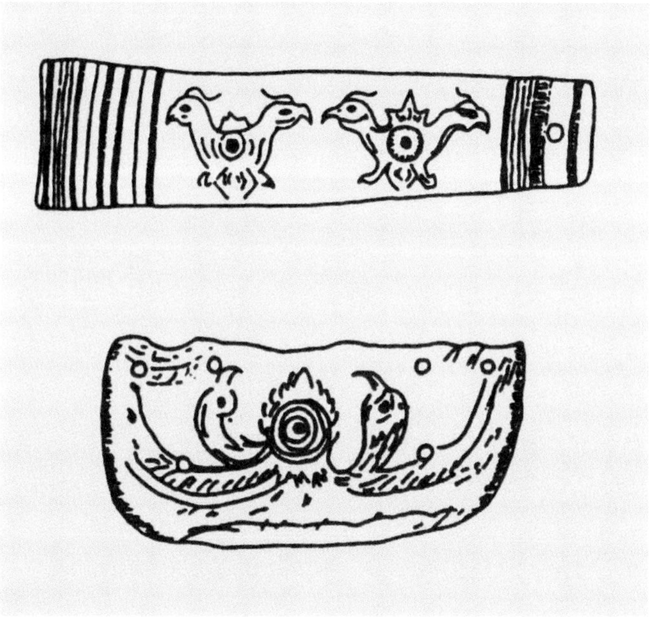

圖1.3：

河姆渡骨匕上的雙鳳帶日圖。河姆渡蝶形骨器上的雙鳳朝陽圖。

三國時的魏國術士管輅，在其所著《管氏地理指蒙》中，特別強調天象與山嶽的關係：「天尊地卑，其勢甚懸，山嶽烏乎而配天？蓋日月星辰光芒經緯之著，皆精積於黃壤，而像發於蒼淵」。在古代的堪輿家看來，天尊地卑，地上火水石土與天上的日月星晨的氣脈經絡是相通的，所以有「仰以觀於天文，俯以察於地理」的說法。

古文獻都說「殷人尚鬼」，其實，不僅在殷人那裡，在此前與此後相當長的時間裡，日、月、星，都是我們的先人要拜的神。因而，「日、月、星」是甲骨刻辭中出現次數最多的時空字詞，每個字至少出現過一千五百多次。細觀問卜之道，就會發現商人為後人留下不少關於空間的可貴探索。因此，我們有必要把古書中出現的日、月、星，都看作是古人的最為重要的方位詞。

先上後下

「先上後下」這裡說的可不是擠公共汽車「潛規則」，而是要討論：古人是先知上下，還是先定左右？這問題看似簡單，卻簡單到無法回答。在已知的古代文獻中，「上下左右」這四個字，同時存在於甲骨文中。我只能自以為是地認定：先上下，後左右；而且，上下二字，上為先誕，下為後生。

最初的「上」，造得很像個「二」。只是一短一長的兩橫都略向上彎。那長橫顯然是作為基礎面——地面——出現的，而短橫則是標示位置的。在饒宗頤先生的《吳城字符表》中，我們可以看到江西吳城出土的商代陶器符號中，已經有一些符號有了某種「上下」的意思（圖1.4）。祖先最初的「上」，近於廣東人今天還在說的「上位」。

接下來，似乎不用說「下」字了，它剛好是一個翻過來的「二」，一長一短的兩橫略向下彎。意思顯而易見。上下二字，在金文向小篆過渡時，為了不與計數的「二」相混淆，增加了一豎，上下二字就此改造成近於今天的樣子。

從一出生，「上」就不是純粹的指事字。「上」的位置，很快被表現為層級文化。上是一個好的位置，在甲骨中它就很是「上位」。商人將其先公列為「上甲」，其甲字上加一橫，或兩橫。金文中的「帝」字，上面的「點」原也是「一」橫。「上帝」與「上甲」表示的都是上和初的意思。上是個好位置，於是成就了許多好詞。上進、上升、上層，上級、上流……

與上相比，下就不是一個好位置，很少有客觀的下。下在層級文化中，被描繪為謙卑的身份和命運的可憐。如，在下，下級，下層、下鄉、下崗、下人、下流、下賤……

上與下定位清楚，貴賤分明。不清不楚時，就全靠自己體會了。比如，老闆對你說「能上能下」時，多半是要讓你下去。而說「上不去也下不來」時，那注定是難言的尷尬。說「上上下下的享受」時，那是某電梯藉曖昧意味在做廣告。當然，把空間位移化作娛樂與調侃，那是人們消解痛苦的智慧：

「寡婦睡覺，上面沒人」，「李連英講故事，下面沒了」。

圖1.4：

江西吳城出土的商代陶器，其符號已經有某種字的意思，「上下」的標示，在饒宗頤先生的《吳城字符表》中也略露一二。

現存甲骨方位詞中，「上」字出現五百多處，「下」字也出現五百多處，它們是甲骨方位詞中出現次數最多的兩個詞。「上」與「下」看上去是最簡單的位置標示，演繹的卻是最複雜的世界與人生。

左右逢源

甲骨文中「左右」二字最好認。不用大師們來破解，一般人都認得出，那畫得像廣東早茶中的鳳爪似的，就是左右兩隻手，也猜得出「左右」兩個字應是同時造的，因為人同時擁有左右兩手（圖1.5）。

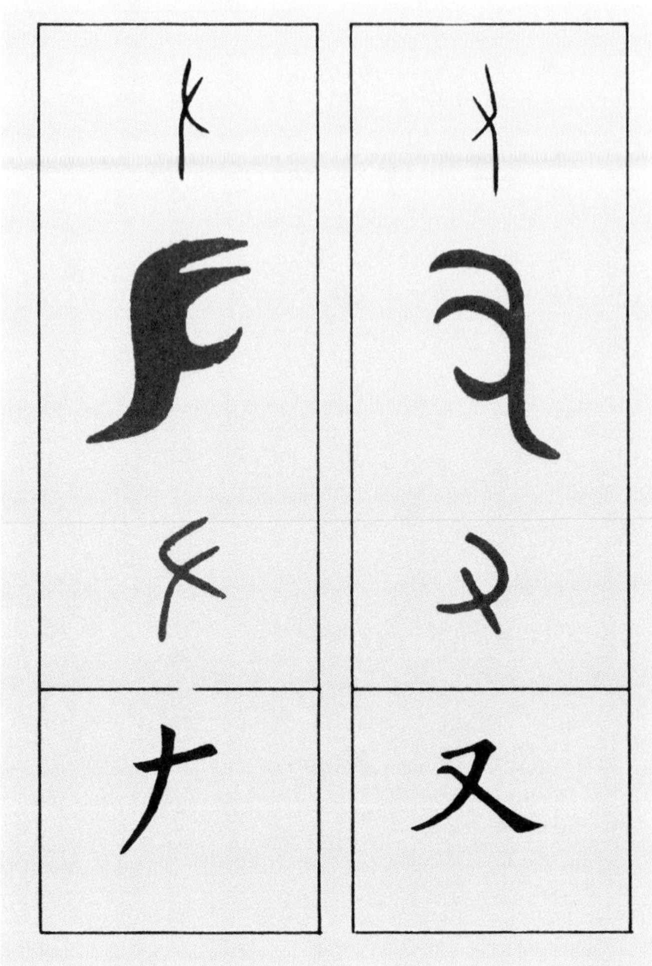

圖1.5：

甲骨文中的左右兩個字，畫的就是左右兩隻手。

「左右」二字在甲骨卜辭中，除了表示為左右手之外，還借左右手形以表左右方位，並演化出更多的意思。如，卜辭中右字即是左右之右，還是有無之有、福佑之佑、侑祭之侑、再又之又的意思。

現在，我們應用的「左右」這兩個字，下面多了一個「工」和一個「口」，是金文改造後的字。「左」字加「工」表示用工具勞動。「右」字加了「口」表示以手助食。所以，「左右」二字後來又生出的「佐佑」二字，都有輔助的意思。「左右」生出「佐佑」等字後，就專門表示位置與方位去了。

方位是由人來命名的，自然融入人的主觀意識。左右在不同的歷史時期，也表達了不同的風尚。商人所刻的卜辭中，在言及方位之時，左右方向已含有貴賤之分了。後世的學者居此得出「殷人尚右」一說。

據統計，現存甲骨文獻中，有六十八個「右」字，有六十個「左」字。當然，專家也不會僅僅以此為例，證「殷人尚右」。人們還發現，祈福卜辭中常見「受有佑」，殷人以為吉。另外，商代服飾也是以「右衽」為常，而考古資料中的殷商宮室、城建、墓葬、車馬坑等的排列現象也無不佐證商代重右的觀念。

至於殷人為何尚右，有人從地理上找因由：殷之先人興於今天的京津地區渤海灣一帶。殷後人北面祭祖之時，東北方向正在右上方。此說如果成立，如果人們面南而祭，則左右的定位則反了過來。中國位於北半球，古人一直以北極星定位，以北為上，坐北面南時，左手方向自然成為東的方位，崇敬太陽的族群，則會尚左。所以，朝代更迭，尚左尚右也變化不定。

周滅商後，改朝換代，風尚也出現了明顯變化。周人一反殷人尚右的風俗，轉而尚左。這一點在金文的文辭中已有明顯表現，如以「左右」為序。春秋戰國時，天下大亂，方位秩序更加亂。中原各國尚右，楚國、秦國尚左，但總的趨勢是尚左。如《老子》「吉事尚左，凶事尚右」、「君子居則貴左，用兵則貴右。兵者不祥之器，非君子之器」。漢代暴秦，漢初又改為以右為尊。漢太尉周勃統兵廢除呂氏時，說「為呂氏右袒，為劉氏左袒」；支持造反的皆袒左臂擁護劉氏，後勢的右派和左派是不是由此而來，不得而知，能夠大體查明的是，漢之後歷朝多以左為尊，除了蒙元一朝。古代官制常常是同一官職分為左官與右官。唐宋都是左官比右官高一等。但蒙元一朝反其道而行之，以右官居上，科考取士也分右榜、左榜，蒙古人列入右榜，漢人則在左榜。不過元亡之後，明清兩代，又回歸尚左。

歷史就這樣忽左忽右的折騰了幾千年，這種變來變去的風尚，到底有沒有一個可以服人的理由。其實，此中的奧秘，早在兩千多年前已被祖先點破：

左之左之，君子宜之；
右之右之，君子有之；
維其有之，是以似之。

這種該左就左，該右就右，君子無可無不可的聰明話，出自《詩經・小雅・裳裳者華》，後來，它又被總結為成語「左宜右有」，用來形容才德兼備，則無所不宜，無所不有。

不識東西

很顯然，遠古先民對太陽的崇拜，隱含著方向的確認。以「日出而作，日入而息」的人類生活規律推而論之，日出的方向，應是方位之首。至今，我們中國人仍然愛用「東、西、南、北、中」這種說法，進行方位排序。

以東為首，以東為重，完全是以太陽初升的方向為標誌的。但「東」的古字，其原始意義是不是指東方，至今沒有定論。很多專家傾向於「東」是從東西（物品）轉借而來的。因為，甲骨上刻劃的「東」字，極像一個兩頭紮口的口袋，而口袋是裝東西的。所以，專家推論它是表物之東西。但又找不到它表物的用句，或疑為祭名。

我比較傾向於許慎的說法。《說文》解釋，「東」是木與日結合而成的，日升到樹腰，即表示東方。從表意的角度看，也很接近事實。因為，在殷墟卜辭中，我沒找到以「東」作為物品的用法，而作為方位詞，卻被專家查出三百四十五處。說明至少在商時，它已指示方位了。

如，「貞：東土受年」、「甲子卜，其禱雨東方」。即，向東方之神，求豐年，求風調雨順。同樣的用法，也用於「西」字。如「甲午卜，賓貞：西土受年」。「西」作為方位詞，和「東」字一樣在殷墟卜辭中被廣泛使用。

「西」的本字，也很難講，看上去像個鳥巢。許慎沿著解說「東」的路子說：「西，鳥在巢上，象形，日在西而鳥棲，故以為東西之西。」甲骨上的那個西字，到了小篆時，那「小巢」上又加了個鳥一

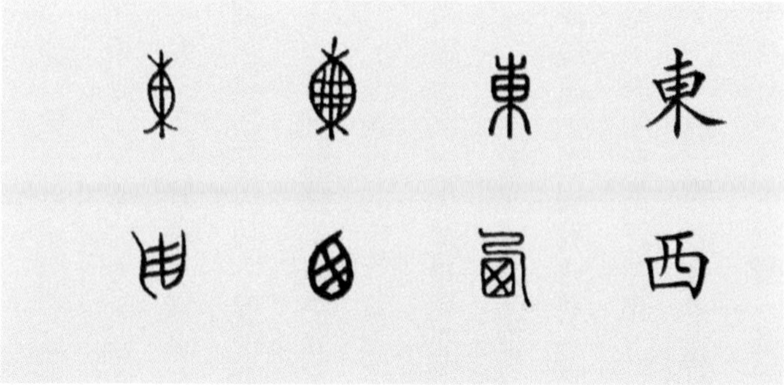

圖1.6：

甲骨文中「東」與「西」兩個字的形象。

樣的曲線。所以，這個字還有棲息的意思。借此言「西方」也比較貼切。也有人解，西是陶缶，泛指東西之西。東西一詞，來自陶缶和口袋，用以泛指物品之東西。可能更古有時候有此意思（圖1.6）。

人們確立方位，最初與神靈有關。四方大神，掌管命運。人進化了，用方位於日常生活。商人尚鬼，甲骨文中方位詞多與神相聯。到了周代，方位詞多進入日常生活。如，《詩經・齊風》，「東方未明，顛倒衣裳」。後來，人們又用它創造秩序。周人尊禮，以主為東客為西，所以，後來又有「西席」、「西賓」代指客師。因為主人之位在東，所以，稱主人為「作東」、「東家」。

三國時，曹操進行吏治改革，有些品行不端人想借此機會，把不徇私情的東曹掾毛玠裁掉，上書朝廷說「從前西曹為上，東曹為次，應當撤消東曹」。曹操何等聰明，早知這些人想借此機會裁掉毛玠，於是，巧借方位之說，保東撤西：「太陽從東方升起，月亮在東方明亮，凡是人們說到方位，也先提到東方。東方為上，怎麼能撤消東曹呢？」結果，自然是撤消了西曹。

東與西就這樣一點點成為了禮數，禮數後來就成了規矩。這些都是向後看的故事，我們一清二楚。但向前看，線索就斷了。作為方位的東西與甲骨、金文的原始含義，完全連接不上。東不是東，西也不是西。想想，那麼多大師都「不識東西」。我輩，也不強解了。

南北貴賤

「南」字的甲骨造型，像個倒置的瓦器，上邊懸一繩索，很像古代的一種瓦製打擊樂器。由此分析，「南」是後來被借作方位詞的，但也沒有什麼形意線索可尋。方向這玩藝兒太抽象。我猜，「南」是在祭祀中，先變成方神，後代為方位。在甲骨文獻中，連成句的「南」字，多用於方位表達。如，「王於南門逆羌」。

「北」字的甲骨造型，是兩個背對著的人。甲骨文用「人」造的字有很多，兩個「人」步調一致都向左叫作「從」。兩個「人」意見不合，一「人」向左，一「人」向右，叫作「北」，很像那個運動品牌「Kappa」——背靠背。古漢語中「北」與「背」二字相通。有學者認為，如果「北」即「背」，那麼，「南」則為向、為正、為面。由此可以推論，「北」是由「南」來定義的。

再進一步說，「背」即「北」，有離開之意，如果「南」為家，那麼「北」則為離鄉背井。《史記・樂書》：「北者敗也」，「敗北」一詞似乎為強者居南，敗者往北這一歷史所留下的記號。

古人崇拜祖先，以南方為尊位，祭祀祖先時面南行禮。《禮記》說，聖人南面而立，而天下大治。「南面」一詞後多作統治講，但從詞源來看「南面」即敬祖。可見創字人以「南」為尊、為祖、為根，以「北」為別、為敗。

我曾觀察過半坡遺址中那些被解說成「房屋」的地洞，四十五座遺址的「門」差不多都是朝南開的。這或許能說明，早在六千年前，居住在北方的祖先們已經由向陽而居，引申出向南而居的方向感。南在方位中，因其代表光明而有了老大地位。而夏商周三代，王朝也皆處北方，其建築多是背靠北而面

圖1.7：

山東嘉祥武氏祠中的東漢畫像石北斗圖。

朝南。「南」與「北」的貴賤，或許就這樣形成了。在馬王堆漢墓看了那張畫於帛上的「南上北下」地圖，我更相信，南北尊卑是有傳統可尋的。

有人說《詩》「維南有箕」、「維北有斗」的描述，是關於南北方位的最早記載。顯然不夠準確，在甲骨典籍中「南」出現了兩百三十次，北出現了兩百六十次。這個統計不僅表明，南與北的使用頻率之高，而且還引出了一個問題：在以南為尊的遠古，為何「北」的卜辭會略多一些？我以為，在難斷方位的遠古，我們的祖先習慣於白天以日定位（東），晚上以星定位（北）。因為，即使在今天，中國的絕大部份土地都在北迴歸線以北，先民們很容易看到北斗星，而基本上看不到南迴歸線的星星，更不可能看到南極星，所以，選擇了北斗作為方位的定盤星。以致，到今天我們還說「找不到北」，而從來不說「找不到南」（圖1.7）。

漢語中的南北關係，也是以中國所處的地理位置來確定的——南面稱帝——這是一種北半球說法。我在南緯五十五度的火地島旅行時，就見到正午的太陽高掛在正北邊的天上。這裡的人是不是要——北面稱帝呢？

南與北的貴與賤，都是人為定位，這之中有自然的因素，也有政治經濟的因素，就看發言權在哪一方了。就目前的經濟地圖來看，大部份已開發國家剛好在北半球，而開發中國家大都分佈在南半球。南北國家由此成為開發中國家和已開發國家。於是，又有了所謂的「南南合作」、「南北對話」，說著說著，就有了拯救南方的意思。

插旗立中

「東、西、南、北、中」這五個字的前四個字，在造字之初都與方位毫無關係，唯有「中」字是個例外。「中」的古字形狀就是立在地上的一面流蘇飄飄的旗幟。卜辭中多有「立中」之句，即插旗定位的意思，也是聚集士眾的號令。

「中」字也因此有了中央與核心的意思（圖1.8）。如，「丁酉貞，王作三師，右、中、左。」右師、中師、左師，要害在中師。《孫子兵法》云「擊其中則首尾具至」。而「東、西、南、北、中」這種排列與說法，更是「中」在方位裡的核心地位的明確表達。這個「中」似乎屬於方位，但又像是純粹的觀念，它好像不實際存在，而是由「東西南北」諸方位圍繞而成的觀念。而另一方面，「中」又像是一種觀察「東西南北」的視點，是本體、是自我；「東西南北」是視線所及，是外在的處境。那麼，是先有存在，還是先有意識，是先有「中」，還是先有「東西南北」，可以留給玄學接著探討。

「中」不僅在空間定位裡，地位顯要，精神層面的「中」，也深刻地影響著我們這個民族。最早表述「中」的思想的是《尚書》，在《大禹謨》一章裡，即有「人心唯危，道心唯微，唯精唯一，允執厥中」。這句話的意思是：人心危險難測，道心幽微難明，唯有一心一意，誠懇地秉行中正之道。「允執厥中」是舜帝告誡大禹的修心之法和治國之道，這裡的「中」字，已將中庸哲學最初的意思表達出來。

春秋之時，天下大亂，一心「復禮」的孔子，在他的傳道授業之中講到舜帝告誡大禹的故事：「堯曰：咨，爾舜。天之曆數在爾躬，允執其中。四海困窮，天祿永終。」這句話的意思是，依照天的曆

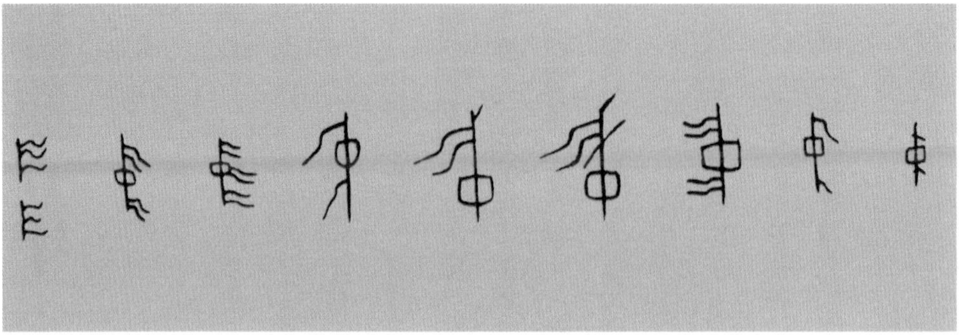

圖1.8：

「中」的古字形狀就是立在地上的一面流蘇飄飄的旗幟。卜辭中多有「立中」之句，即插旗定位的意思，也是聚集士眾的號令。「中」字也因此有了中央與核心的意思。

數，帝位當在你身上。你要誠實的執持其中道。要為四海之內的人民解除困窮之苦。天所賜予的祿位，長享於終身。這段話收錄在《論語》最後一章《堯曰》中。後來在《中庸》裡，孔子又把它明確的表述為：「舜其大知也與，舜好問而好察邇言，隱惡而揚善，執其兩端，用其中於民。」這裡孔子已不是客觀陳述舜對禹的教導，而是把它作為祖先的睿智來讚美和推崇。

此時的「中」至少有三層意思：一指中間，二指合適，三指人心。前邊兩層意思好理解，它是中的表象；最後這一層，是中的根本，解說也比較玄。道家解釋，人有三心：一是道心，二是人心，三是血肉心；心是執中的根本。《易經•文言傳》說：「君子黃中通理，正位居體，美在其中，而暢於四肢，發於事業，美之至也。」所謂「黃中」的集中點即是上丹田，位居人的中央所在地。

雖說，後世將中庸理論歸功於孔子，但孔子活著的時候，並沒有把他推崇的「中」完善成一個哲學體系，而《中庸》成文，也是他身後多年之事。《中庸》出自《禮記》，即西漢禮學家戴聖編纂的《小戴禮記》，據傳是孔子的孫子子思編纂。南宋朱熹把《中庸》和《大學》、《論語》、《孟子》並列稱為「四書」

之後，《中庸》成為學校官定的教科書和科舉考試的必讀書，才將這種哲學推向影響後世千年不衰的極致。

中就這樣成了中庸，中庸就這樣成了中國人的世界觀抑或方法論：不偏謂中，不易謂庸。中者，天下之正道；庸者，天下之定理。中立而不依，無過而無不及。中的概念，由確立方位到處世立場，最後昇華為一個哲學的表達，和追求中常之道，內外協調，保持平衡，不走極端，這樣一種穩健篤實的民族性格。

如今到北京故宮參觀的人，看過太和殿，接著向北走入中和殿，就會看到這個大殿的正上方，有一生愛好書法的乾隆皇帝題寫的「允執厥中」匾額，那高高在上的四個金字，是當朝皇帝向三代先王致敬，也是在光大「中」的哲學傳統。

十面埋伏

數字，存在於每種文明之中。各國的初文，都有關於數字的偉大創造。至少在商之甲骨裡，已經有一、二、三、四、五、六、七、八、九、十和百、千、萬等字，最大記數已達到二萬多。這龐大的數字體系多用來計算戰俘或羊群，其文明程度可見一斑。

整合數字的方法，各國不同。有十二進位制的、有二十進位制的，還有六十進位制的。有專家說，現在全球統一使用的「十進位制」是中國人發明的。它的開創性使得它應該和中醫中藥、赤道坐標系、雕版印刷術，一起構成中國古代的「新四大發明」。

「十」是一個很重要的字。有意思的是許慎對這個字有多重解釋：「十，數之具也。」這是說它表數；接著許慎又說，「『一』為東西，『丨』南北，則四方中央備矣。」有專家說，許慎只是依據小篆的「十」作臆測，不足為信。因為，十在甲骨文中是「丨」，中有一圓點。小篆時那圓點變為一橫，才寫成「十」。但我覺得許慎，也有他的道理。

因為，「十」在甲骨文之前，已經作為單體的符號存在幾千年了。在八千多年前的甘肅大地灣彩陶上，就有「十」字符號。大家熟悉的六千多年前的半坡人陶器上，也有「十」字符號。同一時期的西亞陶器上，也存在大量的「十」字單文。這些符號，可能是陶器上的裝飾，也可能表示某種意思，不論怎樣都跟文字有密切的關係。

饒宗頤先生在他的《漢字樹》中說，東西方的這些「十」字，還有變化的「萬」字符，早期都是代

圖1.9：
河南偃師二里頭出土的夏代青銅器——鑲嵌十字紋的方鉞。

表吉祥的符號。與饒先生的觀點有些接近的是，大陸甲骨文專家多認為，甲骨文中的「十」字是巫術的「巫」字。

我沒資格反對專家們的這些說法，只是覺得這兩種說法，與許慎的「十」為「東西南北」四方的說法，並不矛盾。圖形是物象，符號是指事。「十」是符號，其指事意義鮮明。「萬」字符，本身就有「東西南北」的指向與輪迴。而「巫」，更是講究方位的，請四方神仙，保四方平安。「十」怎麼就不能是方位的化身，或集方位與巫於一字呢？比如，河南偃師二里頭出土的夏代青銅器——鑲嵌十字紋的方鉞（圖1.9）。

事實上，商朝人運用甲骨文指事達意時，還沒有創出表達東西南北四個方位的專字。甲骨文中的東西南北四個字，在當時都不是表示方位的。它們作為方位詞是很久以後的借字。由此，我們更可以相信，許慎所說的「十」集合了四個方位，它是一個高度概括的符號或文字。

說到這裡，忽然想起「十面埋伏」這個詞，那個「十」或許就是「東西南北」，也就是「全方位」包圍的意思吧？

風神統帥的四方

「揚州八怪」皆蓋世奇才，總有人想見識一下。那天，一位朋友對善於畫松竹的李方膺說：「世上什麼東西都好畫，唯有風畫不了。」李方膺二話沒說，轉眼之間即把「風」畫了出來。於是，有了現藏於榮寶齋的那幅傳世名畫《風竹圖》。人們評說李方膺的《風竹圖》，「不僅把風畫出來了，而且，把風聲也畫出來了。」

我想，祖先創造「風」字時，或許也有相同的故事。

甲骨文中「風」字，實際上就是畫了一隻鳳凰。古人借「鳳」言「風」，兩字相通。甲骨文中的「大鳳」就是「大風」，「小鳳」就是「小風」，「不鳳」就是不颳風。小篆時代，造的字多了，遂將「鳳」字還給了「鳳凰」，轉而創造了「風」字。《說文》解小篆的「風」為：「風動蟲生」，這一回是借蟲言風了。

一方水土，養一方人；一方水土，成就一方文化。毫無疑問，能將「風」與「蟲」連在一起的，必是北方人。北方人對風的感受與南方人是大不同的。四季分明的北方，對風的需求，也比南方要大得多。風在需求中，被尊為了神；又在需求中，指代了四方。

商遺址出土的甲骨文中，有一片非常著名的「四方風」牛肩胛骨（圖1.10）。這片武丁時期的刻辭，不僅刻記了東南西北的四方風神之名：如「東方曰析」、「南方曰夾」；而且，還在風神的名字後面，根據四方風不同時節的特徵，對各方的風做了命名：如「東方曰析，風曰協；西方曰夷，風曰

圖1.10：

商遺址出土的甲骨文中，有一片非常著名的「四方風」牛肩胛骨。

彝……」

這種根據風向的「內容」，將風標上記號的傳統，到了西周以後，被進一步光大。《爾雅．釋天》以《詩》為據，詩意地解說了四方之風。「南風謂之凱風，詩曰：凱風自南；東風謂之谷風，詩云：習習谷風；北風謂之涼風，詩云：北風其涼；西風謂之泰風，詩曰：泰風有隧。」

在人類的意識尚不足以認識天地之時，天地之間自然是「百神之所在」，天理地理都是神的道理。風，既然是神，就不光負責今生，還管得著死後。晉代郭璞傳古本《葬經》謂：「氣乘風則散，界水則止，古人聚之使不散，行之使有止，故謂之風水。風水之法，得水為上，藏風次之。」占卜術士將「風水」與方位融為一體，為生生死死又添了一分妖術之氣。

風是空氣的流動，本是空氣的一種生命方式，但和人類生活產生聯繫後，風就變得不那麼純然了。總結出風的規律是人類的一大進步，而將風與方位之學神玄化後，不僅方位之學，失去純真，風也被妖魔化了。所以，在談論古代科學時，要特別警惕術士挖的「風水」之坑。

以天分地的天經地義

「天下」這個詞，看上去是講家國權利的，其實，表達的也是古人的地理邏輯，即，地理在天。古人發現天上的恆星是不動變的，利用天上的恆星做做標記，如日、月、金、木、水、火、土七星，就可以確立基本的空間關係。隨著人們對自然的認識提高，又有了「仰以觀於天文，俯以察於地理」（《易經・繫辭上》）的對天地關係的概括。

遠古觀天是既重要又具體的大事，天官往往是由「三皇五帝」這樣的部落首領來擔當。所以有「天子觀星，知民緩急，敬授民時」之說。天象萬千，似神似獸，中國的先民與外國的先民一樣都將星星做了形象化處理。在華夏文化中，至少在新石器時代就已有「象」的萌芽。一九八七年仰韶遺址即出土了有東龍、西虎「二象」墓葬；而「四象」之形，在周初的青銅器上，已有成組了的圖案形了。

古人心目中的天，是神的代言，所以，在很長時間裡，古人是把天文與地理「混為一談」的。其中，對地理影響最深最廣的即「四象」理論。古代的天文學家，把滿天的恆星劃分成為「三垣」和「四象」七大星區。所謂「垣」就是「城牆」的意思。「三垣」之中，「紫微垣」居中央，是天帝住的宮殿（故宮之所以叫紫禁城，其「紫」取的就是「紫微垣」的意思）；「太微垣」象徵行政機構；「天市垣」象徵繁華街市。這「三垣」環繞北極星呈三角狀排列。所謂「四象」：即「三垣」外圍分佈的「東蒼龍、西白虎、南朱雀、北玄武」，也就是說，東方的星象如一條龍，西方的星象如一隻虎，南方的星象如一隻大鳥，北方的星象如龜和蛇。

但天空遠沒有「三垣」、「四象」那麼簡單，古人還發明了與「四象」相配的「二十八宿」。古人在黃道赤道附近，選擇了二十八個星宿為坐標，借此定位大地空間。目前，考古為我們提供的「四象」與「二十八宿」相配的最早證物，是湖北曾侯乙墓中的戰國漆箱蓋，上面畫著二十八宿和蒼龍、白虎（圖1.11）。

二十八宿是古人觀測天象的基礎，按方位劃分為——

東方蒼龍七宿：角、亢、氐、房、心、尾、箕；
南方朱雀七宿：井、鬼、柳、星、張、翼、軫；
西方白虎七宿：奎、婁、胃、昴、畢、觜、參；
北方玄武七宿：斗、牛、女、虛、危、室、壁。

複雜的星象，不僅為了分割群星，還有更廣泛的用途：天文家利用它，以正四時；輿地家利用它，以辨九州；軍事家利用它，以定方向。

《周禮》曾記載，星官「以星土辨九州之地」，每塊分封之地，都有二十八宿之星名。《史記・天官書》也說

圖1.11：

湖北曾侯乙墓中的戰國漆箱蓋，上面畫著二十八宿和蒼龍、白虎。

「天則有列宿，地則有州域」，可見古人以天經對地義，已具體到了星宿與州域相對具體的地理應用。如二十八宿之——角亢氐、房心、尾箕之東方七宿……對應九州之東的——兗州、豫州、幽州……《漢書・地理志》也是用星宿的分界，定地面州與州的分野。如「秦地，於天官東井、輿鬼之分野」，以天分地，在古代是天經地義的事。

那麼，古人為何要依據天空，來給大地定位呢？這就是古人的大智慧，因為地面上的山川河流，只能提供相對方向與地面標誌，而宇宙間的天體，如太陽、月亮、北斗星……則能提供絕對方位。所以，不僅古人以天定地，就是在今天，最準確的定位系統——衛星定位——也來自天上。

細分方位的二十四向山

杜牧是位「一句頂一萬句」的大詩人，他說「牧童遙指杏花村」，山西、安徽幾個省都爭「杏花村」。他說「二十四橋明月夜」，後人就千年論證：二十四橋是一座橋，還是二十四座橋？

在揚州遊瘦西湖時，我找到了「二十四橋」。但此橋是不是彼橋，沒人能說清。其實，對於我來講，它到底是不是杜牧說的那個橋，意思並不大。有意思的是，它讓我想起了中國文化為何這麼偏愛「二十四」這個數字呢？二十四橋、二十四孝、二十四史、二十四番花信、二十四向山──對了，三八──二十四，占盤中的二十四向山，或許，就是這個奇妙數字的源頭吧？

河洛之學，藏著數字的陰陽變化。這些數字又被古人以方位之名鑲在古老的羅盤之中。看似在破解一個八卦陣，實際又佈下了一個迷魂陣。我們看一看占盤，就會發現單純方位，被占卜者延展出諸多風水的「附加值」。占盤的中央是天池，內置指南針。外面是活動轉盤，內盤是一圈一圈的，每圈叫做一層。最外是一個方形盤身，叫外盤或方盤。內盤之中，有一層是二十四山，即以八干四維加十二支，用來指占盤上的二十四個方位，即，甲、卯、乙；辰、巽、巳；丙、午、丁；未、坤、申；庚、酉、辛；戌、乾、亥；壬、子、癸；丑、艮、寅。每個方位佔十五度，正好三百六十度。

世界上用於測方向的羅盤，基本上分水羅盤和旱羅盤兩種（後有高科技的，另論）。精細地表示所在與天地間的相互關係。但中國風水師門派眾多，其羅盤種類無數，三元盤、三合盤、三元三合兩用盤、易盤、玄空盤及各派所用的獨特盤。西人只辨方向，鮮論凶吉。中國人則沉於凶吉，醉於迷失。

二十四向羅盤與八卦宮位，又有所不同。羅盤以「卯」代表東方，以「午」代表南方，以「酉」代表西方，以「子」代表北方，以「巽」代表正東南，以「坤」代表正西南，以「乾」代表正西北，以「艮」代表正東北。此外，每個宮又管三個山，如，巽管：辰巽巳三山。「巽」為正東南，而「辰」屬東南內之偏向東方，稱為東南偏東，而「巳」屬東南內之偏向南方，稱為東南偏南。二十四方位就是這樣分配的，壬子癸、丑艮寅、甲卯乙、辰巽巳、丙午丁、未坤申、庚酉辛、戌乾亥等。

中國應當是世界上最早把方位做精細劃分的國家，但精細的方位分配，卻遊於占卜者的卦象風水之中（圖1.12）。

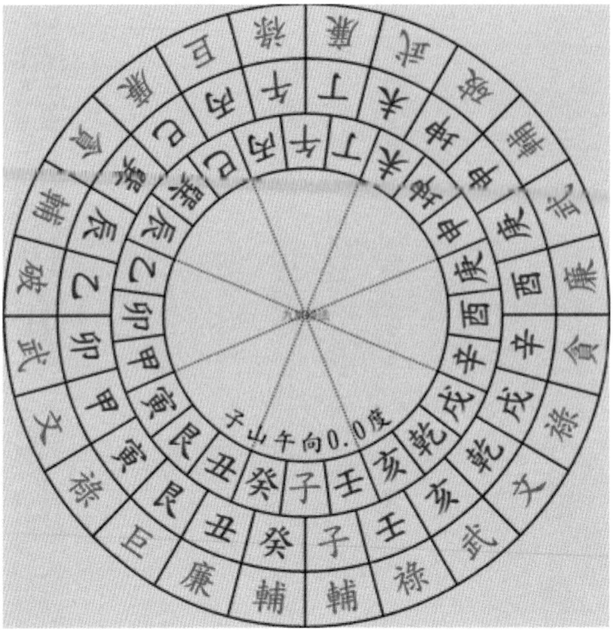

圖1.12：

古代中國的風水盤。

「天人合一」是中國人認識自然與人相互關係的一大進步，但「天人合一」也是占卜與迷信的核心。古老的倫理觀念是由天倫開始，而後進入人倫的。天倫有天命的含義，也有王命的含義，人在這個理論框架中，其位置是無法獨立的。在這樣的理論中，地理之學，即是天的哲學，命運的哲學。所以，傳統的地理學，看似很玄妙，其實很單薄，也很幼稚。包括號稱「四大發明」之一的指南針。

司南疑似指南物

先秦諸子，各為其主，參政議政，能言善辯。其政經方面的成果，為後世引為經典。其中，少不了旁徵博引，左右逢源之論，不經意間，還為後人研究科學史的提供了一些蛛絲馬跡。科學方面大家公推墨子為最能，其實，管仲、韓非也不是等閒之輩。

人們在溯源指南針的歷史時，發現《管子》一書，不僅涉及了地圖學，還兼論了地礦學。其《地數》最早透露了磁石的訊息「山上有慈石者，其下有銅金」。春秋初期，銅鐵界線不清，美金（銅）鑄劍戟，惡金（鐵）製農具。而關於磁石吸鐵的特性，戰國後期的《呂氏春秋》已有了準確表達「慈招鐵，或引之也」。而最接近指南針的敘述，則在《韓非子・有度》之中，「故先王立司南，以端朝夕。」

但他們畢竟戴不起科學家這頂大帽子。那些關涉科學的文字多是為政論服務的片言支語，細究起來，往往又不知所云。比如，韓非子最早提到的司南，到底是個什麼東西。是司職方位的官員，還是個指南的器具？人們找不到下文。《鬼谷子》中也有「鄭人之取玉也，載司南之車，為其不惑也」的記載。大約四百年後，在東漢的《論衡》中，我們又見到王充的「司南之杓，投之於地，其柢指南」的簡短記述。

司南好像是個指南物，但怎麼指也沒說清。唯一的圖像證物是河南南陽出土的東漢石刻：一個小勺子放在一個小方台上，旁邊還繪有風水先生一類的人物（圖1.13）。人們據此推斷，這就是傳說中

圖1.13：

司南唯一的圖畫證物是河南南陽出土的東漢石刻：一個小勺子放在一個小方台上，旁邊還繪有風水先生一類的人物。

的「司南」，即指南針的原形，所不同的是那根「針」（勺）是石頭做的。用磁針指南的歷史，還要更晚一些。最早見於九世紀的《酉陽雜俎》，書中有「勇帶磁石針」和「遇鉢更投針」的記載，十一世紀的沈括《夢溪筆談》則有更詳細的記載。

雖然，在各地的出土文物中，確實見到了石刻所描繪的方盤，盤多是用青銅做的，也有塗漆的木盤，盤子的四周刻有表示方位的格線和文字，是不是占盤？但磁石勺，至今沒有出土實物。現在大家能看到的司南實物，是中國國家博物館裡擺著的那個仿製品。其他博物館也依此仿製（圖1.14）。

不過，據文物學專家孫機先生講，中國國家博物館裡的那個司南是用人工磁鐵做的。實際上，天然磁石加工不出能指南的磁勺。一九五二年毛澤東要訪問三年前已造出原子彈的前蘇聯，郭沫若要求製作一個司南，作為毛澤東的出訪禮品。錢臨照院士找了最好的天然磁石，請玉工做成精美的磁勺，可是不論怎麼轉，它都無法指南。後來人們分

圖1.14：

出土文物中至今未見磁石勺，現在人們看到的所謂司南，都是後人按東漢石刻上的圖像復原出來的。

析：一是加工過程的熱度消解部份磁力，另外磁距太小，磨擦力又太大，使之無法指南。

我斗膽猜想：《韓非子・有度》中所說的「司南」，如果確有其器，也許是一種巫用的輪盤把戲之具；而鬼谷子記錄司南，他本人就是一個四處遊說的方士。後來，在漢代墓葬中，考古工作者見到了許多玉製的司南之勺。大家知道，漢代占卜之風大盛，最為流行的「三大辟邪之寶」，即有玉司南，另兩個是剛卯和翁仲。剛卯是由商周的玉管退化而來，四面皆刻有驅鬼之辭。翁仲，是一種驅鬼力士玉珮，採用「漢八刀」雕法，生動古樸。這些辟邪珮飾，生時多掛在身上，死後隨主人葬入墓中。所以，說司南是奇技淫巧之物，也未可知。

順便再說一則漢代的故事，僅供參考。

西漢方士欒大，曾利用磁石原理做了一副「鬥棋」，通過調整兩個棋子的正負極，忽而相吸，忽而相斥。欒大為顯示自己通神，便為漢武帝演示「鬥棋」。武帝深信其神通，遂封欒大為「五利將軍」，甚至，把女兒也許給了這位方士。

指南針的歷史真相

「歐洲第一個磁羅盤是阿瑪爾菲（Amalfi）人發明」的說法，令我印象深刻。因為，在義大利作沿海文化考察時，曾到過這座歷史名城。雖然，沒看到那個十二世紀的古羅盤，但小城依山面海的自然環境，讓我相信，這裡的人對航海羅盤會有強烈需求，且不說義大利產生的那些大航海家了。

我們的教科書，對「四大發明」介紹得很多。但課本有意無意地忽略了與我們的說法相衝突的西方科學活動。在說春秋初《管子・地數》「山上有慈石者，其下有銅金」是關於磁石的最早記載時，從來不提同一時期古希臘「科學元祖」泰勒斯（Thales）約西元前六二五年～西元前五四七年），不僅發現了磁石，而且還明確指出了磁石吸鐵的現象：「萬物充滿了神的意志，馬格尼斯（Magnes，磁石）吸引鐵是因為它有靈魂的緣故。」

磁石的發現，東西方至少是同步的。

不過，磁石指南的現象，尚無證據顯示西方這方面的認識比中國早。所以，我一直相信指南針是從中國傳到西方的說法。關於磁石指南的最早記載，在戰國末期的《韓非子・有度》中即有「先王立司南，以端朝夕」。三國時，魏國的馬鈞受魏明帝之詔做指南車。人們多以為，這是一個磁指南的工具，其實不是。那個立在車上的小木人，不論車行何處，手始終指著南方。那是因為，車行之前，已事先定好南的方位，車子利用差動齒輪的原理，通過齒輪的作用，使小木人的方位不再改變（圖1.15）。

當然，最有說服力的是沈括的《夢溪筆談》。所謂「指南魚」，即用一塊薄薄的鋼片做成「魚」，

圖1.15：

三國時，魏國的馬鈞受魏明帝之詔做指南車。人們多以為它是個磁指南的工具，其實不是。車上的小木人，不論車行何處，手始終指著南方，因為車行之前，已定好南的方位，車子是利用差動齒輪的原理，使小木人的方位不再改變。

令肚的部份像小船一樣凹下去，將「魚」人工磁化後，使其浮於水面，「魚」就能指南了。

不過，古人的態度很端正。由先秦到晚清，先人從沒說過「司南」或者「指南魚」是中國最先發明的，也沒說夷人的指南針是盜版。將指南針列入「四大發明」，這樣「震驚世界」的說法，是英國人李約瑟提出的。此外，他還在沒有任何證據的情況下，推論水羅盤是從陸路傳到西方的。但西方學者不這樣看，他們普遍認為阿拉伯人至少在十一世紀之前，就先於中國在航海中使用磁羅盤了。

準確地講，指南針分為兩種，一種是水羅盤，一種是旱羅盤。中國人發明並使用的是水羅盤（北宋《宣和奉使高麗圖經》中有「視星斗前邁，若晦冥，則用指南浮針」（圖1.16）。而歐洲人發明並在航海中使用的是旱羅盤。明朝嘉靖年間，中國才從西方引進旱羅盤。前邊說過，有一種說法，認為義大利人阿瑪爾菲人在十二世紀最先發明了旱羅盤。十三世紀後半期，法國人又將旱羅盤加以改進，將其裝入有玻璃罩的容器中，成為便攜儀器。後來，這種攜帶方便的指南針被歐洲各國的水手廣為應用於航海實踐中。

說回「四大發明」這個今天看來有點可疑，當年確實「震驚世界」的說法。它是由李約瑟先生一手

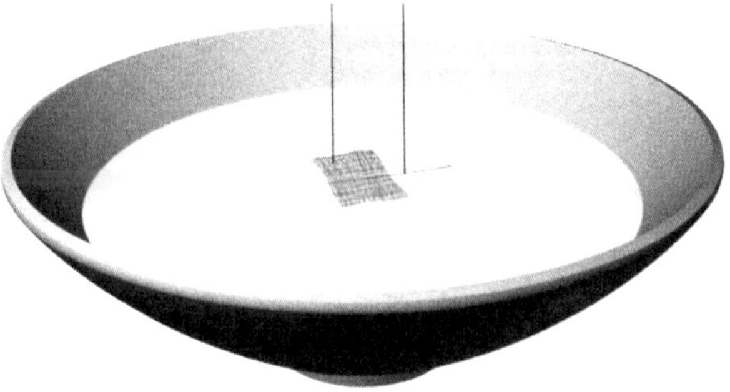

圖1.16：

指南浮針。

創建的。一九四一年對中國科技史充滿興趣的李約瑟，來到中國實地研究中國古代科技。一年後，即推出「四大發明」的研究成果。當時，正值抗戰進入關鍵期，這個說法極大地鼓舞了中國人的民族自豪感和抗戰鬥志，遂被廣為傳揚。一九五四年《中國科學技術史》首卷正式出版，成為迄今為止這方面的權威著作。

但全世界廣泛使用的《大英百科全書》中，指南針是用兩個不同詞條解釋：第一個詞條為方向指定儀器：「中國古代四大發明之一，磁指南發明於西元前三世紀，稱為『司南』……」第二個詞條為羅盤：「航海或勘測時，在地球上使用的基本測向儀器……十二世紀，顯然，中國和歐洲的航海家都有各自的發現。」兩詞條分立，似乎羅盤才是真正的「指南針」。

我願意相信「四大發明」的存在，但美國經濟學家蘭德斯的一個說法更讓人深思。「歐洲人最大的發明是，他們發明了『發明』這個觀念與活動，從而熱中於不斷地創新，對於中紀末以來歐洲人的生產起了重要的幫助」。而我們的祖先對待發明，常常是一言以蔽之——「奇技淫巧」。所以，多說一句：即使是我們第一個發明了指南針，我們也照樣在歷史進步的路途中迷失了方向：一是知識技術造就的工業文明，二是航海擴張後形成的世界經濟。

河圖洛書中的方位謎團

傳統文化中最受寵的，往往不是那些樸素的真理，而是那些說不清道不明的東西。這種傳統似乎也對得起西方人給咱扣的那頂大帽子——「東方神秘主義」。

二〇〇七年夏天，那是第幾次研討《易經》了？恐怕河南人自己都不知從哪算起了。但這次的研討更旗幟鮮明，就叫「弘揚河洛文化」。河洛文化緣自「河圖洛書」這個頗有引經藏典意味的文化詞，讀書人耳熟能詳，但細究起所云何事何物，連《辭海》也未給出個定論：「河圖洛書是古代儒家關於《周易》和《洪範》兩本書的來源的傳說。《易・繫辭上》說：「河出圖，洛出書，聖人則之。」傳說伏羲氏時，有龍馬從黃河出現，背負「河圖」；有神龜從洛水出現，背負「洛書」。伏羲依「圖」和「書」，畫成八卦，成為後來的《周易》來源。另說，大禹時，上天賜他《洪範九疇》（也被認為是《尚書》的來源），大禹依此治水成功……

「河圖洛書」由神而授，聖人依此辦事——這個說法出自《易》，但又沒有詳解，聖人是依圖辦事，還是依文辦事？「河圖洛書」到底是「圖」，還是「書」？從先秦到唐代，沒有人見過「河圖洛書」是什麼模樣。時至今日，就是開了無數河洛文化研討會的河南，也拿不出這方面的考古實證。所以，大家仍沿著《易》佈下的迷魂陣，一路瞎猜。

今天被大眾所熟悉的八卦圖，源於宋代。宋初，華山道士陳摶將河圖洛書演繹成兩幅圖。這兩幅圖從北宋傳到南宋，從華山道觀傳入鴻儒書房。最後，經朱熹之手刊於《周易本義》中，遂成儒道共

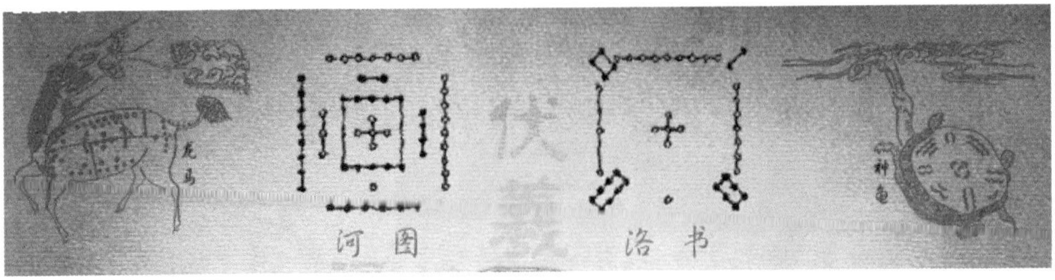

圖1.17：

左圖為西漢汝陰侯墓出土的「太乙九宮占盤」複製品。右圖為「河圖洛書」的復原圖。

用的「河圖洛書」的母本。「河圖洛書」就這樣棄「書」從「圖」了（圖1.17）。

說起來，一個道士演繹的圖，竟成了大儒認可的經典，頗為荒唐。但若從考古發現而論，還是有背景可查的。從周原遺址出土的卜骨上看，周時已有用「⚊」和「⚋」表示的卦象。而一九七七年安徽阜陽雙古堆西漢汝陰侯墓出土的「太乙九宮占盤」，其圖式就與洛書完全相符（圖1.18）。此占盤至遲為西漢時期文物。其正面按八卦位置和五行屬性（水、火、木、金、土）排列，九宮的名稱和各宮節氣的日數與《靈樞・九宮八風》首圖完全一致。小圓盤過圓心劃四條分線，在每條等分線兩端刻「一君」對「九百姓」，「二」對「八」，「三相」對「七將」，「四」對「六」，與洛書佈局完全符合。「九上一下，三左七右，以二射八，以四射六」，也與《易緯・乾鑿度》相合。有人據此認為，「太乙九宮占盤」的出現，說明「洛書」至遲於西漢時期已經形成，而北宋道士陳摶演繹的「圖」，也應該是有所本的。

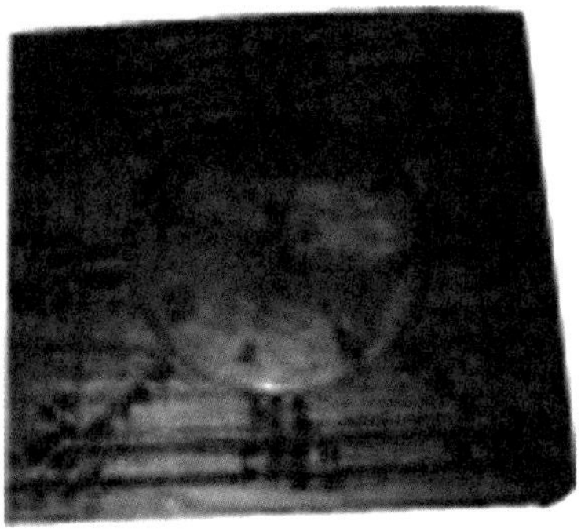

圖1.18：

一九七七年安徽阜陽雙古堆西漢汝陰侯墓出土的「太乙九宮占盤」，其圖式就與洛書完全相符。

不過，「圖」雖確立了，但對那些非黑即白的小圓點排列組合的破解，一千年來從沒有統一過：上古星圖、陰陽五行圖、東西南北方位圖、陰陽數字圖……還有人認為河圖為上古氣候圖，洛書為上古方位圖……總之，天倫地理，盡在圖中。

近來讀了西南師範大學編的《中國歷史地理文獻導讀》，書編得很好，但所收三十多篇歷史地理文獻中，獨獨沒有《易》的身影。《易》雖然巫氣重重，畢竟反映了古代中國的核心地理觀。《易》對天地方位做了第一次大整合，也為後代佈下了一個解讀天地方位的千古迷宮。

河伯獻圖與大禹鑄鼎的地圖夢

古代中國的地圖，始於何時？

很久很久以前，大禹奉王命去治理水患，有位老伯在河邊撿起一片青石送給了大禹；聰明的大禹發現，那片青石原來是一幅治水用的地圖；大禹依圖治河，終於取得成功——這就是《莊子》、《楚辭》等古代文獻中都記載過的「河伯獻圖」的故事。

大禹和地圖的故事，《左傳》中也記錄：「惜夏方有德也，遠方圖物，貢金九牧，鑄鼎象物，百物而為之備，使民知神奸」。這段話是說：在夏朝極盛時期，遠方的人把地貌、地物以及禽獸畫成圖，而九州的長官把這些圖畫和一些金屬當作禮品獻給夏禹，禹收下「九牧之金」鑄成鼎，並把遠方人畫的畫鑄在鼎上，以便百姓從這些圖畫中辨別各種事物——這是「禹鑄九鼎」的故事。

至少在夏朝，中國就已有了青銅器。商周時把需要保存的重要文字鑄於青銅器上，已是尋常之事；若將地圖鑄於青銅器上，也在情理之中。如果，我們拿這些源於戰國的文字描述當史實，就會得出中國至少有四千多年繪製地圖歷史的結論。不過，這些傳說都沒得到考古實證。目前已經出土了許多形制不同的九鼎，至今沒有見到鑄有山川形勢的銅鼎。

除了夏禹的傳說提到地圖之外，關於西周的一些文獻也提到了地圖。

比如，西周厲王時的散氏盤銘文，即記載了西周散與矢兩國土地糾紛的事：矢國侵略散國，後來議和。矢國派出官員十五人來交割田地及田器，協議訂約。矢人將交於散人的田地繪製成地圖，在周王派

圖1.19：

目前發現最古老青銅地圖是一九七〇年代河北平山縣中山王墓中出土的銅板地圖，它幾乎就是青銅地圖中的「孤本」。

來的史正仲農監交下，成為夨散兩國的正式券約。青銅盤原為盛水的器皿，但散氏盤在鐫鑄契約長銘後，已然成為家國宗邦的重器。

再如，《尚書‧洛誥》記載：西周周公旦輔政時，按照周武王的遺願，決定營建東都洛邑，由召公到武王選定的地區，測量地形，做作建都規劃，新都洛邑建成後，稱為成周。其中就提到了為選建洛陽城址而特意繪製的地圖。

我們至少可以相信，商周時已有了很好的地圖。但至今考古實踐中，仍看不到商周的地圖實物。目前發現的最古老的青銅地圖是一九七〇年代河北平山縣中山王墓中出土的銅板地圖（圖1.19），它幾乎就是青銅地圖中的「孤本」。

這幅戰國青銅地圖，實際上是中山王的陵園規劃圖，圖縱四十八公分，橫九十四公分，銅圖版上鑲嵌著金銀絲線條。圖中詳細整齊地排列了五個享堂的方位，圖面規整，線條勻稱，並注有相應文字說明。專家將其命名為《兆域圖》，「兆」為古代墓與祭壇之

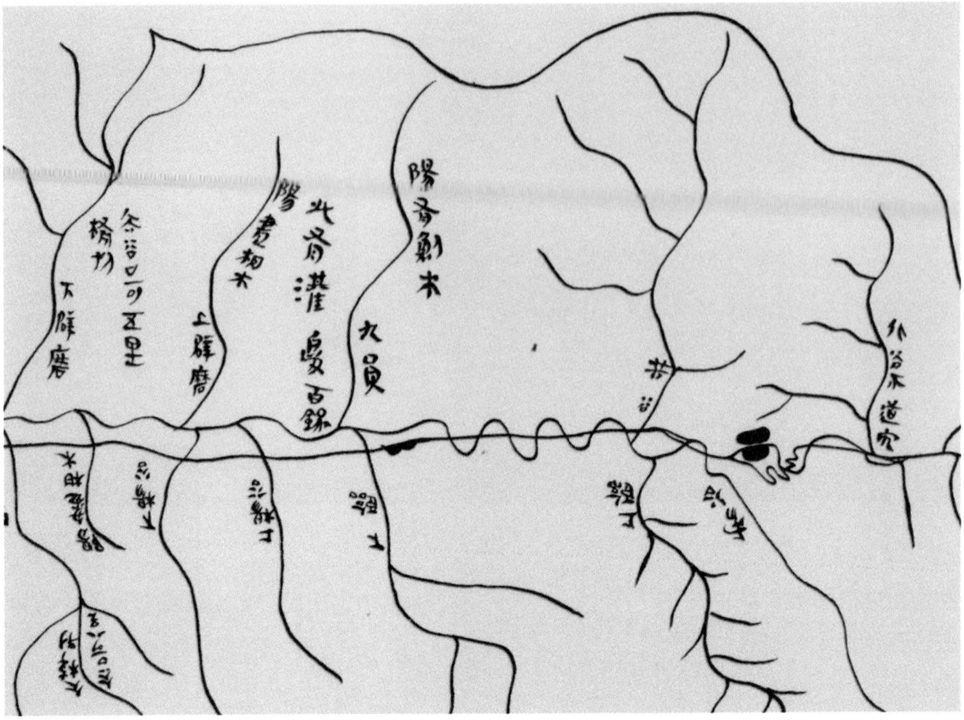

圖1.20：

天水放馬灘秦墓出土的木板地圖六號圖（墨線圖）。

稱。此圖現藏於河北考古研究所。

不過，《兆域圖》畢竟表現的不是一個地域的方位圖景。它還不能稱為真正的中國最早的地圖。傳說早期的《孫子兵法》竹簡上曾附地圖卷，但至今沒有找到考古實證。不過，依我在湖北九連墩出土文物展覽中，見過的繪有花紋的竹簡卷子推斷，當時應有在竹簡上繪製地圖的可能。

除了竹簡，木版也是一種古人刻畫地圖的材料。《論語・鄉黨》中有「負版」之說，但是不是背著木板地圖，專家說法不一。幸運的是在一九八六年天水放馬灘秦墓發掘中，人們見到了戰國木板地圖，此為目前我們所見到的最早的古代木板地圖。

這組戰國末期的秦國縣區地圖，以黑線繪製在縱十八公分，橫二十六公分，厚一公分的三塊松木板的兩面上，共有七幅。根據同時出土的竹簡紀年和隨葬品的特徵推斷，專家認為這些地圖應為秦王政八年（西元前二三九年）的物品，是目前所知世界上最早的木板地圖（圖1.20）。

放馬灘木板地圖反映了秦統一後誕生的最早的縣之一：邽縣的地理概況。地圖不僅繪有山川、河流、居民點、城邑，並有八十二條文字注記，特別是標注了各地之間的相距里程，其中的二號圖中，還標注了北為「上」（與馬王堆出土的《地形圖》的方向相反，或表明了秦漢時代地圖版式方向還沒有一致規定，可以是上北下南，也可以是上南下北）。這些地圖的目的性，可以從它的描繪內容去推想：它可以是地方官的《行政區劃圖》，也可以是《治水工程圖》，還可以是《林木資源圖》，更可以是保家衛國的《軍事地圖》。

秦漢以前的地理學在繪製地圖方面是否有嚴格的標準，史無明確記載。晉代地圖學家裴秀總結前人製圖經驗，提出了「製圖六體說」，即分率（比例尺）、準望（方位）、道里（距離）、高下（地勢起伏）、方邪（傾斜角度）、迂直（河流道路的曲直）作為繪圖六原則。放馬灘木板地圖除沒有明確的「分率」外，餘皆具備。所以，這組地圖被專家認為是「古代中國第一圖」，現藏於甘肅省文物考古研究所。

如果說《河伯獻圖》和《九鼎圖》是後人借大禹這個傳說中的人物，來表達祖先的繪製地圖的願望，那麼，放馬灘木板地圖則可以說，是將人們帶入了科學描繪空間世界的地圖時代。

2 方國天下，華貴夷賤

在水一方

蒹葭蒼蒼，白露為霜。所謂伊人，在水一方。
溯洄從之，道阻且長。溯游從之，宛在水中央。
蒹葭淒淒，白露未晞。所謂伊人，在水之湄。
溯洄從之，道阻且躋。溯游從之，宛在水中坻。
蒹葭采采，白露未已。所謂伊人，在水之涘。
溯洄從之，道阻且右。溯游從之，宛在水中沚。

這首詩出自《詩經・秦風》，名為《蒹葭》，所謂蒹葭即蘆葦。這首詩令我感興趣的不是它藉蘆葦變化抒發的相思之情，而是它一口氣用了六個「在」字。《蒹葭》中的「在」字，用得十分流暢與精確，營造了非常美的意境。我由此猜想：最初，古人是怎樣確認自身所處的方位與存在的？

「在」字是由「才」字演變而來的。「才」字最初的字形有很多，大都描繪的是草木生長的形象，近於「十」字，有枝有根。它應該有點「存在」的意思，也有點標示方位的意思。所以，甲骨卜辭中，借這個「才」，來當「在」用。

甲骨卜辭中的「才」，有很多近於今天「在」的用法，表達行為所涉及的空間與時間。如，「王才亳」、「才六月甲申工」、「彝才中丁宗才三月」。金文的「才」，旁邊加了「士」，小篆將「士」又變為「土」，更加明確了空間概念的表達。金文中，「在」是一個使用頻率很高的字，僅《殷周金文集成》中，計有四百二十八次，可見古人對於「在」的重視。

中國的「在」，非常實在。聖賢之書，言之鑿鑿：《論語》有「父在，觀其志，父歿，觀其行」，此言存在；《易經》有「在下位而不憂」，此言所處。市俗話語，情之切切：即有「所謂伊人，在水一方」的目標鎖定；又有「新晴在在野花香」的處處留情好風光。

西方的「在」，非常玄妙。比蘇格拉底資格還老的巴門尼德（Parmenides），一上手就用古希臘文將「在」塗抹得不清不楚：「存在物是存在的，存在物是不存在的」。巴門尼德用「在」這個詞，指明了認識世界的兩條道路，而後人多數迷離於這個「在」字之外，大致能辨認出它是個包含著「是、有、在」三層意思的一個動詞。

「在」是一門重要的功課，漂浮於時空之間。時間不會變長，因為沒有長度；空間可以變大，因為沒有邊界。時空中，「在」因事起意，有事則「在」，無事則「恆」。海德格（Martin Heidegger）寫《存在與時間》（*Sein und Zeit*），他的門徒則寫《存在與虛無》（*Sartre's Being and Nothingness*）。沒有「無」所啟示出來的原始境界，就沒有自我的存在，就沒有自由。「無」並不是有了存在者之

圖2.1：

鬼方是歷史上著名的方國，即後來的匈奴。考古發掘出的甲骨中，刻有「鬼方」的甲骨，目前僅有三塊，此為其一。

後才提供出來的相對概念，而是原始地屬於本質自身。這是海德格說的。在哲人那裡，我們所說的「在」，它一會兒「在」，一會又不「在」了。方位與處所漸漸消失，剩下的不是指涉內心，就是關乎自由。

一個動詞就這樣升格為一個哲學的根本命題。

接下來，我還要說說「所謂伊人，在水一方」。這一次不說「在」了，而是：在水一方的「方」，最初是哪一方？

方字，甲骨字形與今天幾乎沒有大差別，有專家說是起土的鍤，後引申為方形，方圓，沿著起土成形的意思，方圓與方國在空間概念上，找到了重合的理由。方與國的表達也就融為一體。

從考古上講，商朝與「氣血兩虧」的夏朝不同，商有甲骨文撐腰，凝聚了信史的底氣。商的國家在甲骨刻辭中，多以「方」記。如「危方以牛其蒸於甲申」，其「危方」即危國；再如「伐羌方」，即討伐羌國；「鬼方」，即後來的匈奴（圖2.1）。甲骨刻辭中這一類記載，有一百多個。因而，後人稱此時之諸侯國為——方國。

商朝的方國，按《呂氏春秋》講「至於湯而三千餘國」，比現在聯合國統計的全世界國家多出十倍有餘。這些方國雖多不可考，但從已知的方國地望，如周方（今陝西岐山一帶）、商方（今河南商丘一帶）、井方（今山西河津一帶）、危方（今淮陰之西）……將其連接起來，可略知商朝方國的區域和文化圈。

方，在商朝除了代表國家、方國之外，還代表方神，即四方之神。方神不像其他自然神，它沒有物象，只有方位。如「其求年於方，受年。」即向方神祈求好年成。方神有四方之神，也有單一方向的神，何方神聖都可以拜，都可以求。如「甲子卜，其求雨於東方」、「南方受年」。即求東方之神，求南方之神，授雨順豐年。商朝人能夠將方向轉化為一種崇拜對象，可見，斯時的人們對方位的認識已達到一定高度。

方是對自然的認識，也是對生活的感悟。

但是到了莊子的時代，明明白白的方向，卻被上升為玄玄乎乎的哲學。莊子說，彼方出於此方，此方也存於彼方，方是對立，且互生的。所以，又有「六合之外，聖人存而不論，六合之內，聖人論而不議」之論。莊子所說的「六合」，即天地及東南西北。本來各自分立的方，向外無限伸展的方，有多種可能的方……被莊子加底扣蓋弄成一個「論內不論外」的盒子，謂之天下。顯然，這是一種偏於消極的天下觀。

傾國傾城

東北的「忽悠」，實際上是從河北學來的。這裡就不細論二人轉的「秧歌打底，蓮花落鑲邊」的淵源了，僅講一個古代河北人忽悠皇上的光榮事跡。

那日，漢武帝閒來無事，令中山（今河北定州）歌手李延年，弄個小曲解悶兒。李延年知道皇上那幾道彎彎腸子裡想的是啥。放膽唱道：「北方有佳人，絕世而獨立。一顧傾人城，再顧傾人國。寧不知傾城與傾國？佳人難再得！」漢武帝的「饞蟲」一下被勾了出來，明知山有虎，偏向虎山行——速將那個能亡國的美女給我找來。有人告訴皇上，那北方佳人就是歌者李延年的妹妹。小女子即刻被召入宮，歌舞果然了得。龍顏大悅：賞，舉賢不避親的好幹部協律都尉——李延年。

這是班固錄在《漢書》中的事。

傾國傾城的故事，多是用來講女人是禍水的道理。其實，最初的「傾國傾城」，講的是正反兩方面的典型。詩曰「哲夫成城，哲婦傾國」。說的是聰明的男人，可以成全一個城市；有心計的女人，可以弄垮一個國家。

古「國」字，說起來是一個很男性化的字，與女人一點關係都沒有。最早的「國」字，很像現在的「或」字。左邊那個「口」，代表城防與地界；右邊是一支「戈」，代表武裝與守衛。到了小篆，這個「或」字，才被一個更大的方框給圍上了，就成了國（圖2.2）。

最早被「傾」的「城」與「國」，還不完全是一個完整的國家概念。甲骨卜辭中的「國」，多是指國族，即部落、邦國、族群，也有一點方國的意思。「方」是族群與土地的兩個概念的合成，在甲骨卜辭中，我們能看到一百多個不同名號的方國名字。在商朝，人名、地名、族名和國名，往往是不做區分的。《說文》說「或，邦也」，城與域，都與之相關。所以，城裡的人，也叫國人。相對應的，城外為郊人，郊外為野人。西元前八四一年，國人不滿於周厲王的統治，舉行著名的「國人暴動」，就是一次「城裡人」造反，推翻了執政國王。

但真正的國家之「國」，是西周之後的認識。國是個地域詞，更是個政治詞。它表達了複雜的權力與利益。西周以後不僅「國」的概念清楚了，「國界」的意思也一點點顯露出來。到了東周列國時期，城與國，城防與國防，更是緊密相連。從秦人築的長城，一直到明代築的長城。這個「城防」一直是與「國防」緊密相連的。所以，從這個意思上講，「傾城」也就「傾國」了。

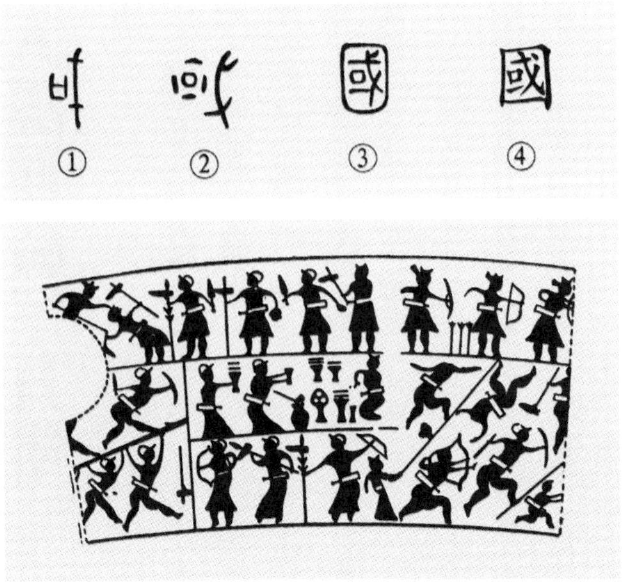

圖2.2：

「國」字的古字形象和漢代石刻中的攻戰圖紋和很多相似之處。

歷代的文人，都將貪色誤國的事，納入到文學的主題中來，並有許多強調「軟國防」的名句，千古傳揚。如，「漢皇重色思傾國」。明言「軟國防」，就是要防那些「回眸一笑百媚生」的女人。

大禹何時定九州

傳說中，夏代也有自己的歷史文獻。據《左傳・昭公十二年》載：楚靈王稱讚左史倚相：「是良史也，子善視之，是能讀《三墳》、《五典》、《八索》、《九丘》。」關於這些史前經典，據說是孔子撰寫的《尚書序》中有這樣的解釋：「伏羲、神農、黃帝之書，謂之《三墳》，言大道也。少昊、顓頊、高辛（嚳）、唐（堯）、虞（舜）之書，謂之《五典》，言常道也。八卦之說，謂之《八索》，求其義也。九州之志，謂之《九丘》。」

大家知道夏是沒有文字的，所以夏的經典《三墳》、《五典》、《八索》、《九丘》皆是春秋學人假托古聖先賢或撰寫或傳說的古老典籍。實際上，不論是《伏羲八卦》、《神農本草經》、《黃帝內經》，還是論述「九丘」的《禹貢》，最早成書都不超過春秋戰國。

現在，說回刊定九州的禹。關於禹的文字描述，皆來自《尚書・禹貢》。但《禹貢》成書又在何時呢？我們只好求助中國文化中兩個重要的寶貝；一個是青銅器，一個是甲骨文。它們保證了信史的真實性和可見性。誰也想不到歷史老人會在二〇〇二年，為我們亮出一份關於大禹、關於《禹貢》的青銅證明。這年春天，寶利藝術博物館的專家在香港古董市場購得一件西周中期的青銅器遂公盨（圖2.3）。盨，是一件古代用來盛粱食用的器具，也是一種禮器。遂公，據李學勤先生考證，應是遂國之君，也是這個禮器的製作者。遂國在今天的山東寧陽西北，傳為虞舜之後，春秋魯莊公十三年（西元前六八一年）被齊所滅。令學界感到震驚的是這個禮器內底，有一篇九十八字的銘文。銘文劈頭就是一句：「天

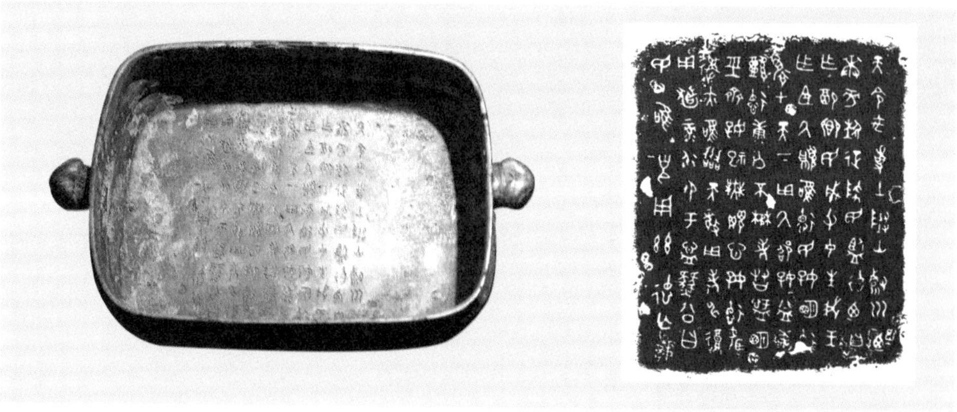

圖2.3：

西周中期的青銅器遂公盨銘文，是大禹，以山水為依，浚河分土事跡的最早記錄。

命禹敷土，隨山浚川，乃差地設征……」這句銘文與《尚書・禹貢》的第一句，「禹敷土，隨山刊木，奠高山大川——」何其相似。說的都是：禹，以山水為依，浚河分土之事。

此前，學者們只見到過春秋的秦公簋等青銅器上關於「禹跡」等片言隻語。所以，學者多認為，《禹貢》成於春秋戰國。只有王國維說《禹貢》雖「係後世重編，然至少亦必為周初之人所作」。而今，這件西周中期的遂公盨，王國維的推論提供了證物，撫今追昔，王國維真不愧是大師中的大師。

大禹的業績，歷代傳揚的多是他治水的故事；而他的另一偉業，則被淹沒了。其實，大禹治水的同時，他還借此機會，劃分了中國最早的行政區「九州」。如《左傳》所言，「茫茫禹跡，畫為九州。」按《禹貢》所載，禹所劃分的「九州」為：冀、兗、青、徐、揚、荊、豫、梁、雍。

甲骨文的「州」字，源於「川」字，而「川」字又源於「水」字。所不同的就是「州」比「川」多了水中的小島。所以，州的意思也非常明確，「水中可居曰州」。古人為何要依水而居，主要是便於農作和居家過日子。所以，甲骨文中就有了「川」的地名，如，「丁歸在川」。但是，依水而居又要防止洪水，房子往往建於傍水的山丘之上。因而，「州」又成為居住區域的名稱，遂有「夏州」、「戎州」、「陽州」、「瓜州」之名。而在歷史悠久的中原，今天我們還能見到「商丘」這樣有明顯地貌特徵的地名。

既然，有了各個「州」的地理存在，隨著慾望的增長幅度的不斷擴大，自然產生了管理這些州的帝國。於是，有了「茫茫禹跡，畫為九州」的偉大事變。大禹畫出這九個行政區，不是簡單地為九個州分出地界，而是為了讓大家守好責任田，而後分頭納稅，供養帝國。

「九州」是古代中原人活動的主要範圍，並不是現今中國的範圍。冀州：即今之山西與陝西間的黃河以東，河南與山西間的黃河以北，和山東的西北部及河北的東南部。雍州：相當於今之陝西中部，甘肅東南部，寧夏南部，及青海的黃河以南。豫州：即今之河南全省及湖北的荊山以北。荊州：即今之漢江以南，南漳以西，衡山北。兗州：即今之河北滄縣以南，山東濟南以北。揚州：即今之淮河以南，至長江南岸，東臨東海。青州：即今之山東德州和濟南一線以北，及河北的一部份。徐州：即今之山東東南，長江以北的江蘇大部。梁州：即今之陝西秦嶺以南，子午河和任河以西，至貴州的桐梓。

《禹貢》「九州」中的各州之名，也不一定就是現今的各州。「九州」所指範圍，大約在今天的山東、山西、河南、河北、陝西、安徽、江浙、兩湖等地，或者更大一點，也許更小一點；當然，也有專家們認為，「九州」根本就是虛指。

雖然，禹的故事與銘文，都說得言之鑿鑿，但西周時，周王的力量畢竟還很有限，不可能統一天下，更不可能統治「九州」那麼多、那麼大的地方。所以，我們只能說，西周時，中國人就有了「九州」的理想。

學者們認為，《禹貢》中的「九州」之「九」，雖然說得很具體，但決非指九個大型的行政區劃，而應當是眾多有河流環繞的山丘的總稱。因為，禹時天下未定，大一統的格局尚未形成。但後來「九州」所表達的統一思想被認可，進而引申為「全國」的代稱。國人因此形成了以內外文野來區別地域，確立了一種講「秩序」的「世界觀」。如南宋嘉定二年（一二〇九年）蔡沈復原的禹貢山川的歷史地圖，《禹貢》中的九州等重要地名都有所反映（圖2.4）。

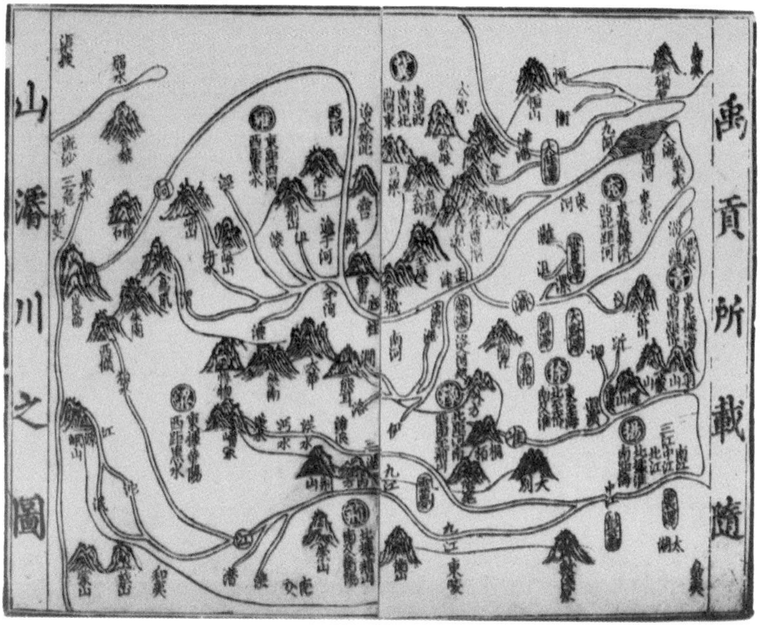

圖2.4：

南宋嘉定二年（一二〇九年）蔡沈復原的禹貢山川的歷史地圖，《禹貢》中的九州等重要地名都有所反映。

州在周朝時，已被用來做民戶編制，「五黨為州」。東漢時期，州成為正式行政區劃。而後代「州」越分越多，越分越細，有直隸州、散州等，轄區範圍亦呈縮減之勢。隨著「州」的行政區的確立，人們為表達「水中陸地」的意思，又造了一個「洲」字，以示區別。

不過，從政治地理的角度講，我以為，「九州」到底指哪，到底有多大範圍，這些都不是重要。這個「九州」的價值，在於它代表了一種道統地理的思想。「九州」雖不是一個標準的行政區劃，但卻是統一王權的世界觀在地理上的反映。如此來看，西周並非只是分封制的歷史，而是在分中求合的歷史，「九州」即是大一統地域觀的天下格局。

攤一張「畿服」的大餅

說到中國的行政區劃，皆言堯因洪水之災，分中國為十二州；而後，禹依治水之山河，又將中國劃分為九州；再後之商周，又把中國以中原為中心向外擴張，分為五服、九服。當神話被當成歷史來講述時，所謂歷史，只好估妄聽之。

《尚書》、《國語》中都有五服的記載：九州畫定，國都確立。此後，如何建立國家的納稅體系？如何建立國家的安全體系？

先王創造了五服區劃制度。即，甸服、侯服、綏服、要服、荒服。具體講，就是在天子的領地之外，每五百里為一個行政地段——服。各服依次向外延伸：「邦內甸服，邦外侯服，侯衛綏服，夷蠻要服，戎狄荒服」。五服有服務、服役、服從的多重意思。如，甸服主要為天子治田出穀稅；侯服為天子和國家服差役；綏服推行國家的文化與教育，並擔當保衛國家的任務；要服區域內的人，要遵守王法，和平相處；最外邊的荒服，人們可以自由流動遷徙。依照五服的順序，貢期分別為一年一次、兩年一次、三年一次、四年一次、五年一次。《周禮》進而將將「五服」擴展為「九服」：「侯服」、「甸服」、「男服」、「采服」、「衛服」、「蠻服」、「夷服」、「鎮服」、「藩服」。

古人這種「五服」、「九服」的說法，實際是後世學者對前朝政治的一種理想表述，而非歷史實錄。商周實行「封邦建國」的分封制，封國內獨立為君主，天朝並無任何行政區劃。中國真正的行政區劃始於西周之後的郡縣制度。

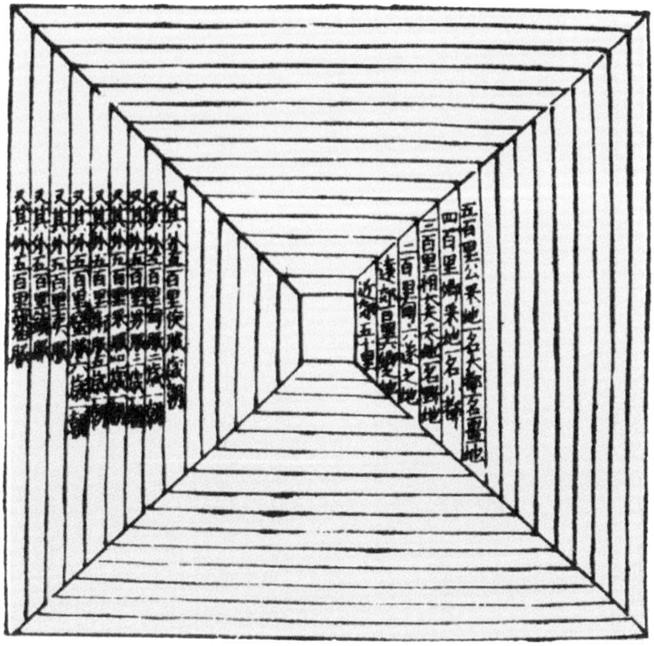

圖2.5：

宋代《新定三禮圖》中的「九服」示意圖。

自東周實行郡縣制以來，分封制開始瓦解。自秦漢以來，郡縣制一直佔主導地位，但分封制並沒有完全消亡，它也以與西周不同的形式長期延續存在。分封制與郡縣制都是君主專制政體下中央和地方關係的體現形式，二者的長期對抗反映了中央集權與地方分權的鬥爭。

古人「五服」、「九服」的理想主義行政區劃，很像今天的北京城的一環、二環、三環……五環的道路規劃，有著濃厚的「攤大餅」式的農民色彩（圖2.5）。但它卻展現了中國人對於世界秩序的一種獨特的理解，即「中心」與「周邊」的親疏與從屬關係。從而確立自我為核心，而後層層保護，或者，漣漪式向外擴張的政治策略。儘管歷史上這張大「餅」，曾不斷被異胡夷之族扯破，但每一次現實的挫折，都強化了國人關於這種世界秩序的想像。

周人初定「宅茲中國」

如果說「國」是以武力勾畫的勢力範圍，那麼「中國」，則是國家對所處位置的定位與命名。有意思的是，在十萬片甲骨裡，「中」和「國」都有近百個，就是沒有「中國」一詞。那麼，「中」與「國」是什麼時候扯在一起的呢？一九七〇年代以前，很多文章都說「中國」一詞最早見於中國的第一部書《尚書》，如「皇天既付中國民」，但考古學家後來發現了最早的「中國」二字，證明早在青銅器時代，就已有了「中國」這個詞。由於這個發現，晚之又晚，所以鮮為人知。

話要從一九六三年陝西的一場大雨說起，雨水沖塌了寶雞農民陳堆的後院土崖，露出一個閃閃發亮的銅器。陳堆和妻子用小橛頭刨出了這個銅傢伙，見它沒什麼用處，就拿到廢品收購站——三十斤——三十元——當廢銅賣了。兩年後的一天，寶雞市博物館的佟太放在廢品收購站，發現了尚未送去冶煉的銅尊，一眼認出這是件文物。於是，寶雞市博物館仍以三十元的廢品價格將它收購。這是一尊西周初期的青銅酒器。高三十九公分、口徑二十八・六公分、重十四・六公斤。專家認定，這是一件精品文物。但其中暗藏的驚天機密，仍未被發現。

轉眼十年過去，一九九五年中國調集全國新出土的文物精品出國展出，寶雞的這件文物來到了籌展的青銅器專家馬承源手裡。大師到底是大手筆，在清除銅尊蝕銹時，馬先生發現內膽底部有一篇一百二十二個字的銘文：「唯王初遷宅于成周。復稟王禮福自天。在四月丙戌，王誥宗小子于京室，曰：『昔在爾考公氏，克弼文王，肆文王受茲命。唯武王既克大邑商，則廷告于天，曰：余其宅茲中

圖2.6：

最早刻有「中國」二字的西周青銅酒器——何尊。右圖為何尊銘文。

國，自茲乂民。嗚呼！爾有雖小子無識，視于公氏，有勳于天，徹命。敬享哉！』唯王恭德裕天，訓我不敏。王咸誥。何賜貝卅朋，用作庾公寶尊彝。唯王五祀」。

何尊的最高價值在於這一百二十二個字的銘文，銘文大意是：成王五年四月，周王開始在成周營建都城，對武王進行豐福之祭。周王於丙戌日在京宮大室中對宗族小子何進行訓誥。講到何的先父追隨文王，文王受上天大命統治天下。武王滅商後則告祭於天：「余其宅茲中國，自之辟民」（我將中國作為統治地，親自統治那裡的民眾）。周王賞賜何貝三十朋，何家作此尊，以示紀念。

何尊記載了周成王繼承武王的遺訓，營建被稱為「成周」的洛邑，也就是今天的洛陽這一重要史實。同時，在表示定都天下的中央時，使用了兩個驚天之字——

「中國」——這是青銅器上首次發現「中國」二字，也是「中」、「國」二字首次以一個詞的面目出現。因銅尊銘文表明它是何姓人家所製，遂被命名為「何尊」。何尊因馬先生的「二次發現」而被列入六十四件永久不准出國展出的中國國寶級文物目錄中（圖2.6）。

「中國」兩字作為詞組，首次在青銅銘文中出現。這是中國人應該記住的一件大事。青銅銘文就是用青銅鑄造出的寶貴歷史，除了印證史籍或彌補史籍的不足外，它們又代表著真實、代表著不朽。以周之青銅及銘文而論，何尊的價值遠在毛公、大盂、大克三大鼎之上；以尊而論，它比商代的四羊方尊還有價值。但堪稱「鎮國之寶」的何尊，藏於寶雞，幾乎不為大眾所知。令人稍感安慰的是，一九八二年發行的《西周青銅器》特種郵票，印上了它的身影。這套一共八枚的郵票，第一枚就是何尊。

大中華概念的形成

如果說，西周何尊的銘文最早出現的「中國」二字，是選一個中央的位置建都立國；那麼，最早進入史書中的「中國」二字，講的則是執政中國的任務與目標：「皇天既付中國民，越厥疆土於先王，肆王唯德用，和懌先後迷民，用懌先王受命」——《尚書‧梓材》中的這段話，沒有具體說中國的位置。但即是周公之言，所指當是關中、河洛地區，用現在的行政地理來論，即陝西河南一帶。

周人的地盤不大，但「中國」這種說法卻被後世普遍接受。春秋戰國，列強分立，但都不排斥「中國」之說，如齊、楚這樣的「邊緣」大國，都在歷史演進中接受或自覺使用了「中國概念」。

《管子‧輕重乙》記述了管仲為齊國相時，曾說了一套治國與稱王稱霸的理論：「請在國家四方建立『壤列』制度，天子在中央，統治地方千里，大諸侯國的土地三百里，普通諸侯約有百里，靠於海有子爵、男爵約有七十里。這樣就像胸使用臂，臂使用指一樣方便。這樣就可以控制全國的物資和物價了。」

戰國七雄不僅以「中國」自居，也相互認可皆是「中國」。所以，隨著各諸侯國的「另立中央」意識增強，皆稱中國，進而使「中國」的疆域越變越大。到了漢時，連不屬黃河流域，但在中原王朝統轄範圍之內的地區，皆稱為「中國」。

在二〇〇九年的深圳博物館舉辦的國寶展上，我見到一九五二年於湖南長沙出土的「中國大寧」漢代鎏金銅鏡。周邊刻有銘文：「中國大寧，子孫益昌，黃裳元吉，有紀鋼。聖人之作鏡兮，取氣於五

圖2.7：

湖南長沙出土的「中國大寧」漢代鎏金銅鏡。周邊的銘文再次證明，漢時「中國」，已是大一統概念。

行。生於道康兮，咸有文章。光象日月，其質清剛。以視玉容兮。辟去不祥。」這件銅鏡，再次證明，漢時「中國」，已是大統概念（圖2.7）。

雖然，漢以後，曾有過西晉東晉，有過南北朝的割裂局面，但南北政權都爭以「中國」為正統。隋唐兩朝，天下再度走向統一，在修史的過程中，將歷史上分裂的南北政權，皆歸入「中國」，納入正史，從而在道統上，強化了中國的統一意識。

綜觀「中國」之意，不出下面幾種：

從文化本位與傳承上講，是指夏裔居住之地；從正統上論，是指京師首都，或天子直轄地區；泛而言之，可指華夏或漢人所建立的所有政權。

久而久之，「中國」就成了通用名號，也形成了中國人的中國觀。宋代一士大夫說：「夫，天處乎上，地處乎下，居天地之中者曰中國，居天地之偏曰四夷。四夷外也，中國內也。天地為之乎內外，所以限也。」這就是古代中國人的中國觀，但它不是一成不變的，也是一點點演進的。正如梁啟超的「中國三段論」所言，先是中國之中國，然後，才是亞洲之中國，最後是世界之中國。

中國人以自己為世界的核心，其實，西方世界也以自己為中央。中國被他們稱之為東方。其稱謂五花八門：秦、漢、絲國、茶國、陶瓷國……更奇怪的是：從西周初青銅器上始刻「中國」之名，到最後一個王朝大清的絕滅，三千多年竟沒有一個王朝以「中國」為正式的國名。明中晚期以後，世界各國漸漸統一使用「CHINA」來稱呼中國，但直到那場改天換地的革命降臨，「中國」才有了偉大的命名。

通常人們都講，以中華民國為國號的時間是一九一二年元旦。其實，還應更早一點。一九一一年，趁清政府調湖北新軍赴川鎮壓「保路運動」，新軍中的革命黨人在武昌發動起義。軍政府宣佈：中國為中華民國，號召全國推翻清政府。並通過了《中華民國臨時政府組織大綱》。一九一二年元旦，孫中山就職臨時大總統，正式定國號為：中華民國。二月十二日，溥儀的母親隆裕太后發佈退位詔書：「將統治權公諸全國，定為共和立憲國體」國家為「中華民國」。至此，「中國」正式成為我們的國名。

溥天之下，莫非王土

如果僅從題目上看，《詩經》中有好多詩是寫山的，有東山、南山、北山。但細讀這些寫山的詩篇，又都不是山水詩，而是借山言事。比如，《東山》寫的是服兵役，背井離鄉去打仗，久久不歸；《節南山》寫的是君權旁落，壞官當道；而本文要說的《北山》，尤其是那常常被引用的經典段落，寫的幾乎就是江山社稷。

溥天之下，莫非王土，
率土之濱，莫非王臣。

漢初《詩經》已立為博士，成為經典。秦時對其「斷章取義，予取所求」的研究之風，更是進一步「發揚光大」。《北山》經常被引用的這段，即是個鮮活的例證。其實，它的前邊還有詩的首段：「陟彼北山，言采其杞。偕偕士子，朝夕從事；」它的後邊還有「四牡彭彭，王事傍傍；嘉我未老，鮮我方將；」等幾個段落。

這首以山為名的詩，實是一首諷刺詩。它講的是一個人上山去採枸杞，一天忙到晚，也幹不完國王的差事，這樣做還不一定能養活家中的老娘。天下的土地，都是國王的，所有的人，都是國王的臣民。那些當官的辦事不公，讓我幹這苦力活。國王的事，永遠幹不完……

應當說《詩經》創作和編輯的時代，是個言論自由的時代。這些詩若是寫在乾隆王朝，作者和編輯早沒命了。不過，《詩經》之所以能成為經，必然有它存在的理由。它某些內容顯然符合了某種需要。比如，這「溥天之下，莫非王土，率土之濱，莫非王臣」的說法，即是對王道的高度概括與認同。這種思想被一代代儒生以「經」的名義，不斷放大，反覆引用，長久強調，就成了臣民們自覺接受的「帝王邏輯」和「國家主義」的現實，就成了臣民們認可的「王即天下」的世界觀。

秦始皇之後（圖2.8），天下一統。中國成為一姓天下的「家天下」，如此「溥天之下，莫非王土」的認識，自然是統治者和統治集團所樂見，並極力張揚。郡縣制之後，中國進入「化家為國」的漫長歷史階段，在此階段中，一切貴族家庭與集團都瓦解了，全國只保留一個家，這一家就是國王之家。國土的「王化」，使國家也「家化」了。

圖2.8：

中國第一位皇帝秦始皇。郡縣制之後，一切貴族家庭與集團都瓦解了，全國只保留一個家，這一家就是國王之家。國土的「王化」，使國家也「家化」了。

將「國」與「家」組合在一起，成為一個獨特的概念，這是中國所獨有的。

「溥天之下，莫非王土」，經過長期的鼓吹，漸漸深入人心。民眾亦天真地認為：臣民天生就沒有土地，土地天生就是王的土地。在王道之下，民眾只知「王道樂土」，不思「民道樂土」。一切歸王所有的生存格局，就這樣假經典的名義，植入強大的意識形態之中。而「民貴君輕」的話，也只有孟子敢說，但亞聖的觀念，即使列入「四書」之中，也沒被王朝所重視，甚至還被刻意掩蓋。如，朱元璋就曾把孟子從聖人的廟堂中趕了出去。

「詩」是「禮」的前奏曲，孔子編輯《詩經》之後，它一直是被當作祖先的「規章制度」來推廣的，「正得失，動天地，感鬼神」。而學詩的人在《北山》中看到的則是：一個沒有土地的人，一個飽受壓迫的人，卻在認可王道，忍受剝削。兩千多年來，只有漢文帝，搞過一次免除地租，歷時十一年。此後，老百姓就在「王土」上，天經地義地為王而耕作。

「溥天之下，莫非王土，率土之濱，莫非王臣」是傳承了兩千年的「經典錯誤」，但這個人類原始階段的世界觀，生存觀，卻伴著中國人走過了漫長的歲月。

黃帝夢遊華胥國

找不到夏文化的「發源地」，其「星星之火」，就難以得到「燎原」的證明。祖先為何稱我們的國家為華夏？夏，大家知道是中國的第一個王朝，華呢？說法就複雜了。有人說，西北地區，曾有一個華胥國。所以，中原先民自稱「華夏」。從字義上來講，「胥、雅、夏」等古字相通，華胥就是華夏。也有人說，華者，美也；夏者，大也；連綴而用，即雍容至美。

二〇〇六年的初夏，我到陝西旅行。陝西是文化大省，到處都是文化遺跡，但最讓人眼花撩亂的是祭祖神台，我們到底有幾個祖宗？在這裡是炎帝陵，那裡也是炎帝陵，藍田地區又多出了個華胥陵。

圖2.9：

華胥氏，神話傳說中女媧和伏羲的母親。

傳說中的華胥氏，是女媧和伏羲的母親（圖2.9）。記載中的華胥國，有《列子》的「黃帝夢遊華胥國，華胥之人……其國無帥長，自然而已；其民無嗜好。自然而已。」此外，《淮南子》、《山海經》等古籍中，也有華胥的記載。所以，據參與祭祖的專家理直氣壯地說：華胥是炎帝和黃帝的遠祖，是伏羲和女媧的母親……但我聽著，這就像在推論誰是「二郎神」的母親。但藍田人願意相信華胥是一段真實的歷史。因為，這裡有媧氏村、華胥鎮，這裡就該是傳說中的華胥古國。

於是，僅有四萬人的小鎮，熱熱鬧鬧地舉行了「全球華人恭祭華胥氏大典」。當地打出的口號是「開發一座陵，建成一座城」。公祭使旅遊經濟到底增了多少，尚未算出，據說，那兩天的甘蔗價至少翻了兩番。

「華胥」也好，「華夏」也罷，這些詞，顯然晚於已鑄於西周青銅器上的「中國」一詞。它顯然是一個稍晚些的文明區域的概念，所以，在地理方位的表達之外，又加了一層美意。「華夏」一詞，最早見於《春秋左傳》，其襄公二十六年中，有「楚失華夏」之語。但「華夏」並非當時唯一的美化中國的名詞。《春秋穀梁傳》即有：「秦人能遠慕中華君子」的說法。似乎在表達「中華」，即是「中國」與「華夏」的重組，是連綴壓縮後的更美妙的說法。

我們的祖先為何要創造這麼多美好的名詞自稱呢？主要是確立自己的核心地位和其他部族的貴賤之別。唐代在法律中，正式出現「中華」一詞。見於唐朝永徽四年（六五三年）頒行的法律文本《律疏》，對「中華」一詞做了明確的解釋：「中華者，中國也。親被王教，自屬中國。衣冠威儀，習俗孝悌，居身禮儀，故謂之中華。」意思是說，凡行政區劃及文化制度自屬於中國的，都稱為中華。

中華是中國的「自我」，這個「我」是中國的本體，也是存在的基點。以自我為中心，是本體對自身的肯定，從這個意義上講，以自我為中心是民族國家必然的文化選擇。中國人「華夷之辨」的這種文化，有自身的文化驕傲，還有自大和文野之分，但還沒有發展成西方式的「優勝劣汰」，沒有上升到要「汰」夷的衝突層面，融合仍是中華的處世主旋律。所以，唐代詩人韓偓，有詩云：「中華地向邊城盡，外國雲從島上來」，已把「中華」與「外國」對舉，你來「朝我」的自得之情溢於言表，但沒有說要去打外國，

六億神州盡舜堯

「曰若稽古」，言必稱《書》。

《書》在先秦就已被認定是最古的一部上古史書，所以，後來稱其為《尚書》和《書經》。稽古之事，不僅我們要查這部書，就連司馬遷寫《史記》，其上古部份，也都是從這裡照搬照抄的。

後人說的「三代」，常指夏商周三代。而信史之前，還有一個「三代」，即《尚書》中記錄的堯、舜、禹這三代。稽至這三代的地望，我們就找到了華夏的老家。

如果我們從旅遊的意義上尋祖，像找炎黃一樣，我們很容易撞到三祖的廟門。山西臨汾，據說唐代就立了堯廟，後來又塑了堯的金身；山西運城也根據唐代建的舜陵，自認了舜都；河南登封也不示弱，這些年來不停地挖掘，說是找到了禹城。其他地方當然也不示弱，陝西河北也有三位老祖的根據。然而，稽古之事，終還要往遠了探問，心裡才會踏實。

堯的古字在甲骨文中可以找到，但這個字描述的是窯包之意。後有堯居陶丘一說，故稱堯號陶唐氏。《尚書》以《堯典》為開篇。記載了帝堯的偉業，其中有堯命羲仲、羲叔、和仲、和叔四人分別觀測太陽在四方運行的規律，「敬授民時」。如果破解《堯典》提到的東暘谷，南明都，西昧谷，北幽都，即可劃定，堯之地盤。

清人汪之昌曾有《湯谷、明都、昧谷、幽都今地釋》，認為「暘谷」在朝鮮，「明都」在交趾（越南）……皆去國絕遠，想來堯時，不會有這麼寬廣的地理視野。所以，說這些所謂「地名」是泛指東南

圖2.10：

漢代的大禹石刻圖。

西北四方，更為可信。細看那暘、明、昧、幽四名，也都是對太陽四時的描述而已。

堯這個字，在甲骨文中忽隱忽現，似與神靈有點關係。但這些堯字與方國沒有關係，斯時，堯還夠不成是一個方國，自然，我們也弄不清堯的地望。只好退一步，以舜推堯。舜的古字，不見於甲骨文，也不見於金文，只是出現於小篆之中，已屬很晚的漢字。其字的本義被認為是蔓地蓮花，一種植物。更晚才被借用於上古帝王之名。「舜」實際是個諡號。舜所在部落的叫「有虞氏」，故有「虞舜」之稱。

堯禪讓於舜，《尚書》亦二帝合志。舜承堯制，也關注四時，「歲二月，東巡守，至於岱宗，柴。」但其地理指向更明確了，舜巡守四岳。當時的四岳指的是哪幾座山，很難說清。唯一能說清的就是東岳，指的是泰山。如此來說，舜的部落至少是在泰山之西。

舜禪讓於禹（圖2.10），《尚書》有很多關於禹的記載，如《大禹謨》、《皋陶謨》、《禹貢》等，其《禹貢》是托名大禹治水，制定九州貢法的著作，最能反映當時的古人認知地理範圍。但《禹貢》成書，王國維認為成書約在周初（後來的考古發現，也支持了這一觀點），郭沫若認為成書約在春秋，顧頡剛等人則認為成書於戰國。總之，《禹貢》所言的「九州」方位，去夏絕遠，也不會是堯舜時代的地理認知。

至於，三代老祖的地望到底在哪，《尚書》與《史記》並不看重，古人看重的都是「德自舜明」。今人對堯舜禹的懷想，也側重於那個時代的德政與清明。於是，有詩唱道「春風揚柳萬千條，六億神州盡舜堯」。

東夷的大人之弓

方位在有了領地之爭之後，慢慢就族群化了，歷史由此進入「以方代族」或「以族代方」的歷史時期。東夷、南蠻、西羌、北狄……之說撲面而來，而四方外族的字，從蟲、從羊、從犬多含貶意。

唯有「夷」字，至少從字形上看不出貶意。有學者認為，最初的「夷」，應是神的名字，大約是風之神，隨著風神崇拜的傳播，四方皆稱「夷」了。後來「夷」才與中原以東的部族聯繫起來，稱為「東夷」。其「東」概指泰山以東，古之齊魯一帶，今之山東、蘇北、淮北地區。東夷人最早的頭領，為五方上帝之一少昊（圖2.11）。

圖2.11：

東夷指今天的山東，淮北靠海的部份。圖為東夷人最早的頭領少昊畫像。

先人為何選擇「夷」字來代指東方部族呢？這又要回到它的字形上來論。許慎在《說文解字》裡是這樣解釋的：「夷，東方之人也。從大。從弓」。清段玉裁在《說文解字注》中進一步注釋說：「唯東夷從大，大，人也。夷俗仁。仁者壽。有君子不死之國。按天大、地大、人亦大。大象人形，而夷篆從大，則與夏不殊。夏者，中國之人也。從弓者，肅慎氏貢楛矢砮石之類也。」如此，我們就該這樣理解「東夷」，它是指住在東方的腰上佩弓，身材高大的族群。

是夷吻合了東方人的形象，還是東方人塑造了夷的內涵，古人就沒說清，或許兩者都有吧。有意思的是古代人說「夷」的時候，多是指化外之族。而今，東夷人則用來證明歷史悠久之榮光。膠東之萊夷，今天之萊州，左經右史地證明自己是東夷的「主力部隊」，歷史悠久顧盼自雄。事實上，東夷也確實創造了不少豐功偉績。史學家范文瀾先生就認為：冶鐵技術極有可能是萊夷人發明的。因先秦時「鐵」字的結構就是左「金」右「夷」。古字裡暗含著萊夷人煉鐵的秘密。近來，連韓國人都說自己與東夷關係甚深，也不足為怪。

東夷在融入華夏大文化圈後，「夷」這個字與「東」分手。隨著大一統的王朝的建立和國朝與周邊國家的交往增多，「夷」的所指不斷慢慢地向外擴張。一是指偏遠族群，二是指番邦外國，其貶損與自大之意仍在其中。手頭有本廣東梁姓士紳寫的《夷氛聞記》，這本關於鴉片戰爭的小書，開篇即言「英夷狡焉思逞於內地者久矣」。葡夷、英夷、法夷、俄夷、洋夷……進入晚清，眾夷侵我。「夷」已不是一個落後與不開化的代名詞，而是堅船利炮的強國代稱了。

這個夷，那個夷，說了兩千多年後，中國人第一次認真研究這個「夷」字。

伴著第一次鴉片戰爭的淚水，魏源編撰六十卷的《海國圖志》。是書何以作？曰：「為以夷攻夷而作，為以夷款夷而作，為師夷長技以制夷而作。」可惜，夷夏之辯又爭了二十年。待李鴻章等大興洋務時，魏公已作古，時局更不堪問。怎一個「夷」字了得。

西邊的鬍子，東北的匪

文字掌握在中原人手裡，中原人就有了文化的發言權。天下留下的也都是「中原視角」所描述的天下。如「中國」一詞，就將皇天后土的核心地位與所處方位，作了毋庸置疑地一錘定音。商是商朝是正宗和核心，而西周自然就被商看作是西夷。西周時，周朝掌管天下，周自是正宗，夷又另有所指。秦原本也是西夷，有著濃得化不開的戎狄成分。但秦人坐了天下，就看不起戎狄了。自秦以西，又都被認為是外族。史家寫的歷史，說到底都是當朝的政治史，所有的歷史都是為現實服務的。

西漢以降，胡又成了新的族群定位。據講「胡」這個字，最初說的不是胡人，也不是鬍鬚，而是指動物脖子下邊的肉。把有攻擊性的外族稱為胡，是後來的說法。關於胡是怎麼來的，陳寅恪先生認為，胡是匈奴的壓縮讀法。王國維在《西胡考》中說，漢人謂西域諸國為西胡，本對匈奴與東胡言之。六朝以後，史傳釋典所用胡字，皆不以此斥北狄，而以此斥西戎。所謂「五胡亂華」是指鮮卑、氐、羌、匈奴和匈奴的支部羯族。

那麼，胡與鬍鬚是怎麼聯繫在一起的呢？《漢書・西域傳》記：「自宛以西至安息，其人皆深目多鬚髯。」後世以此為本，所言胡人容貌，無不將胡人與鬚髯連在一起。於是，貌類胡人者，皆呼之曰胡，亦曰鬍子。至唐代，人已謂鬚為胡。外族之胡，就這樣被鬍鬚化了，胡人也同劫掠連在一起（圖2.12）。

關於留胡之人種是「果從東方往，抑從西方來」的疑問？王國維先生的解答是：西域之地，凡征

圖2.12：

敦煌壁畫中的唐人西行，在西域路上被胡人打劫的圖畫。

伐者自東往，貿易者自西來。「太古之事不可知，若有史以來，侵入西域者，唯古之希臘、大食……其餘，若烏孫之徒，塞種之徒，大夏之徒，大月氏之徒，匈奴之徒，厭噠之徒，九姓昭武之徒，突厥之徒，回鶻之徒，蒙古之徒，莫不自東而西。」

西胡，當年的地盤有多大，難說清楚。但十幾年前，我曾到過《說文》所說的「鄯善，西胡國也」，乘車飛馳，幾日未出其縣界。古鄯善有多大，我不知道，但今天的鄯善，至少有四個海南島大。

所謂胡人，西晉初期，還都環居於中國的北方，並與邊疆的漢人雜居。西晉時期，五胡和其他胡人入侵中原，佔領了中原廣大土地，並建立了大大小小幾十個國家，史稱「十六國」。胡人入侵，客觀上促成了胡漢的民族融合，使胡人漸漸完全變成了新漢人。同時，胡入中原，一路燒殺。據史書記載，羯族行軍作戰從不攜帶糧草，專門擄掠漢族女子作為軍糧，稱之為「雙腳羊」，意思是像綿羊一樣驅趕的性奴隸和牲畜，可姦淫，可烹食。曾經建立了雄秦盛漢的中原人大量外逃，造成又一次民族大遷徙，史稱「衣冠南渡」。跑到閩、粵的那一支漢人，又成了新的「蠻」——「客家人」。

歷史的方位，血腥而錯亂，最後的結果，與當初的願望剛好相反，佔領化為了融合：漢人和南人結合，漢人和胡人結合，胡人和南人結合——各民族的大融合，到隋朝統一全國，東西南北的胡漢文化已融成了一個整體。

「鬍子」這個說法，近晚之時被北方人挪去，當作對土匪的別稱了。

絲之貴與南之蠻

「夷」這個字，是先貴後賤——先是高大的持弓之人，英雄也；後來指代為強悍的化外之人，外族也。「蠻」字的流變，也是如此，小姐的身子，丫環的命。

最初的「蠻」字，沒有下邊那個「蟲」。金文中是兩個「系」中間夾一個「言」，好似一個人挑起兩捆「系」，也就是絲。中國的造絲史，少說也有五千年，所以「系」在甲骨文中就已大量出現。金文中的「蠻」字，表示的是蠶絲生產之意（圖2.13）。以絲之貴重推論，「蠻」字當屬褒意詞。

歷史上的褒貶，多取決於勝敗。隨著華夏與周邊諸多族群接觸的增加，南方北方之間征戰不斷。商周時期，會生產絲的南方部落，不斷被強大的北方部落征服，南方人淪為北方人的奴隸。為表示輕蔑和歧視，到了篆文時代，就有了加義符「蟲」的「蠻」字。漢許慎在編《說文解字》一書時，即將「蠻」字放在「蟲部」來解說：「蠻，南蠻，蛇種，從蟲。」可見在漢代的「蠻」字已帶上了「法定」的貶義的意思。

秦漢以降，中原人的正統與高貴的意識不斷膨脹，對中原以外的族群，「北狄從犬、西羌從羊」，多用貶詞稱之。並產生了「東夷、南蠻、西戎、北狄」這些具有方位限制與族群之分的名詞，將中原以外的族群，皆看作化外之人。

蠻的方位在歷史的演進中，也越擴越大：以數字而言有了六蠻，就有了八蠻，再後又有了百蠻，以地域而言，又有荊蠻、武陵蠻、黔中蠻、烏蠻、白蠻……範圍包括了今天的湘、楚、黔、滇、川……正南和西南的廣人地區。這些地方的部族，雖通稱為「蠻」，但卻是完全不同的族群。

說到族群，順便說一下「族」字。「矢」（箭）所叢集謂之「族」，引申為「眾」，成群之意。族群的意思最早出現在《尚書‧堯典》中，「克明俊德，以親九族」。這句話說明，在古人眼裡至少在堯的時代，「族」已代表著親屬或群體的合稱了。

圖2.13：

漢代畫像石，表現了織布、紡紗、繞絲的場面。屋頂的柱子上掛著一團絲。

值得注意的是，在古代漢語的「族」，並沒有「民族」的含義。「民族」一詞是近代從日語中引進的。梁啟超先生在一八九九年所寫的《東籍月旦》一文中，最早使用了「民族」這個新概念。國父孫中山更是在政治意義上，將其發揚光大。中共建政後，各民族在政治上、法律上獲得了前所未有的平等地位。從此，歷史上對少數民族的所有歧視性稱謂都被廢除了。

不過，說回蠻。歷史上的蠻，也不全是貶意。如《菩薩蠻》這個詞牌，即是從古代羅摩國（今緬甸境內）引進，後經漢樂工改制而來的。「像菩薩似的蠻國人」的詞牌，伴著先民製曲填詞，走過多少「花明月暗飛輕霧，今宵好向郎邊去」的風花雪月。

被嘲笑的不知有「漢」

「採菊東籬下，悠然見南山」的陶淵明，雖然是個遠離世事的灑脫之士，但《桃花源記》中對「不知有漢」的挖苦，仍顯露出內心深處藏著的正統，即使是在戰亂之晉，漢仍被士大夫尊為正朔。

那個尊貴的「漢」，我沒見過它的開頭，卻感受過它的結尾——我說的是大漢之源——漢水。二〇〇二年，我曾以選手的身份參加了「武漢國際搶渡長江挑戰賽」，搶渡終點就設在漢水與長江交匯的南岸嘴。那次的比賽成績，對我來講是個遺憾。不遺憾的是，我卻由此親近了漢水，並用我的思緒逆流尋根：先游荊門，再上溯襄樊，而後進入陝南，最後在漢水之源——漢中登岸。莽莽秦嶺，是漢的源頭，更是周的故里。

「三代」之說，起自西周。當年是周滅的商，自然不願意以商為正朔，於是就把自己說成是夏的承繼者，遂有華夏、諸夏之說。周將諸夏之外，皆稱夷狄。如，苗、黎、荊、淮夷、徐戎、嵎夷、萊夷、和夷、島夷、百越、巴、蜀、庸、盧、微、彭、氐、羌、濮、西戎、驪戎、犬戎、北戎、山戎、鬼方、赤狄、白狄、義渠、林胡……此時的諸夏部族還沒資格稱別的族群為「少數民族」。

諸夏成為「多數」，要感謝春秋戰國的天下大亂，是大混亂促成了大融合：北之燕、趙，征服兼併了許多狄人的部族；東之齊、魯，征服同化了東夷各部族；西之秦，本身就是戎夏混合的族群，又征服西夷與巴蜀一帶的氐、羌；南之楚，原本南蠻，又吞吳併越……各方的「華夏化」，為秦並六國提供了大一統的基礎。

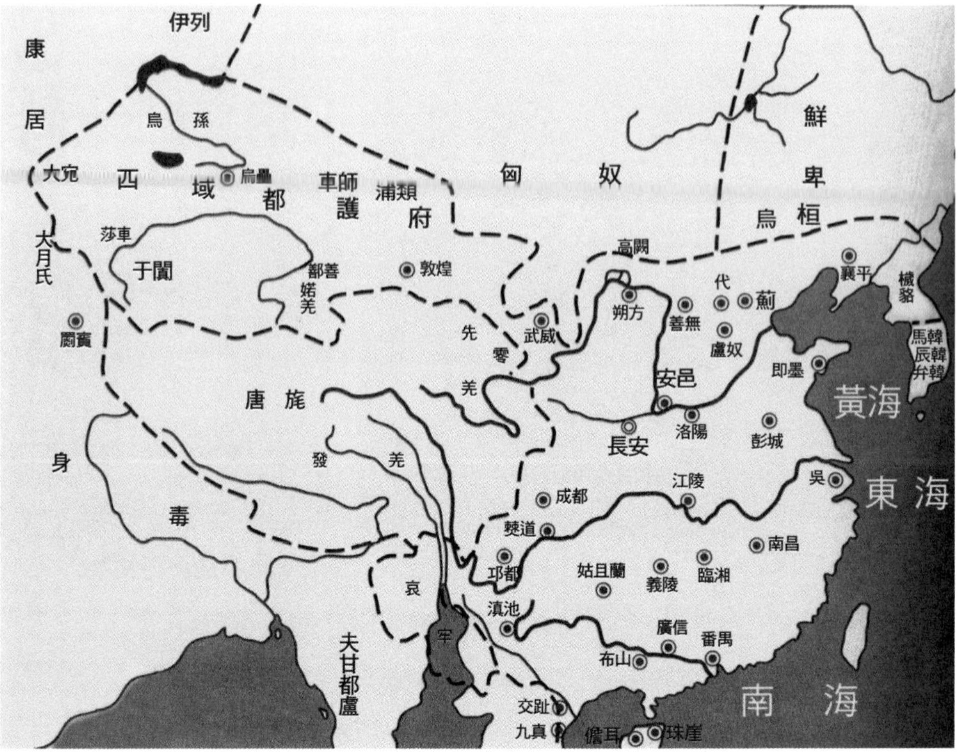

圖2.14：

西漢天下形勢圖。

秦建立了第一個帝國，擁有了真正多數的族群，依此而論我們該叫它「秦族」。事實上，外國人至今還用「秦」的洋音來稱呼我們。但秦不爭氣，只坐了十五年天下——漢接收了一個現成的「大戶人家」（圖2.14）。

漢高祖劉邦本是江蘇沛縣人，原本與漢水一點關係都沒有。為秦朝當差的劉邦，聽說陳勝、吳廣反了，就隨大流去抗秦。楚王因其抗秦有功，派劉邦到漢中，當了漢王。此後，楚漢相爭，劉邦得了天下，遂將漢王之號升級為漢朝國號。漢朝以降，雖然，漢的意識形態被歷朝所承繼，但各朝一直以華夏人自稱，直到元朝以後，才正式稱漢族。

發源於秦嶺之陽的漢水，南下武

漢與長江相會，原本是上天的一個水系佈局。但無意之中，卻編織了中華民族的文明網絡。從很古的時候起，漢水就與長江、黃河、淮河並稱為「江河淮漢」。這一古老的水系打通了文明通道，使黃河文化圈與長江文化圈得以交匯融合，從而完成了華夏文化的偉大架構。融合了不同族群與不同文化的漢族，而今人口已達十三億，不僅是中國人口最多，也是世界上人口最多的民族。

「漢」的古字，《說文》解為「漾也」，本意是水名，指的即是漢水。也有人將古「漢」字解為「灘」。其實，灘也是江水的另一種描述。漢朝一統天下後，漢這個字漸漸脫離了水名，成為了一個巨大王朝與族群之名。北方少數民族稱漢朝的人為「漢子」，後來，被代指男子，成為「男子漢」。「漢」這個字，一步步被美化，一步步被誇大，再後來，連說銀河之事都用上了這個「漢」，叫「星漢燦爛」。

楚河漢界一溝分

秋天是懷古的季節。

那地方，兩千多年前叫滎，現還叫滎。雖然，滎陽已稱市了，但對於我這個遊客來說，它就是鄭州的郊區。出鄭州城北上，中巴車狂奔三十多公里後，把我拋到一片荒野之中——前邊就是鴻溝了。

一個農民指著溝邊的一段土壩對我說，這就是古城，西邊是漢王城，東邊是霸王城。聽著像是信口胡說，兩千多年前的兩位豪傑或流氓，怎會在這裡放下屠刀，以一條荒山溝為楚漢分立的邊界？

話還要扯回兩千多年前，眼前這條三百公尺寬，百十來公尺深的大溝，魏惠王在西元前三六〇年挖的一條與黃河相連的運河。因為溝在廣武山下，當年人們稱其為廣武澗。不論是運河也好，廣武澗也罷，都說明古時這溝是有水的，河水是後來才乾的。關於這一點，比我早一千多年來此考察的韓愈已經發現。他在《過鴻溝有感》一詩中嘆道「力盡烏江千載後，古溝芳草起寒雲」。芳草也好，荒草也罷，眼前這了無生機的溝溝坎坎，剛好成就了憑弔古戰場所需要的那種淒美。

一九八六年，這裡被中國列為省級文物保護單位。其實，古代這裡就是名勝了，阮籍來過，李白來過，韓愈也來過。康熙年間，這裡還立了刻有「鴻溝」二字的石碑（圖2.15），當是清朝的「文物保護單位」。放眼荒溝，保護也沒什麼可保護的，開發的空間倒是很大：立個塑像、堆個土台、夯段土牆……就能說事了。

話說，劉項兩個一起抗秦的哥們兒，走到這裡已成勢不兩立的對手。

劉邦自立為漢王的第二年，乘項羽進攻齊國之機，從都城南鄭（今漢中）出兵，攻佔了項羽的都城彭城（今徐州）。項羽連忙率三十萬兵馬回救自己的老巢，大敗漢軍於睢水。劉邦狼狽跑回了古滎。第二年，項羽恢復軍力，重整旗鼓，包圍了滎城。劉邦逃出城外，雙方遂於廣武山前，展開了一場曠日持久的拉鋸戰。

兩軍對壘，久攻不下。氣急敗壞的項羽，將俘虜來的劉邦父親綁縛於高台上，隔溝高喊：「劉老哥，快投降吧。不然，我就把你爹放鍋裡煮了」。亭長出身的劉邦，當即以「我是流氓我怕誰」氣魄回應：「項老弟，你我是結義兄弟。我爹就是你爹，要是煮了你爹，可要分我一碗湯啊。」

他們就這樣隔著大溝吵了一年，直到西元前二〇二年晚秋，楚軍糧盡，漢軍兵乏，無奈之下，雙方講和：以此溝為界，中分天下。以西為漢，以東為楚。後來，司馬遷在記錄這段歷史時，把它稱為「鴻溝」。這個名字，顯然比《竹書紀年》中的「大溝」有意味，也比古時的「廣武澗」，有氣勢。尤其是

圖2.15：

康熙年間，這裡立了刻有「鴻溝」二字的石碑，當是清朝的「文物保護單位」。一九八六年，這裡被中國列為省級文物保護單位。

將它用在劉邦與項羽對峙的故事中，更是意味深長……

楚漢相爭時，項羽三十歲，而劉邦已是五十四歲了。說是結義兄弟，其實劉邦的歲數，給項羽當爹，還有餘頭。薑是老的辣，人是老的滑，戰爭哪能玩「誠信」那一套？養精蓄銳一年後，劉邦撕毀「停戰協定」，揮師東進——歷史在「鴻溝」後面，留給項羽的是，「十面埋伏」、「四面楚歌」和「霸王別姬」。

我站在烈烈風中，遠眺黃河，猛然哼起「問天下誰是英雄？」的嚎歌。

黃河，這條洗不清歷史是非的河，用滾滾滔滔的渾水，告訴我：所謂談判，就是雙方都想喘歇；所謂邊界，就是為了喘歇而劃定的地理借口；所謂和平，也絕非利益均等的人間版圖；所謂英雄，就是得意一時的歷史過客。

最早的全國行政地圖《九域守令圖》

秦統一六國後，中國始有大行政區與疆域的概念。雖然，《史記・秦始皇本紀》記載秦曾「分天下以為三十六郡」，但「三十六郡」具體是哪些郡，並沒有詳記。歷史留給後人的僅是三十六郡或四十八郡的猜想。

漢比秦的江山穩固，疆域管理登上了新的高峰。成於東漢的《漢書・地理志》是中國歷史上，最早最完善的一部以疆域、政區為綱領的地理志書。它記錄的內容十分豐富，有世界上最早的系統的全國各行政區的戶口數字。是以「郡、國」和「縣、道、邑、侯國」兩級行政區為框架，敘述全國各行政區狀況的著作。

漢和秦代留下的遺憾是一樣的，都沒有留下完整的行政區地圖。不僅如此，連古代中國最高峰唐代，也沒有留下一幅行政區地圖。我們只能在地理文獻中，有一點點關於版圖的文字慰藉。

據文獻記載，漢代曾用縑八千匹畫成全國地圖——《天下大圖》；西晉初年，第一位地圖大師裴秀曾在《天下大圖》的基礎上，以一寸折地百里的比例尺（約1：180萬）縮繪成一丈見方的晉代全國地圖——《地形方丈圖》，此圖後來失傳了。西晉雖統一疆域，但時間很短；八王之亂後，經五胡十六國、南北朝、隋朝二代，也不長久。唯李唐天下，有近三百年的長久的一統。史料載，唐代傑出地圖學家賈耽沿襲西晉裴秀的製圖方法，令繪工又繪了一幅唐代的全國地圖——《海內華夷圖》幾乎比裴秀《地形方丈圖》的面積大十倍，可惜《海內華夷圖》也沒能保留下來。

歷史把展示大型地圖的機會全留給了宋朝，我們得以借助北宋的地圖一覽古代中國的「全國」。宋朝廷特別重視地圖製作與管理，不僅多次組織編修全國或諸州府圖經，還在大觀元年（一一〇七年）成立了中央地圖管理機構「九域圖志局」。鑒於錦縑等物繪製的圖極容易損壞的歷史經驗，宋人們將地圖鐫刻在永不消損的石碑上。接下來要說的《九域守令圖》碑，正是在這樣的背景下產生的。

中國的碑刻按形制、銘文、作用大體可分為：墓碑、墓誌、書畫碑、記事碑、宗教碑、天文碑和地圖碑等九類，可謂「無事不可入碑」。《九域守令圖》碑，屬於地圖碑。以刻石年代論，它是現存最早的石刻地圖碑。

在說《九域守令圖》碑之前，先說一下比它還早的另一個《守令圖》。據沈括的《夢溪筆談》記述，熙寧九年（一〇七六年），他奉旨編繪的一套州縣地圖，比例為九十萬分之一。歷時十二年方才完成，全套地圖共有二十幅，包括全國總圖和各地區分圖。可惜的是這幅重要的地圖集失傳了。所幸我們還有與之相近的這件《九域守令圖》（圖2.16）。

一九六四年文物考古工作者在四川省榮縣文廟的正殿後面，發現一塊北宋末年刊石的《九域守令圖》碑，碑額上有「皇朝九域守令圖」字樣，正面刻有《九域守令圖》。地圖刻在碑的正面，縱一百三十公分、橫一百公分。四邊的中間部份刻有「東、西、南、北」四個方位詞。下方是四十二行共四百零九個字的題記。題記表明此碑由榮州刺史宋昌宗所製，刻石時間為北宋宣和三年（一一二一年）。碑文絕大部份已剝蝕，僅殘存七十六個字。幸而圖上的山脈、河流和州縣名稱除個別地方有剝落外，大部份都完好。這對於考定此圖的繪製時間，非常重要。距今已近九百年的歷史。

沈括的《守令圖》和這個《九域守令圖》，皆以「守令」來為地圖命名。依蘇洵集中「吾宋制治，

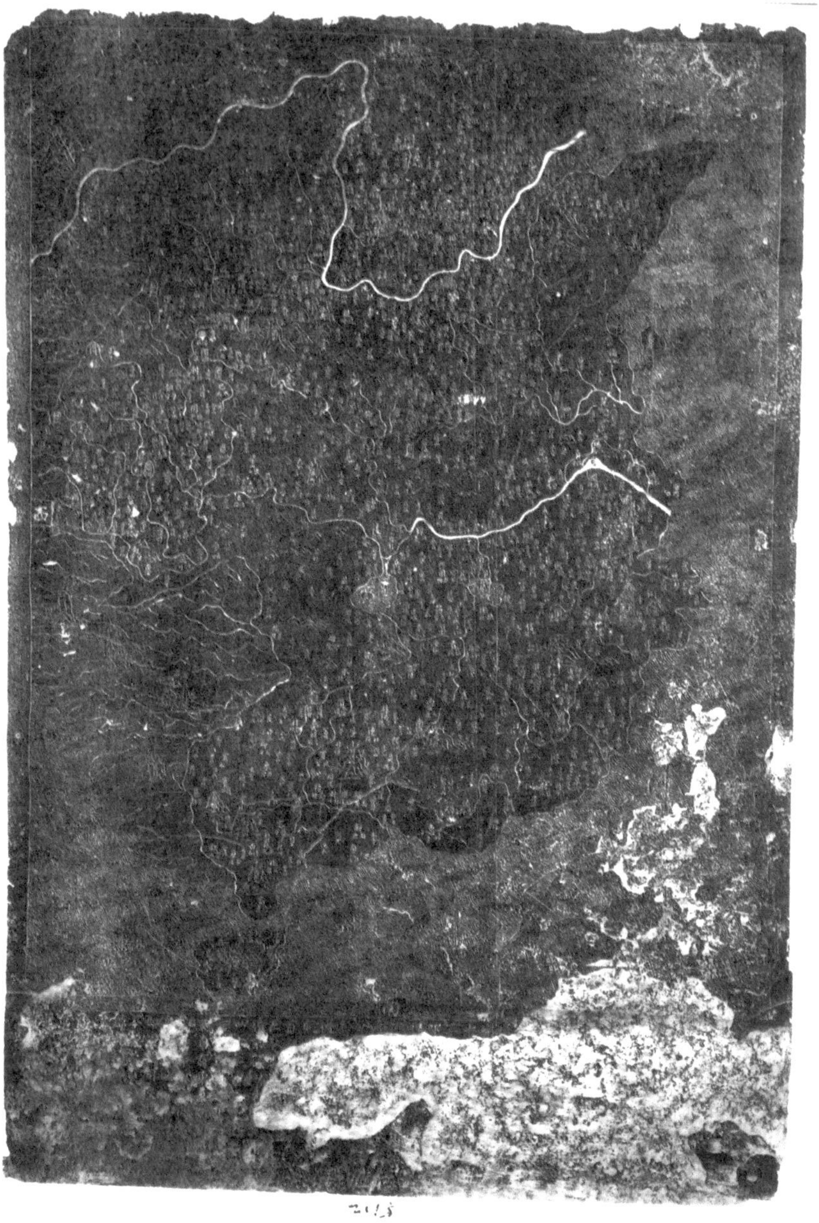

圖2.16：

《九域守令圖》碑是現存最早的全國行政區劃地圖。

有縣令，有郡守，有轉運使，以大繫小，繫牽繩聯，總合於上」來推論。地圖應是以「守令」代郡縣，「守令」圖，即為行政圖。所以《九域守令圖》碑還有一個名字就叫《天下州縣圖》。

《九域守令圖》碑確實較好地反映了北宋後期，大宋的「天下州縣」。地圖上標注了一千四百多個宋代地名，幾乎包括了北宋末年中央政權所管轄的全部州縣。而且，從元豐元年（一〇七八年）至宣和初年（一一二一年）四十多年間，宋朝廷升降廢置的州縣有幾十個，這些變化在此圖中大都有所反映。如，建置最晚的是徽州、嚴州，循州的雷鄉縣，衢州的盈川縣，吉州的泉江縣，袁州的建城縣，越州的嵊縣，處州的劍川縣，京兆府的樊州等。地圖內容大部份完好可辨，繪出了山脈，湖泊，江河，州縣等內容。黃河、長江的走向大體正確，河流主支流分明。可以說，《九域守令圖》碑是現存最早的全國行政區劃地圖。也有人把《禹跡圖》和《華夷圖》兩幅著名的石刻地圖，稱為最早的全國行政區劃圖，但依上石的時間看，它們比《九域守令圖》還要稍晚上十多年（南宋紹興六年即西元一一三六年）。

在欣賞《九域守令圖》碑的行政區表現的同時，我們還應看到，它還是最早中國海疆地圖。《漢書・地理志》是對疆域、政區的最完好的記述，其中海疆所記，東至今日本海，南至今越南中部。《九域守令圖》碑的海疆描繪，北部繪到北岳恆山，東邊繪出大海，南至海南島……較完整繪出了宋朝的海疆。尤其可貴的是這幅海疆圖，較詳盡地描繪了中國的海岸線，其山東半島、雷州半島和海南島的輪廓已接近今圖。專家稱「除清代在實測的基礎上繪製的『皇輿全覽圖』和『乾隆十三排圖』等外，『九域守令圖』的海岸線是傳世古地圖中畫得較準確的一幅」。此外，在符號運用上，它還首次使用了「波紋」符號來表示海洋。這些出色的表現使它當之無愧地成為中國第一幅海疆地圖。

值得注意的是，這塊碑的背面，還刻有一些重要的文字。一行是兩個大字「蓮宇」，另一行是小字

「紹興已未眉山史煒建並書，郡守□□□」等字。這些題刻表明：刻石與立碑，不是一個時間，也不是同一個人。刻石是滎州刺史宋昌宗，時間為北宋宣和三年（一一二一年）。立碑是滎州知州史煒，時間為南宋紹興已未年（一一三九年）。

碑立在蓮宇山麓的文廟之內，此時的大宋，僅剩半壁江山了，版圖上的許多標示轉瞬成為「歷史」。誰能想到宋人刻的《九域守令圖》，到最後是守也沒得守，令也無處令，大海竟成為宋王朝的歸宿。一二七九年宋朝最後一個皇帝趙昺，由大臣陸秀夫背負在南海崖山投海而亡，年僅八歲。

3 山河湖海，王道地德

大河文化的源頭——黃河

從古老的刻劃符號來看，長江流域與黃河流域其符號大同小異；但文字率先在黃河流域產生了，它為華夏文明掀開了信史的第一頁。所謂先進文化實際上就是在文化上先行一步。長江與黃河，僅用一個「河」字就拉開了距離。黃河人在甲骨上刻下「河」字時，「江」還沒得到文字的指認（直到有了金文時，「江」字才誕生）。甲骨文的這個「河」字，指認的就是今天的黃河，而非其他什麼河。

在甲骨上造出「河」字的那夥人，當時住在古黃河三角洲。這個三角洲的地理中心就是五嶽獨尊的泰山。距今六千至三千年時，這裡氣候溫暖，降雨充沛，是歷史上最適合人類生存發展的時期。據《詩經・伐檀》描述，當年的黃河三角洲是「河水清且漣猗」，兩岸長著「伐」不盡的「檀」樹。所以，三千多年前的黃河，只叫「河」，沒有那個「黃」字。那麼，河水是幾時變黃的呢？

早在班固所撰的《漢書・高惠高后文功臣表第四》中，已有了「使黃河如帶，泰山若厲」的記載。《漢書・地理志》也有「沮水首受中丘西山窮泉谷，東至堂陽入黃河」之說。北魏酈道元在《水經注》中提到「黃河」時，還特別指出「黃河兼濁河之名矣」，從「注」的角度指出了「黃河」一詞，蓋因河水渾濁之故。雖然，黃河之名在東漢就已有了，但在唐以前多數歷史文獻仍以「河」指稱黃河，這或與中國書生習慣於引用古稱顯得儒雅博學有關。

黃河之沙，不可能是三千年前住在黃河邊的那點人口砍樹造成的，比較可信的是自然環境和氣候的變化，改變了黃河原來的樣子。其實，黃河黃不黃，對於華夏文明的發展影響不大，影響巨大的是大河促成的文明。大河的力量，不僅是水的力量，也是土的力量。按明代出版的《三才圖會》講，發源於青藏高原的黃河與長江把中華大地分為三區域，古人稱其為「三大幹龍」：黃河與長江之間叫中龍，黃河以北的叫北龍，長江以南的叫南龍，「三大幹龍」構成了中華文明的龍脈（圖3.1），生生不息。

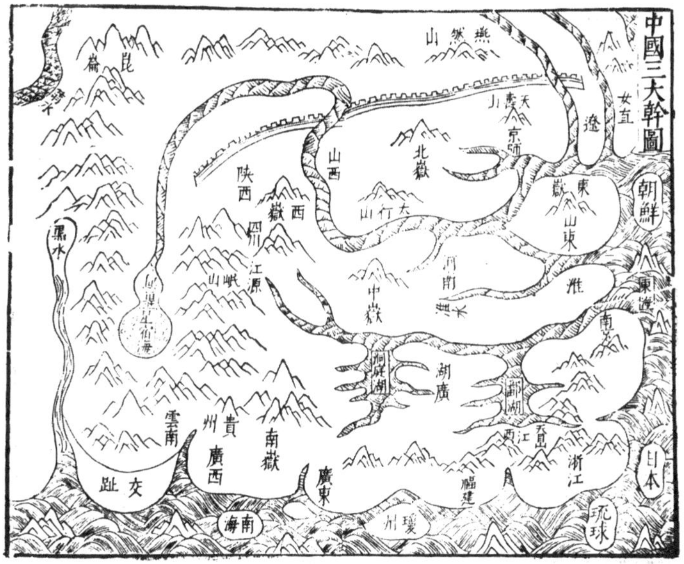

圖3.1：

明代出版的《三才圖會》中的《中國三大幹圖》。

黃河流域創造的文明，有甘青文明、中原文明、海岱文明，其代表性的考古學文化有仰韶文化、中原龍山文化、大汶口文化，山東龍山文化、馬家窯文化等。與上述考古學文化相對應的是傳說中的五帝時代，即黃帝、顓頊、帝嚳、唐堯、虞舜，以及海岱地區的太昊、少昊。這些傳說中的族群，在不斷的交融與發展中，共同書寫了華夏文明的詩篇。

文化共生的佐證——長江

「余生也晚」——如果讓長江寫個自述，開頭的肯定是這一句。

雖然，地質學上，長江與黃河同時誕生於青藏高原的冰峰雪谷，是一奶同胞。但依文字的發生而論，長江則是黃河的「晚輩」。我們在甲骨文中甚至找不到「江」這個字，直到金文中，「江」字才出現。生得晚的「江」字與早生的「河」字一樣都是專字。「河」在古代專指後來所說的黃河，「江」則是專指後來所說的長江。其他的弱勢水流都叫這個「水」，那個「水」，如漢水、渭水。

歷史是由文字寫成的，誰先掌握了文字，誰就擁有了文化的發言權。中國的古文字率先發生於黃河地區，所以，在中原人的史籍裡，「黃河文明」一直是中華文明的老大，「長江文明」沒有被當作一個文化源頭來認識。這樣的觀念一直到了二十世紀，才被新的考古發現所改變：長江也是中國古代文明的發源地之一。

二十世紀成了長江文明論證者的「創世紀」。專家們用新的考古發現，建立起長江上游地區先秦文化的發展序列，即從寶墩文化，到三星堆文化，再到十二橋文化，最後到晚期巴蜀文化。特別是近年來，在民間興起了一股三星堆玉石銘文的研究，使甲骨之前，長江流域是否已有了文字成為一個新的課題。不過，這些據說出自三星堆的玉石及文字，有一個民間收藏的致命傷，就是它們多沒有「坑口」，也就是說「出身」不明。所以，這些玉石文字或蝌蚪文暫時還沒有被學界認可（圖3.2）。

長江文明也是中華文明的重要源頭，這一理論的確立。於是，有了江與河的文化對比，歷史學家先以寶墩文化對決龍山文化。寶墩的農業、手工業都很發達，表明至遲在新石器晚期，長江中上游已初現文明曙光。再以三星堆文化對決中原青銅器。三星堆到底受沒受到商的影響，尚難論定，但至少證明了三星堆也有成熟的青銅文化。至於巴蜀文化，長江文明與黃河文明的相互影響，已到了「有案可查」的歷史階段，江與河共建中華文明，如此這般地成了學界共識。

近些年來「多元統一」或「統一多元」的中華文明理論已不新鮮，新鮮的是不斷有考古發現扯出了長江文明領先於黃河文明的說法。一九八八年雲南元謀縣出土了一具人猿超科頭骨化石，距今約三百至四百萬年。它把一九六五年發現了距今約一百七十萬年左右的元謀猿人，又向前提了兩百萬年左右。若以化石論英雄，長江流域的猿人比黃河流域的猿人更有歷史。但猿人畢竟不是證明文化的元素。但當我們將目光由人類化石轉而投向石頭文化，情況就大不一樣了，良渚玉器橫空出世。早在五千年前，長江下游就孕育了神奇的玉器文化。良渚的玉琮、玉鉞等玉器，不僅切割規整，紋飾神秘，而且具有了專業化生產的痕記，新石器時期的良渚玉器文化，明顯的優於黃河玉器文化。

圖3.2：

據説，這是來自三星堆，但卻沒有「坑口」的民間收藏。此蝌蚪文龍璽上面的四個古文字，目前沒有人能破譯出來。

最讓人吃驚的是浙江省考古所在二〇〇七

年底公佈的考古新發現：在距今四千多年的良渚遺址區內，發現一座面積二百九十萬平方公尺的超大古城。有專家稱它為「中華第一城」。更有學者說：中國朝代的斷代應從此改寫：在夏商周三朝前，加上良渚。

上游有三星堆青銅，下游有良渚古城，長江文明以合圍之勢，挑戰黃河文明。黃河文明只剩下尚能守住陣腳的重要武器——文字。

這不禁讓我想起摩爾根（Lewis Henry Morgan）的理論（馬克思非常喜歡這位美國學者的《古代社會》〔*Ancient Society*〕），「人類必須先獲得文明的一切要素，然後才能進入文明狀態」。如果我們把長江文明帶入著名的「文明三要素」（即城市、文字和青銅器）之中，就會發現長江文明獨獨少了文字這一重要環節。無論是三星堆的青銅器，還是良渚的玉器，其器物上都沒留下任何文字符號。沒有文字就難以進入文明狀態，更難成就信史。

我非常懷疑那個要「改寫夏商周斷代史」的良渚古城（有人說它是個古代的水堤，也有人說它是後世的採石場），但還是寄望於某一天，長江流域挖出了比甲骨文更古老的文字。那時，我們再來談「江」與「河」的文明，或許更實在。

二 山五岳中的王朝地德

直到現在，我也沒弄清──人生於水，卻跪於山──這是為什麼？讀過書的人都知道，連喜馬拉雅山都是從海底擠出來的──但初民不拜海洋，只拜大山。我猜，山作為崇拜對象，是其維度比之水，更有形，更有勢，可以擬人、擬物、擬神……甲骨文的「山」字，描述的就是一個聳立眼前的高大對象──山神。甲骨殘片上與「山」字相連的卜辭，「其求雨於山」、「其燎十山雨」，也都是祭山。

在祭山的卜辭中，有許多與山相連的數字「往三山」、「侑於五山」、「勿於九山燎」、「燎於十山」。三、五、九、十這些數字是言其多，還是代表著群山的座次，專家也無從猜測。山與山，分出差別，拉開距離，排出坐次，是在它叫「岳」之後。

甲骨文中的「岳」字，從羊從山，大概是給山神烤個全羊以獻祭的意思。所以「岳」不是普通的山，有了神山或名山之意。岳由單獨的名山神山，變為四方神山，始見於《尚書》，其《堯典》是最早提到「四岳」的古代文獻。它記錄了舜王四季巡守四岳的制度（實際上，堯舜並非信史，古人藉此說事罷了）。有學者依《尚書》成書年代推斷，「岳」應該是春秋之前掌管大山的官吏職稱，後人們把主管方岳的官名與駐地大山之名混稱，於是有了「四岳」之說。山的地位、地德與禮數，藉此得到了明確的表達。

令人費解的是《堯典》提到的東西南北「四岳」，只有東岳「岱宗」（岱，太山也）是有名字，其他三岳皆不知何名。「五嶽」之說，晚於「四岳」，始見於《周禮・春官・大宗伯》：「以血祭祭社

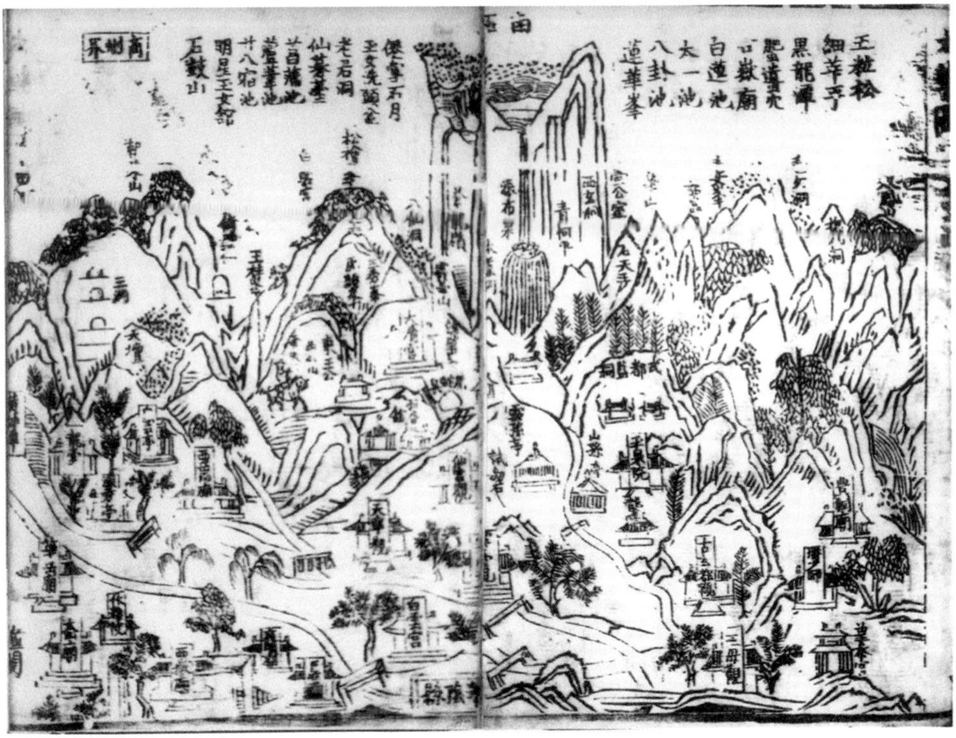

圖3.3：

《太華山圖》即華山圖，原載於元至正二年（一三四二年）李好文編繪的《長安志圖》歷史地圖集。此圖用中國山水畫的繪製方法，描繪了華山的山川與名勝。

稷、五祀、五嶽」，但沒指明「五嶽」到底是哪五座山。東漢末年遍注儒家經典的經學大師鄭玄在注《周禮》時，考證了五嶽：「東曰岱宗、南嶽曰衡山、西曰華山、北嶽曰恆山、中嶽曰嵩山」，這個說法也是我們今天沿用的五大名山（圖3.3）。

岳，雖然是名山，但祖先選定四方之岳，可不是給老百姓推介旅遊景點，更不是為了向外國人「申」什麼「遺」。商周之時，各王朝已經有了明確的方位觀，開始通過「四岳」、「五嶽」的岳的範圍，表達國朝中心和疆界的道統。據史家考證，商周的國都，皆在河洛之間，當以嵩山為中岳，其他四岳各隨其方。秦併天下後，定都咸陽，周朝的「五岳」，有礙秦的地德。於是，秦以咸陽為中心，重新排出十二大名山，並首次封禪泰山。漢代的「中央」思想更加明確，正式創立了五嶽制度。

五嶽作為一種明確王朝地域正統性的地德，被歷朝歷代所接受。但王朝輪轉，忽北忽南，五嶽位置也有一些改變。漢武帝登禮天柱山，封為南嶽；隋文帝統一南北朝後，詔定衡山為南嶽；元、明、清定都北京，幾次調整北嶽，由恆山之陽，改為恆山之陰。清朝還「詔封長白山神秩祀如五嶽」，將其發祥地長白山升格為「嶽」，也借此嶽，宣示王土。

嶽，就這樣從群山中「脫穎而出」，且待遇不斷提高：皇帝在這裡祭祀、僧人道士在這裡修行唸經、文人雅士在這裡賦詩作畫……所以，明朝人登臨五嶽後，發出「五嶽歸來不看山」的慨嘆，並非是指五嶽之美；而那後半句「黃山歸來不看嶽」，才是讚美的實話；若以美而論，黃山不僅是中國第一，還有資格對決地球上任何一座名山。

近年時有關於五嶽聯手申報「世界自然與文化遺產」之議（泰山已於一九八七年列為世界自然與文化雙重遺產），如果，五嶽能擴展「申遺」成功，自然是五嶽史上的一件大事。但與煙火氣太重的五嶽相比，我更喜歡二〇〇五年《中國國家地理》評出的「中國最美十大名山」（南迦巴瓦峰、貢嘎山、珠穆朗瑪峰、梅里雪山、黃山、稻城三神山、喬戈里峰、岡仁波齊峰、泰山、峨眉山）的天然與純粹。

由「嶽鎮方位，當準皇都」的地德，到原始神奇的美德，我們的山文化仍在進退之間。

「威加海內兮」的中原視野

雖然，我們的母親河，長河、黃河兩大水系都與大海相通。但我們對海的文字表述，還是比西亞的兩河、比北非的尼羅河，晚了兩千多年。所以，我們只能追溯三千年前，祖先用古文字描繪海的歷史和對海的認識。

從甲骨卜辭的記載看，中原人在寫下了「河」字的同時，就寫下了「海」字。《說文》對「海」字的解釋是：「海，天池也，以納百川者，從水每聲。」但「海」不是一個形聲字，而是一個由「水」和「每」構成的會意字。「水」的意思明確，不用解釋。值得分析的是「每」的意思。「每」是從「母」字而來的，「母」又是從「女」字而來的，只是比「女」多了象徵著乳房的兩個「點」，所以，「每」與生育是有關聯的。上古時，「每」是用來指稱氏族社會中年齡最大，生兒育女最多的女性。古人取「眾水之母」的意思，創造了這個「海」字，可謂形意兼備。

中原人離海較近，算是有緣見過海的，所以，對水域的文字表達比較準確。即包圍陸地的廣大水域稱之為海，被陸地所包圍的廣大水域稱之為湖。但在遠離大海的內陸地區，沒有見過海的人們，則把內陸巨大的水域稱為「海子」。當然，許多地方還把地勢較高的湖泊，稱為「天池」，比如長白山天池，天山天池。

客觀條件決定了主觀視野，地理環境影響著我們的海洋觀。

以海岸線而論，中國從古至今都是面朝大海的海洋大國，但中國人的海洋意識卻與西方的海洋大國完全不同。這之中，中西地理環境上的不同，使認知世界的看法相去甚遠。地中海諸國，有很多是陸地相連，又隔海相望的，有的則是片水之隔，近若一家的。海洋對於地中海諸國是連接多於阻隔，利益近在咫尺。而中國人面對的海洋，闊大無邊，臨近的島嶼與國家比地中海少。因而，古代中國將海看作是陸地的對立面，阻隔多於連接，猜想多於聯絡。

孔子悽惶一生，周遊列國，一路推廣他的治國理想，但沒人理會他那一套。相傳孔子從楚國返回魯國的路上，走到今天的江蘇東海縣一帶，登山望海，不禁面海長嘆：「道不行，乘桴浮於海。」聖人也是將海看作是訣絕之地。

縱觀先秦三大地理經典，《禹貢》、《山海經》、《穆天子傳》，關於海的描述，實在少得可憐。寫海寫得最多的是《山海經》。不過它寫了四百多個山，多半不可考，《海經》裡的海，也多荒誕不經。海，處於一種妖魔化的敘事之中。

圖3.4：

漢高祖劉邦像，出自明代天然所撰《歷代古人像贊》。

在古代帝王那裡，對海的認知，基本上來自方士的解說。秦始皇對於海的探索，依賴於徐福這樣不靠譜的術士胡說，希望在海上尋找長生不老藥，結果五十歲時，死於南巡路上。而漢高祖劉邦得天下後，衣錦還鄉，為沛縣父老高歌一曲「大風起兮雲飛揚，威加海內兮歸故鄉，安得猛士兮守四方」，此時劉邦心中的版圖，也是以海為界，劃分內外（圖3.4）。

海在西方世界是「希望的田野」，在古代中國是

「到此為止」的邊界。

古代中國對海洋的認知與利用，走過了漫長的道路，經歷了由封閉到開放，再由開放到封閉的迷茫過程。從鴉片戰爭、甲午海戰，甚至到今天，大海像一面鏡子，映照著國家和民族的命運。

「忽聞海上有仙山」的探海情結

我們到日本旅行時，常會碰到一些中國人。我說的當然不是現在全球都能碰到的中國遊客，而是古代中國的遊客。比如海上求仙的方士徐福，比如東渡的鑒真和尚……

歷史是很容易寬恕故人的，包括騙子。當年的齊國方士徐福，就是一個拿了秦國投資逃往海外的「詐騙犯」。而今，在中國和日本都被看作是文化名人，兩國難辨真假的徐福遺跡有幾十處。

最早關注徐福的是司馬遷，其「事跡」混雜在《史記・秦始皇本紀》裡。西元前二一九年，一統了天下的秦始皇，開始夢想長生不老。在他東巡時，有齊人徐市（徐福）上書，言海中有三神山，名曰蓬萊、方丈、瀛洲，仙人居之（圖3.5）。望帶領童男童女，前去求仙。於是，始皇派徐福入海求仙。

仙人是徐福瞎編的，但「三山」之說，還是有據可查的。知道有「三山」、「五山」的說法，最早見於甲骨文卜辭。但商的勢力未及海邊，「三山」、「五山」自然也不會是指海上的神山。神山之說，興於戰國之燕齊。兩國都是面朝大海的「海洋國家」，方士相信海上有神山，也是地緣使然。「五山」之說：「一曰岱輿，二曰員嶠，三曰方壺，四曰瀛洲，五曰蓬萊……五山之根無所連箸，常隨潮波上下往還。」我們可以據此推測，徐福為了說服秦始皇「投資」找仙山，而引證了前人的「學說」。或許是嫌其囉嗦，刪繁就簡變為「三神山」。

司馬遷為何要在秦始皇的「傳記」中，插入幾個方士的「事跡」呢？太史公雖落筆從容，但仍能看出他對秦始皇海上求仙的不屑；同時，也包含了對方士的騙術的批判；當然，更重要的是借此，對漢武帝迷戀求仙方術（連女兒都下嫁方士欒大）的曲筆諷勸。不知是不是史筆如刀，武帝之後，漢室求仙熱開始退燒，養生理論達到了前所未有的高峰。

站在這樣的立場上，太史公筆下的徐福，自然是一個負面形象：第一次東渡沒有收穫，徐福「忽

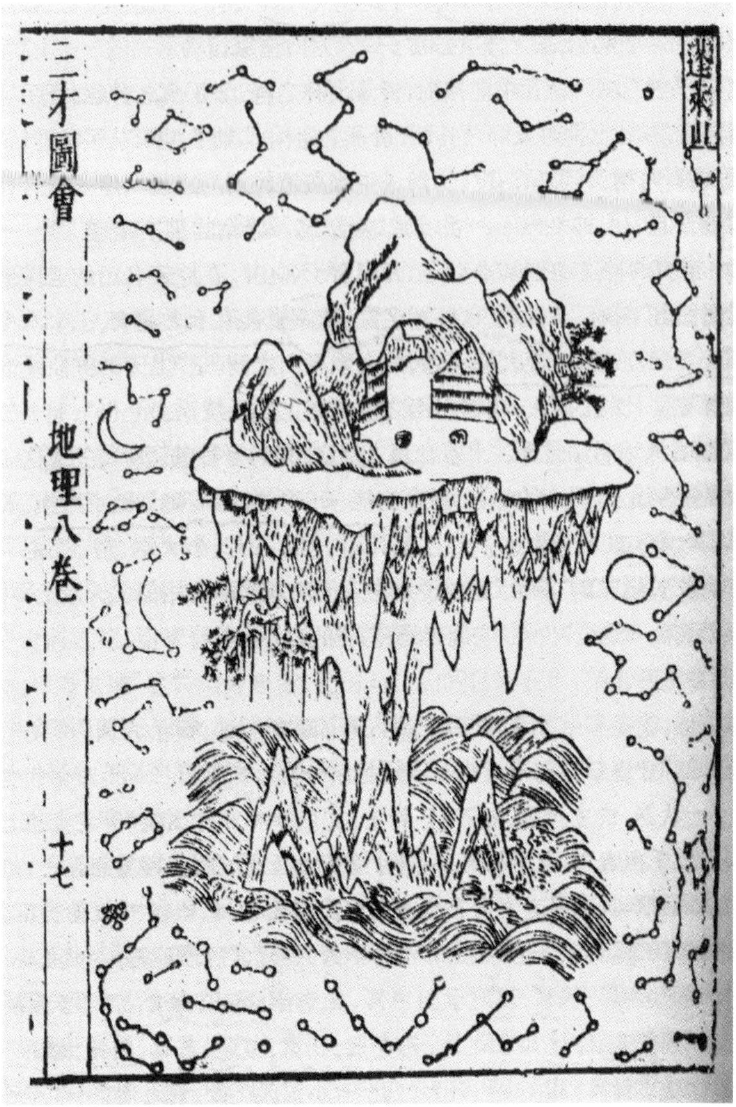

圖3.5：

《三才圖會》中的《蓬萊山圖》，描繪仙山「山之根無所連箸，常隨潮波上下往還」。

悠」皇上，說神仙要三千童男童女和各色人間禮物；還要有強弓勁弩射退海上攔路的大魚，才能求仙取藥。秦始皇答應了徐福的要求，徐福再次東渡，結果是，在東方「平原廣澤之地」自立為王，再也不回來覆命了。徐福被寫成一個膽大心細的「騙子」，始皇帝則是一個呆頭傻腦的「渾君」，海上三神山是個虛妄之說。

不過，司馬遷只顧著他的春秋筆法了，並沒有注意到這個騙局的地理價值，後世史家也對這一「神文地理」（相對於「人文地理」而言）的史學文本關注得不多。其實，齊人說的三神山，並非完全虛構。往虛了說，三神山記錄的就是海上的海市蜃樓現象，並非妄說。往實了說，海上神仙不存，但海島是在的。近有渤海黃海諸島，遠有日本的本州、四國、九州三島。

列子曾宣稱「無知無為」才能「無所不知，無所不為」。方士的「三神山」之說，亦折射了道家以虛證實的地理思想。「神文地理」雖然裝神弄鬼，但亦透露了初民的地理經驗和對世界的認識，為後世留下了許多地理探索的線索和文化想像的空間。如，北京的北海，即是遼、金、元、明、清五代帝王，按「東海三神山」設計的。慈禧修的頤和園，也延用了「一池三山」的理水傳統，湖中鳳凰墩、治鏡閣、藻鑒堂，分別象徵著蓬萊、方丈、瀛洲。

遺憾的是中國的「神文地理」，沒有再向前一步，把虛的東西做實，將虛無的海洋真正納入到治國之方略中。這不是方士的悲哀，道家的悲哀，而是皇帝的悲哀和王朝的悲哀。徐福三千童男童女也好，鄭和的萬人船隊也罷，都沒有留下令人信服的扎根海外的實證。先民「忽聞海上有仙山」的理想，最終又落回了「山在虛無縹緲間」。

五湖尚在，四海缺一

「五湖四海」作為一個成語，很少有人知道它語出何處。二十世紀的中國人最熟悉的「出處」是《為人民服務》中的那段話：「我們都是來自五湖四海，為了一個共同的革命目標，走到一起來了。」朦朧中，人們似也體味出它指的是山南海北，或四面八方。但這個成語畢竟有它地理學的意義，對於研究人文地理的人來說，把它落到實處也是一門功課。

從出處看，「四海」似乎早一些。這個詞最早出現於《尚書・大禹謨》，「文命，敷於四海」。文命，即大禹；敷於四海，即治理四海。上古之人認為中國四周有海環繞，所以稱中國為「海內」，稱外國為「海外」。至於這「四海」叫什麼名稱，具體地點在哪裡，《禮記・祭義》有進一步的海區說法，四海為「東海、西海、南海、北海」。但沒有明確指出其海域位置。漢代的劉向在《說苑・辨物》中說，「八荒之內有四海，四海之內有九州。」八荒，即荒蕪極遠之地也。《爾雅・釋地》說，「九夷、八狄、七戎、六蠻謂之四海」，也有人認為「九州」被四海環繞。有中原之外，皆是「海」的意思。

堯舜禹也好，夏商周也罷，其活動範圍皆在中原一帶，理論上講是不可能指認海洋意義上的「四海」。所以，對於孔子一眾儒士更願意講，「四海之內，皆兄弟也」（《論語・顏淵》），這個「四海」又有點「天下」的意思了。可以說，古語中的「四海」，其人文的所指，大於地理的能指。由於缺乏具體的海區指向，我看只能算作半個地理名詞。

比之「四海」，「五湖」的指向相對明確一些。《禮記・夏官・職方氏》中有「其川三江，其浸

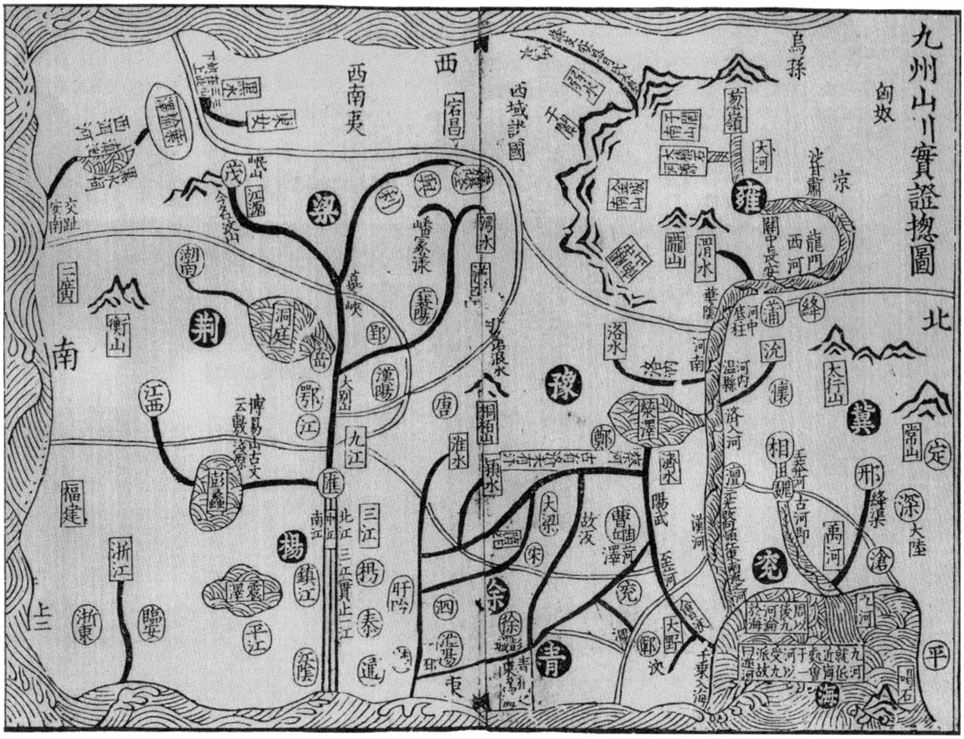

圖3.6：

《九州山川實證總圖》出自南宋程大昌編撰的《禹貢山川地理圖》，圖中不僅標注了九州，而且描繪了震澤、彭蠡、洞庭等大湖。

五湖」。說可以用於灌溉的有三江五湖。但具體的哪五個湖，沒了下文。弄得後世說法不一。北魏的酈道元撰《水經注》，認為「五湖乃長蕩湖、太湖、射湖、貴湖、滆湖」。唐代的司馬貞認為「五湖」指「具區（即震澤、太湖）、兆滆、彭蠡（即鄱陽湖）、青草、洞庭」等五個湖（圖3.6）。

後人對「五湖四海」的地理指認有所不同，但人文含義卻一直沒變，「五湖四海」就是四面八方、全國各地，甚至，全天下——是一種東方胸懷的文化表達。

到了近現代，「五湖四海」的地理指向，才相對明確了。一般以洞庭湖、鄱陽湖、太湖、巢湖、洪澤湖為「五湖」。一般以渤海

（北）、黃海、東海（東）和南海（南）為四海。但這樣分也不準確，只是湊足了四個海，而不是原來想表達的四個方向的海。實際上，中國的西邊並不靠海，「西海」對於中國是不存在的，從方位上論，中國只有「三海」。

與古人講究的地德相比，海德思想則偏於空泛，不像地德選定「五岳」那麼明確與精細，四海之說，在海德上是內實（陸地）外虛（海區）之德。

華夏海洋文明的發祥地——東海

東海是華夏海洋文明的發祥地，有點像地中海的愛琴海，伸向大海之中的山東半島，是中原文明少見的一抹藍色。

至少在戰國時期，齊人就已經有了很清楚的海洋「理論」。齊國的陰陽家鄒衍，曾在首都臨淄的「百家講堂」——稷下學宮的論壇上大講「海洋與九州」的學說：譏諷儒者之「中國」，只是海洋中的一塊陸地，內即禹之九州，外「於是有裨海環之」；「裨海」之外是赤縣神州，再外「乃有大瀛海環其外」；雖然，他的「大九州」概念源於推論，而非地理實踐。但這裡的「裨海」和「大瀛海」，還是最先明確了兩個不同的海區概念，即近海與大洋，可謂地理學的一大貢獻。

齊人與海的關係非同尋常，不僅有理論，而且還有行動。齊人的「遠洋史」上最輝煌的一頁是，齊國術士徐福忽悠秦始皇派船隊東渡扶桑的求仙之旅。

從《史記》的《秦始皇・本紀》和《孟子・荀卿列傳》中所記載的兩個故事看，齊人和秦人與東海的關係，似乎表現為大陸人與海中仙的崇拜關係。秦始皇統一中國後，曾四次東巡海疆。漢武帝也承繼了秦始皇的這一「傳統」，在位期間九次東巡海疆。兩朝皇帝高度重視東海，雖然有徐福、欒大等術士忽悠海上求仙的因素在裡面，但客觀上卻造成了對東海海疆的高度重視，提高了這一海區的地位。所以，我們在《史記》中也能看到，東海是秦漢王朝行政管理中的重要一筆。

不過，東海設郡的時間，不像南海設郡那麼清楚。最早將東海郡寫入歷史的是《史記・陳涉世

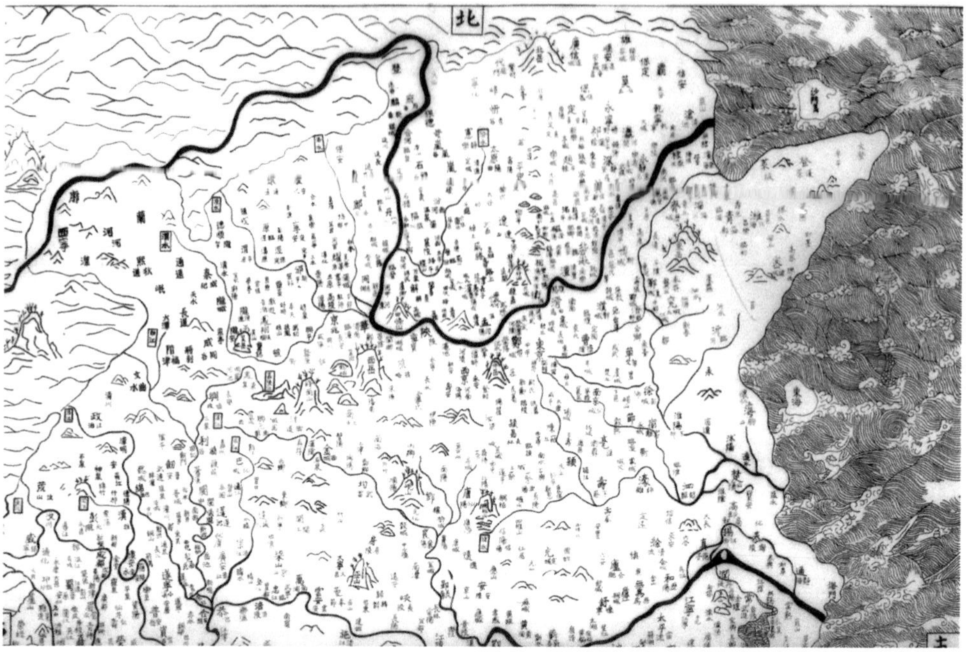

圖3.7：

宋代的石刻地圖是現存最早也最全面的古代中國海疆地圖，如這幅北宋宣和三年榮州刺史宋昌宗所立的石刻地圖《九域守令圖》，圖中不僅描繪出中國東部的海岸線、山東半島，而且在圖上明確標記出「東海」二字。

家》，「將兵圍東海守慶於郯」，但何時設立的東海郡，太史公沒說。人們從秦封泥中有「東晦」之名來分析，如以「東晦」即是「東海」論，秦確有東海之建制。但據漢以來的文獻看，多取漢立東海之說。如，《漢書·地理志》載，西漢置東海郡，治郯（今郯城）。《水經注》載，秦之郯郡，漢高帝二年，改為東海郡治。東海郡到底是秦置，還是漢設呢？我以為，清末國學大師劉師培的「疑在秦名郯，楚名東海（東晦）。高祖初年名郯，又改名東海」，這一中庸說法大體可信。

北宋宣和三年（一一二一年）榮州刺史宋昌宗所立的石刻地圖《九域守令圖》，圖中不僅描繪出中國東部的海岸線、山東半島，而且在圖上明確標記出「東海」二字（圖3.7）。

漢代以來，行政區劃越來越細，海區的劃分也因之有了變化。由於東海廣大，海岸線漫長，後世之人又依陸上的行政區分段稱謂東海，山東東南部海域稱青州東海；北至日昭南，南至揚州北，這一海域稱為淮海；進入浙江海域，又稱浙海。其後，大東海又被分為兩段，淮海和浙海海區混稱為黃海，其東南海區稱為東海。

黃海之名，有人說是源於古時黃河流入近海，海水因而變成黃色，故此得名。但漢以前，黃河在今天的天津一帶入海，後來，黃河幾經改道，忽而由河北入海，忽而由山東入海，但入海口始終沒有移出渤海。清代以前，人們通常以「北海」和「東海」來代表山東周圍的海域，從不使用「黃海」名稱。「黃海」基本上是個現代地理概念，而現代的「東海」基本上是指江蘇東南的海區，與山東沿海又無直接關係了。今天我們在地圖上看到的那個緊臨東海，又叫東海的縣，是民國元年建立的。一九五三年原屬山東的東海縣劃規江蘇，現隸屬於連雲港市。

不知追求長壽是否能帶來長壽，一九九三年在連雲港的東海尹灣漢墓出土的簡牘《集簿》中，人們竟發現了此地漢朝時高齡老人的統計「年九十以上萬一千六百七十人，年七十以上受杖二千八百廿三人，凡萬四千四百九十三，多前七百一十八。」這是中國迄今發現最早的一批郡級行政文書檔案，「尹灣漢簡」對九十歲以上的高年和七十歲以上「受杖」者的統計表明，東海不僅是個求長生不老的探海點，而且還真是個長壽之鄉呢。

「東海」作為中國東部海區的指稱，至少已使用兩千多年了。在漫長的地理實踐中，曾產生了廣泛的影響。在十六至十九世紀，世界的海圖擴張時代，東海（East Sea）也上了各國航海家繪製的世界地圖。只是在積貧積弱的晚清時期，世界地圖上或是各國的政府文件上，才開始廣泛地使用日本海（Sea

of Japan）這一海洋名稱。這與十九世紀末日本作為亞洲強國在其國際事務上的影響有緊密關係的。而一九二九年國際水路機構發行第一版作為世界海洋的邊界及名稱的主要資料——《海洋邊界》（*Limits of Oceans and Seas*）時，正在打仗的中國，錯失了主張東海名稱的一次重要機會，導致了國際社會加速使用「日本海」之稱。

東海，不能不說是中國的又一個海洋之痛。

虛寫的海，實錄的湖——西海

「四海」只是對中原周邊的海湖和地區的稱謂，沒有明確所指的海域，多是泛指和對舉，但慢慢的「四海」也有跡可循了。如南海、北海、東海，都是有「海」可指。唯有「西海」指代不清，甚至，它指的是不是海，也說法不一。

《山海經・大荒西經》說：「西海之南，流沙之濱，赤水之後，黑水之前，有大山，名曰崑崙之丘」、「西南海之外，赤水之南，流沙之西，有人珥青蛇，乘兩龍，名曰夏後開」，此中「西海」，被許多學者指認為是青海湖。

青海湖，在古代確有「西海」之稱，在蒙語與藏語裡，它還有「青色的湖」、「藍色的海」的意思，這也是今天的青海省名的由來。但此西海畢竟不是海。「海子」是很少見到大海或根本見不到大海的內陸民族對當時的內陸湖泊的一種稱謂。

青海湖一帶不僅早就有人類文明存在，而且很早的時候，這裡就有了母系部族，即傳說裡的西王母國。據說，當年周穆王乘坐八駿之駕周遊天下，巡遊到西邊的崑崙山區。他拿出白圭玄璧等玉器去拜見了此地的統領西王母。第二天，西王母在瑤池宴請穆王，兩人還唱了一些詩句相互祝福。這是一則西周的神話，故事出自《穆天子傳》。

西晉初年，在今河南汲縣發現了一座戰國時期魏國墓葬，出土一大批竹簡，均為重要文化典籍，史稱「汲塚竹書」。其中有流傳至今的《穆天子傳》。所以，這個至少在戰國時，就成文的神話傳說，一直被史家當作歷史線索來研究。一些學者、專家多年的研究和實地考察發現，距今三千至五千多年前，崑崙山區曾經有過一個牧業國度——西王母國。「國都」就在青海湖西畔的青海省海西蒙古族藏族自治州天峻縣一帶。

現在看至少從漢代起，青海湖一帶就以「西海」之名納入漢王朝的統轄了。西漢元始四年（西元四年），王莽在此置西海郡，郡治在今青海海晏縣三角城，轄青海周邊地區。《漢書》稱青海湖為「西海」、「仙海」、「鮮海」、「鮮水海」。《漢書‧地理志》金城郡條臨羌注：「西北至塞外，有西王母石室，仙海，鹽池。」指的都是青海湖。明正德年間開始陸續遷移到青海湖周邊的東蒙古右翼三萬戶部族，即稱之為「西海蒙古」。

不過，歷史上，中原以西的湖，不只青海湖被稱為西海，被稱為西海的湖還有很多，如寧夏固原的湫淵湖，古代也稱「西海」。青海湖的西邊，還有「西海」。如，今天的新疆的一些湖，也被稱為西海。這些西海中，比較接近於海的是《後漢書》所載的西海。如「班超定西域……遣甘英窮臨西海而還。」這個「西海」是西域之西的海，它指現在的什麼地方？專家認為，它很可能是今天的裏海。裏海位於亞洲與歐洲之間，總面積約三十八萬平方公里，是世界上最大的鹹水湖，甘英誤以為是無邊大海，也是有可能的。但裏海再大，它也不是一個真正意義上的海。

那麼，我們的古代文獻中，記錄下的真正的西海，到底是哪個海呢？比較可靠的文獻是，隋朝的裴矩編寫的《西域圖記》。這是一本以記錄西域各國地理資料為主的地方志。原書共有三卷，今已散佚。幸有《隋書‧裴矩傳》收錄了此書的序言《西域圖記‧序》。這個序中說「發自敦煌，至於西海，凡為三道，各有襟帶。」此中「西海」說的敦煌至地中海。到了明代，西海已是一個明確的外海概念，但具

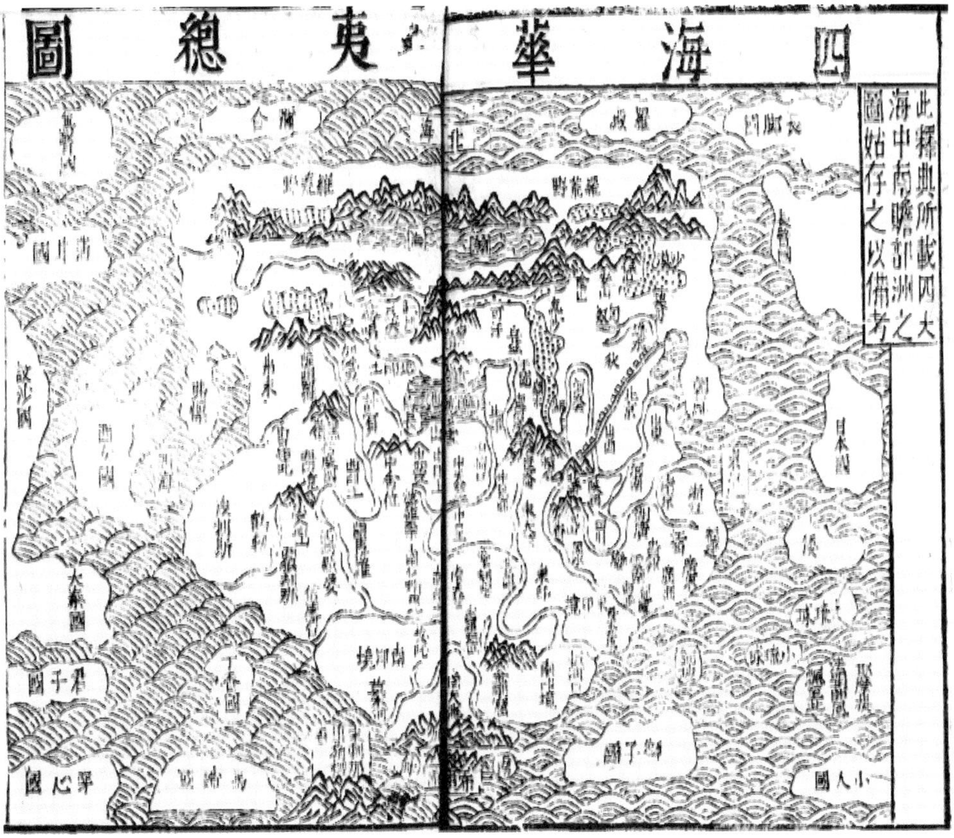

圖3.8：

明嘉靖十一年（一五三二年）繪製的《四海華夷總圖》中，「西海」是一個「夷」的外海概念，但此海中仍按傳說畫了個「西女國」，它仍是一片描述不清的海區，似乎是波斯灣，也可能是裏海、黑海。

體位置仍不清楚，因為這一時期，中國的「西洋」也不是一個很明確很標準的地理概念。

在明代嘉靖十一年（一五三二年）繪製的《四海華夷總圖》中（圖3.8），「西海」標注在波斯的西邊，但地圖描繪的仍是一個寫意似的不確定的海區，似乎是波斯灣，也可能是裏海、黑海。此圖後來收錄到晚明出版的類書《三才圖會》中，而此時西方的全新的世界地圖已進入中國。

從目前所能見到的文獻看，古代中國沒有和今天的土耳其以西的地中海國家進行過直接的貿易往來，多是間接貿易。所以，古代中國所言的西海，說的多是一個虛寫的海，一個實寫的湖。

最早進入天朝行政版圖的海區——南海

上古之人對地理的認識偏於虛說，而「三代」之後，情況大不一樣了，天下已是一板豆腐，必須切割得清清楚楚。

《左傳》云：「僖公四年濟侯之師，侵蔡，蔡潰遂伐楚，楚使興帥言曰：君處北海，寡人處南海，唯是風牛馬不相及也。」這是目前發現的「南海」二字在古籍中，作為地域或海區之實指的最早一例。觀先秦之中國格局，商周是東西對峙，春秋之後，變為南北對立。究其原因，是黃河文化受到了長江文化的挑戰，荊楚江淮持天下之富，漸有大國崛起之姿，斯時的楚國勢力已達嶺南，故以「南海」自稱。

秦在天下統一後，對南方更加重視，南海也成為最早納入天朝規劃圖中的海域。嬴政當上始皇帝的第八個年頭，終於，收到了征服嶺南的好消息。西元前二一四年，推行郡縣制的秦王朝在嶺南設「南海郡」——南海第一次明確地載入中國行政版圖。而從馬王堆漢墓中出土的《地形圖》中，我們可以看到珠江入海口之南海，這是現存最早的繪有海區的古代中國地圖，距今已有兩千一百多年歷史（圖3.9）。

秦設南海郡後，二世而亡。南越國獨立於天朝之外，南海郡形同虛設。漢武帝元鼎六年（前一一一年）平南越後「南越已平矣，遂為九郡」，元封元年（前十一年）置海南兩郡。大漢在南海海域開始行使天朝權力，不僅南海和海南諸郡要建立新秩序，對南海諸島的發現與開發，也隨之開始了。據東漢楊孚《異物誌》載，「漲海崎頭，水淺而多磁石」。這裡的「崎頭」是古人對南海諸島的島、礁、沙、灘的稱呼。「多磁石」則是對海洋開發的一種發現。值得注意的是，這裡的「漲海」，隨著人們對南海的認識範圍不斷擴大，漢代的南海又多了一個別名「漲海」。依《康熙字典》，「漲」字本身可作「水大貌」解。「漲海」應當指的是南中國更廣大海域。

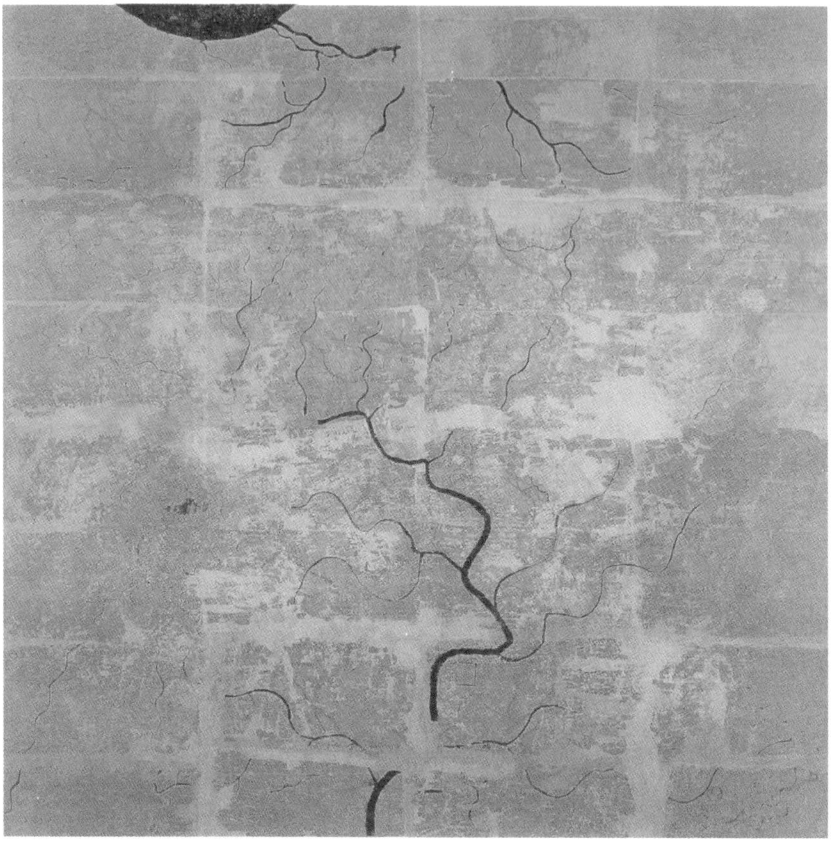

圖3.9：

從馬王堆漢墓中出土的《地形圖》中，我們可以看到珠江入海口之南海的描繪。這是現存最早的繪有海區的古代中國地圖，距今已有兩千一百多年歷史。

古代典籍中所稱的「漲海」到底有多大呢？「漲海」一詞始於漢代文獻。據《後漢書》載：「交趾七郡貢獻，皆從漲海出入。」《吳時外國傳》稱：「扶南東有漲海，海中有洲，出五色鸚鵡，其白者如母雞。」此類文獻所稱漲海，多為今中南半島東邊的南部中國的海洋。中外多數學者認為，漲海即海南島至麻六甲之間的海區。

由於漢文獻中，有漲海之時，同時也有大漲海之稱。所以，後世考據也有些膨脹，有人稱，「漲海」包括了印尼之東的香料群島和菲律賓群島，還有人論證「大漲海」含有印度洋。在我看，古代人文地理之詞，變化很多，有的虛用，有的則實記。完全用今天的地理之尺來套，多半是不準確的，我們只能取其大概。太較真，反而不真了。

人們在用「南海」一詞時，不僅又多了「漲海」，此後又生出「海南」。唐初姚思廉撰《梁書》中有《海南諸國總傳序》，曰：「海南大抵在交洲南大洲上，相去約有三五千里」，此為正史中第一次引用「海南」一詞。所指約為今南洋、馬來西亞、婆羅洲一帶。如今「海南」已成為專用地名，指海南省本島（古代的海南島，因境內有「土石皆白如玉而潤」的瓊山而得名「瓊州」。其名始於唐初）。

不過，在今天的世界海區圖上，已不再使用「南海」、「漲海」、「海南」這些詞，而是使用「南海」的衍生詞——南中國海。在國際水文局的定義中，南中國海為東北至西南走向，其南部邊界在南蘇門答臘和加里曼丹之間；北邊及東北至廣東、廣西、福建和台灣及台灣海峽；西邊至菲律賓群島；西南至越南與馬來半島，通過巴士海峽、蘇祿海和麻六甲海峽連接太平洋和印度洋；為世界第三大陸緣海（位於大陸和大洋的邊緣，其一側以大陸為界，另一側以半島、島嶼與大洋分隔，水流交換通暢的海，叫陸緣海，也稱為「邊緣海」），面積約三百五十六萬平方公里。

一個海區的傷心史——從「北海」到「北洋」

前邊說過，《左傳》中「君處北海，寡人處南海，唯是風牛馬不相及也。」這也是目前發現的「北海」二字在古籍中明確作地域和海區之用的最早一例。春秋時的齊國，所依之北海，是今山東北部之渤海地區。雖然，齊人早有「北海」地域之說，但北海真正進入行政版圖，成為建制還是幾百年以後的事。

明代《青州府志》論及海區時稱：「《漢書》謂北海，古稱小海，本謂渤海。」也就是說，先有渤海之稱，而後有北海之名。學人們引證渤海時，多引《山海經》「丹水南流注於渤海」。並引郭璞注：「渤海，海岸曲崎頭也」。也有人注「勃，大也」，渤海，指水域廣大者，或泛指大海。

渤海先是謂之海，後又借稱其瀕臨渤海的廣闊土地。所以，渤海也並非是一個海洋專詞。比如唐初建立的渤海國，即是以粟末靺鞨人為主建立的隸屬於唐朝的地方民族政權。其地域之廣，連接了今天的東三省。

和渤海一樣，「北海」一詞，在古代也非專屬。《漢書・蘇武傳》：「乃徙武北海上無人處，使牧羝。」蘇武牧羊的「北海」，即今貝加爾湖。稱其北海，一是水面巨大，二是位於中原之北。

儘管如此，但中原人在指稱海區時，所用的「渤海」與「北海」，還是指山東半島北部海區。至漢景帝時，始設北海郡，位置就在山東半島北部，今萊州灣畔的濰坊地區。北海郡領二十六縣，漢時已有十二萬戶。其中，壽光縣、平望縣和都昌三縣濱海。

宋代的石刻地圖中，已明確描繪出了北海的海岸線、大海及方位。如，南宋石刻地圖《禹迹圖》

（墨線圖），就已清楚地描繪了整個渤海灣（圖3.10）。但地圖上沒有以「北海」作為這一海區的標注。

古人稱近海為海，外海為洋。所以有「北海」之稱後，也有了「北洋」之稱。南宋文天祥《北海口》有云：「北洋入山東，南洋入江南。」宋時雖有北洋之稱，但當時人們習慣稱北海為「黑水洋」。「北洋」這一名稱，進入晚清，因「北洋水師」、「北洋軍閥」、「北洋政府」、「北洋通商大臣」……這些名詞而廣為世人所知。這一連串的「北洋」，均源自以晚清政府在這一海區複雜多變的政治、軍事和商業活動。當時的北洋海區，包括直隸（約今河北）、山東、盛京（今遼寧）等三省所屬海域，與中央政權關係極其密切。

清同治六年（一八六七年），前江蘇布政使丁日昌首先提出建立「北洋、中洋、南洋」三支輪船水師。在此前後，東南沿海各省相繼購買和製造了一批蒸汽艦船，分散巡防於南北洋各海口。清光緒元年（一八七五年）確定由南洋大臣沈葆楨、北洋大臣李鴻章分南北洋兩大海區組建新式艦隊。後來的事，大家都知道了，「北洋水師」被日本人打敗了；「北洋軍閥」後來被革命軍給「伐」了；「北洋政府」最後也被打垮了。

此後，「北洋」在政治和軍事的意義上淡出歷史，而今，人們又叫回它的老名——渤海。

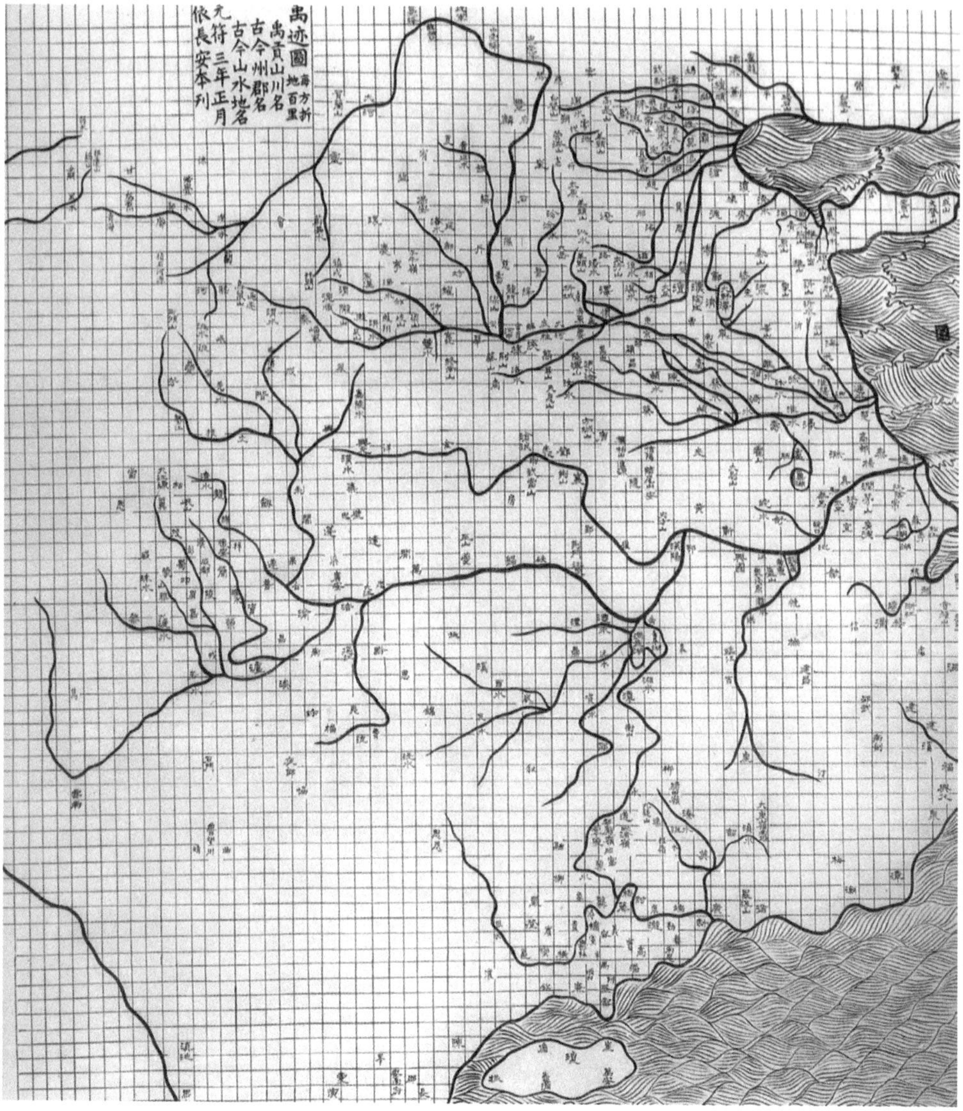

圖3.10：

南宋的石刻地圖《禹迹圖》（墨線圖）中，就已清楚地描繪了整個渤海灣。

4 大王之城，天下都心

禹都，傳說中的夏王城

二〇〇七年秋天，很久沒有什麼重大發現的考古界，弄出了一個大新聞：浙江良渚遺址發現五千年古城，其價值堪比殷墟。甚至，可以推論中國最早的朝代不是夏——事實上，二〇〇八年四月公佈的上一年度「十大考古發現」，良渚古城只排在第三位。

現在的一些人，包括學人，和中國當年的「大躍進」沒什麼兩樣——什麼大話都敢說。其實，這樣的古城，或者說，有人類活動痕跡的遺址，中華大地上少說也有幾十個。這一個只是體量大些的「土圍子」罷了。而且，就是這個超級城，人們也沒弄清它到底是不是個城，也有人認為它是個防洪堤。但是，想立項目、想申報「世界自然與文化遺產」、想開發旅遊的等不得了，先造出聲勢炒一把再說。

夏尚且找不到祖墳，怎麼還敢往前說呢？

中國人尋找先朝地望的急切心情，據說，是大陸負責考古工作的領導到埃及參觀後，受了強烈的刺激。我也如此，在埃及看到人家西元前二七八八年修建的階梯金字塔，歷近四千八百年風沙，至今安在；而我們遠古的祖墳，還漂浮在「夏商周斷代工程」的種種爭議與猜想之中……

中國花了大筆錢請一流的學者上馬的宏大斷代工程，其成果是斷出了時間上的夏，但空間上的夏，仍飄忽不定。如此說來，也就是說斷「時」這部份有了說法，而斷「空」的部份仍沒著落——夏仍然是個疑點。

夏作為「三代」之首，其名字就十分可疑。甲骨文中有沒有「夏」這個字，本身就爭議多。專家比較認同的「夏」字出於金文，但沒有人能說清這個近於張牙舞爪的「巨人」形象，當初是什麼意思。一說是先公之形，另一說是隻大猴子。不管「夏」的概念是什麼，它都不能自我指證。這一點與在商言「商」的商朝不同。殷墟契書中，像「今夕王入商」這樣的表述比比皆是。

給起始王朝討個最遙遠的說法，這種文化尋根的焦慮，並不是起於離夏最近的商，而是滅商之周。商的歷史是有案可查，但不論是甲骨文獻，還是青銅禮器，都沒有將「夏」作為一個王朝的記載。按歷史學家許倬雲的說法，所謂夏商周的「三代」之說，源於西周。周人自稱是夏人的後代，周人越過商朝，「創立」夏朝，是為了確立自己執政的合法性。「三代」之說，對於西周是「別有用心」的說說而已，但卻讓後人找不著北了。即使在知識分子高度繁殖的春秋戰國，諸子百家也沒有人能說清夏墟的具體位置。

夏就這樣飄浮在實證之外，生長於想像之中。

中國尋找夏墟的工作，早在上個世紀五〇年代就開始了。半個世紀過去，認定河南是夏之地望的學者們，仍對登封王城崗狂挖不已。中華文明史「大躍進」的思想仍鼓舞著部份學者對這片不大的土地進行推想。據說一九九六年的那個「夏商周斷代工程」就是在王城崗根據碳十四數據等成果，確定夏代始年為西元前二〇七〇年。

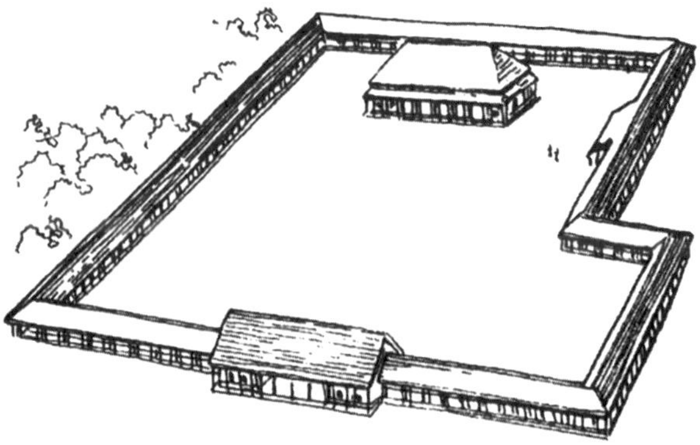

圖4.1：

河南偃師二里頭發現的中國最早的王城遺址示意圖。

如果說夏與商的文化圈是相疊的，為什麼商的卜辭中沒有夏的先王唐堯虞舜的記載，而商的先王又都是以「甲、乙、丙、丁」來記錄的。值得注意的是，以時間證空間，雖有科學的一面，也只是一面而已。夏的地望最終還是要靠考古實證來解決。

二〇〇三年在河南偃師二里頭發現的中國最早的王城，其遺址年代被測定為據今三千七百年左右（圖4.1）。這個王城到底是商的前傳，還是夏的正史？在所謂「禹都」的「身份證」，沒有出現之前，誰也不敢下定論。

關於夏的地望，所有的考古活動皆依據西周之後的描述，如果西周人別有用心設下「三代」的陷阱，那麼這兩千年的尋找不就白忙活了嗎？我不是在這裡重起疑古之心，只是想：我們那麼急切地想挖出夏墟，是不是有點文化上的虛火攻心？

殷墟，中國都城的雛形

夏在理論上是中國的第一個王朝，但因為此朝沒有文字傳世，終難成為信史。雖然，自一九五九年人們發現河南偃師二里頭遺址後，就有考古工作者在那裡持續挖掘了半個世紀，但仍沒有挖出個夏王城，或者禹都。因而，古代中國的都城史，還要從商朝起筆；事實上，國際上被承認的、沒有爭議的中國最早的文明是商代。

像有人群就要有領袖一樣，有居所就要有核心，都城就是在這樣的文化傳承中誕生的一種特殊的城市。隨著原始部落的發展與社會進步，在黃河中下游率先湧現了最早的城市，同時，國都也隨著各王朝的建立而產生。

二〇〇九年十一月十六日，中國首座以文字為主題的國家級博物館——中國文字博物館在河南安陽開館。為什麼要在安陽建中國文字博物館，因為它是甲骨文的故鄉，信史是從這裡開始的，同時，它也是考古證明的商代故城，是中國最古老的都城雛形。

商原本是黃河下游的一個古老的部落，為東夷族的一支，如果說有夏王朝的存在，商應是其「諸侯國」的一員。約西元前十六世紀，夏亡商立。商湯決定在夏的核心地區建一座新邑，因商湯是從南亳遷此地，故史稱此邑為西亳。據漢代寫的《史記・殷本紀》載：「帝盤庚之時，殷已都河北，盤庚渡河南，復居成湯之故居。」又云「帝庚丁崩，子帝武乙立，殷復去亳徙河北。」如果這個描述可信，商王即忽而居河之南，忽而居河之北，河南有亳，河北有殷。

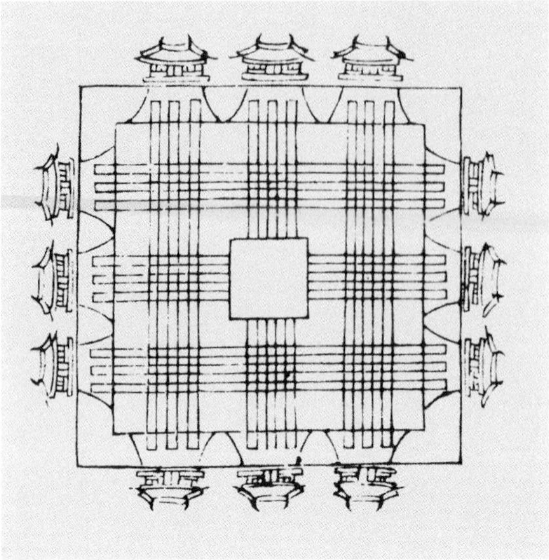

圖4.2：

宋代《新定三禮圖》中的「王城」示意圖：國中九經九緯，左祖右社，前朝後市。

從一九三〇年代起，人們開始對殷墟進行考古發掘，現已發現有王陵區、宮殿宗廟區、族邑聚落遺址、甲骨窖穴、鑄銅遺址、製玉作坊等眾多城市遺跡，它至少是中國歷史上第一個有文獻可考、並為甲骨文和考古發掘所證實的古代城市遺址，距今已有三千三百年的歷史。

據考證，自商王盤庚從奄（今山東曲阜）遷都於殷（今安陽市小屯村），安陽遂為殷商國都，直到武王伐紂，殷商王朝在此歷八代十二王，使這裡成為一座有兩百五十四年歷史的都城。雖然，商代的甲骨文中，沒有國都這樣的字與概念，但殷實際上就是商晚期的政治和經濟中心。

近百年的出土文物證明，這裡已具備了都城所應有的一切：一是出土了中國最古老的文字——甲骨文；二是出土了反映古老的中國禮儀的青銅器，尤其是世界上最大的青銅器——司母戊鼎，該鼎是商王武丁之子為祭祀母親而鑄造的；

三是發現了武丁夫人婦好墓，它是目前唯一能與甲骨文聯繫並斷定年代、及其墓主身份的商代王室成員墓葬。

此外，在殷墟的宮殿或宗廟建築中，可以看出，它已具備了後來的周禮所說的「前朝後寢、左祖右社」對稱的都城規劃（圖4.2）；而殷墟的大王之墓的四個墓道，又喻示「地上是四方，地下是四方，四方都歸王所管轄」的統治格局，隱約透露出「王者居天下之中」的都城概念。所以，一九五六年九月，郭沫若先生在此留下了「洹水安陽名不虛，三千年前是帝都」的著名詩句。

殷墟遺址在今天的河南北部的安陽，地處晉、冀、豫三省交匯處，它是商朝從東向西移的產物，雖然，從方位上看這是向內發展，但它尋找的確是華夏的中心。因而，殷已具備了國都的雛形，也可以看作「中國」概念的萌生地。

京都，從兩都制到五都制

有人在網上發帖問：「什麼時候國都被稱為首都？」幾大門戶網站上有人跟帖，但都沒回答上來。中國首都是北京，日本首都是東京，京即國都，現在已是通識；但國都是不是一開始就謂之京呢？京又是如何成為京都的呢？後來京都又怎麼成為首都了呢？這就要費一番考據，且不一定能說明白。

先說說「京」字，這個甲骨文中就有的字，看上去像是一座高台，大約表示的是崇高與聚集的意思（圖4.3）。甲骨文中與「京」相對應的字是「鄙」，京引申為城邑之意，而倉廩之形的鄙，則引申為郊野之意。今天仍保留著的「鄙人」之說，表示的就是鄉下人的意思。不過，「京」作為城市之首，國家核心城市，是商代之後的再度引申。

近年清華校友捐贈的「清華簡」被專家鑑定為戰國簡冊，此中最引人的是《尚書》殘簡。這是迄今見到的最古老的《尚書》，將《尚書》成書年代至少推至戰國。這部最古老的史書，記錄了「盤庚遷於殷，民不適有居」，記錄了「周公初基作新大邑於東國洛，四方民

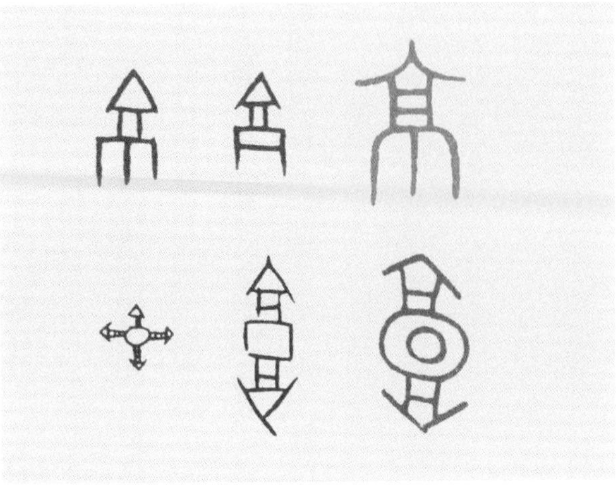

圖4.3：

甲骨文中與「京」相對應的字是「鄙」，京引申為城邑之意，而倉廩之形的鄙，則引申為郊野之意。

大和會」，但再涉及到國都時，用的是「邑」，而沒有用「京」與「都」來表示；也就是說殷，雖有商王居住，但它是不是後世所言的國都，還不一定；至少，那時還沒有成熟的國都概念。

「京」作為國都的代稱，或成熟的國都概念，始於西周；而文王也更像一個真正意義上的國君，而不是部落首領。在周朝詩歌總集《詩經》中，可以找到「京」的記敘，如《大雅・文王有聲》即有「考卜維王，宅是鎬京」、《大雅・文王》中有「殷士膚敏，祼將於京」。京在此時已是國都的代名詞。同時，《詩經》中也出現了「京師」一詞，如《大雅・公劉》中有「京師之野，於時處處」。如《公羊傳・桓公九年》所言，「京師者何？天子之居也。京者何？大也。師者何？眾也。」

周朝的京，或京師，已不僅是一個皇帝居住的城的概念，而是一個特殊的行政區域。如《周禮・夏官・職方氏》所言：「乃辨九服之邦國，方千里曰王畿」，就是說，王城周圍有千里轄地。王畿後來被更明確地稱為「京畿」，一指國都及其附近的地區，二也代指國都。如《三國志・魏武帝紀建安十八年詔》中「遂遷許都，造我京畿，設官兆祀，不失舊物」。

比之甲骨文中就有的「京」字，「都」字就是個晚輩，是比京更晚的概念。漢代的文獻《史記》中可以看到關於「都」的解釋：據「五帝本紀」講，先王受人追隨，舜住到哪裡，人們就跟他到哪裡去住。於是「一年而所居成聚，二年成邑，三年成都」。而將「京」與「都」連成「京都」一詞，則始於魏晉之時。當年，因避司馬懿的長子司馬師（死後追尊景皇帝）的「師」字之諱，「京師」被改為「京都」，後來這個詞，也成為了國都的代名詞。

古代熱中學習中華文化的日本，學去了京師的設置，甚至還有一個都城，叫京都。七九四年，日本將國都定在平安京，「京都」慢慢成為這個城市的名稱。後來的東京，古時叫江戶，即江水入海之門戶。一四五七年人們以江戶村為基礎建起江戶城，幕府執政時期，江戶是全國的政治中心，而天皇所在的平安京（即京都），則徒有其名。一八六七年，明治天皇遷都於江戶，因已有京都存在，江戶更名為東京。

京都雖然是一國之都，但在唐代，似乎覺得僅靠國都指揮全國似有些力不從心，於是又創立了陪都制度。在長安之外，又設了東、西、南、北四京：東京洛陽，西京鳳翔，南京成都、北京太原。這種陪都的做法被後世多個朝代承繼，以致不是歷史專業的人真是分不清隨朝代而變更不定的東京、西京、南京、北京。

比如，宋承唐制，就設了三個陪都，北京為大名府（今河北大名市）、南京為應天府（今江蘇南京）、西京為河南府（今河南洛陽），京師開封府自為東京。不過，由於各陪都的歷史不一樣，城市的發展也有差異。最突出的例子是應天府，這裡是趙匡胤起家之處，所以城市建設的規模超過了其他幾京。據《宋史・地理志》載：「宮城周二里三百一十六步。門曰重熙、頒慶，殿曰歸德。京城周回一十五里四十步。」架勢甚至不輸國都開封。

遼、金，元，雖然是遊牧民族的政權，但對漢人的國都傳統也很推崇，京城設置也照搬照用。遼代的五京是隨著統治地盤的擴張逐步形成的。遼以北方的上京臨璜府為都（今內蒙巴林左旗東南波羅城），中京為大定府（今內蒙寧城西大明城）、東京為遼陽府（今遼寧遼陽）、南京為幽都府（後又改為析津府，即今北京豐台區）、西京大同府（今山西大同）。遼代五京是各區域的統治中心，所以，在行政上又稱五京道（圖4.4）。

金一都五京的政權格局，基本上是從遼那裡承繼而來，只不過是地盤更大了。

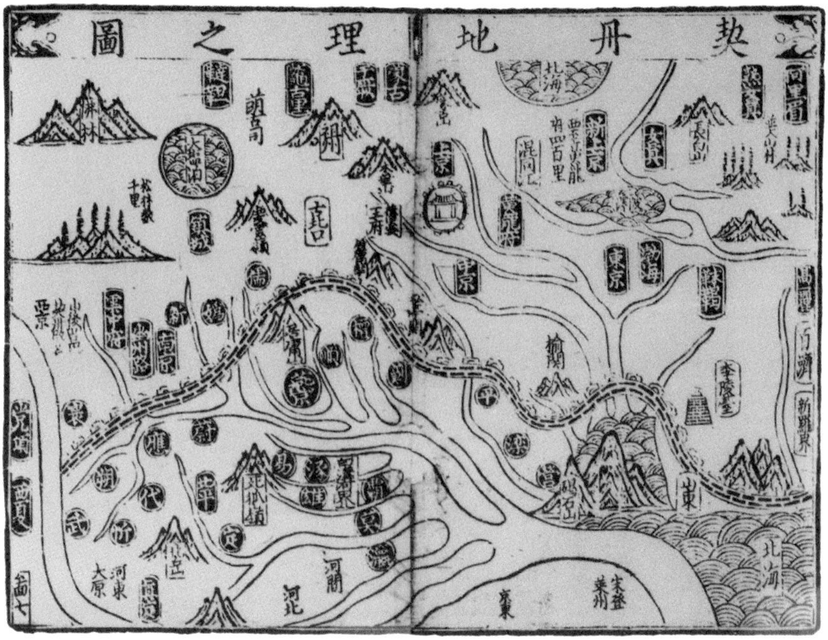

圖4.4：

南宋編撰的《契丹地理之圖》描繪了遼國的上京、中京、東京、南京、西京五京制。遼代五京是各區域的統治中心，所以，在行政上又稱五京道。

蒙元滅金，廢了元的中都，在其東北的曠野上重構新城，因金已有上都，中都，元朝遂將新建的國都稱為大都。此後，明滅元，曾有過一段定國都於江南應天府，但燕王朱棣奪權王位後，又將國都定在了燕京，清承明制，仍以北平為都，至今，國都沒有再變。

最後，說回首都的問題：即將國都稱為首都始於何時？

查過一九七九年商務版《辭源》，沒有「首都」的詞條，可見它是一個沒有「典故」的新詞；後來又查一九九九上海辭書版《辭海》，此書收有「首都」條，但只有其定義，也沒有出處。權威的辭書似乎證明，它是一個清代以前沒有過的新詞。

首，即是頭，一個國家似乎不可以多個首都。但前些年到南非旅行，在那裡就見到了這個國家的三個首都：行政首都普勒托利亞（Pretoria）；立法首都開普敦（Cape Town）；司法首都布隆方丹（Bloemfontein）。雖然，三個首都是一九一〇年南非成立聯邦政府時各方商討出的結果，但延續至今也沒見有多少壞處。在我這個外國人來看，就是每個城市都沒有那麼龐大、人那麼多、車那麼堵。

首就是頭，三頭六臂，總比一個腦袋的厲害。

洛陽，王在天下之中

顯然，羅馬不是世界上最古老的城，但其歷史地位顯赫，所以，每年它的建城日慶祝活動都會成為一條被全世界廣為採用的新聞：「二〇〇八年四月二十日，眾多歷史愛好者身著古羅馬服飾，聚集在古鬥獸場前，慶祝羅馬建城兩千七百六十一週年。傳說中，『戰神之子』羅穆盧斯和雷穆斯被一頭母狼哺育長大，並於西元前七五三年四月二十一號創建了羅馬城……」我的「民族自豪感」被這條新聞勾了出來——中國有沒有與羅馬比擬的古城？於是，想起曾經到過的洛陽……

洛陽素有「九朝古都」之稱，實際上比九朝還要多。但在對比平台上，我更關注的是洛陽建城第一朝。「自豪感」比我還強的人說，洛陽城建自夏朝，指的是一九五九年就開始挖掘的偃師二里頭遺址，但時至今日沒有弄出有力的考古實證。說洛陽建城有四千年歷史——去掉這個最高分！還有人說，商人是洛陽城的建設者，但商都於西亳，即今天的商丘一帶，扯上洛陽，實在牽強。說洛陽有三千六百年建城史——再去掉這個最高分。時空上都比較貼近歷史真實的是周與洛陽的關係。

後世談「三代」的文獻，基本上緣自《尚書》，關於洛陽城的記載，即出自《尚書》中的多個文告。其《召誥》云「唯太保先周公相宅（圖4.5）……太保朝至於洛，卜宅，厥既得卜則經營。」記載了周公、召公。先卜宅，選定城址於洛的事。洛邑建成，時稱「新邑」，亦即成周。

關於成周，還有比《尚書》更可靠的文獻，即西周青銅器「何尊」上的銘文：「唯王初遷宅於成周……」。西周實行鎬、洛共同為都城的兩都制，鎬為西京，洛為東京。依此說，洛陽建城的時間，應該在西元前一〇五〇年左右，比之狼孩兒建羅馬城的傳說，要早三百年。

洛陽是中國最早的城市，也是最「中國」的都城。但目前所能找到的古代建築圖紙，只有戰國中山王（今河北平山縣）留下的一幅墓園規劃平面地圖——《兆域圖》（約製作於西元前三二三年至三一五年）。最早的城市地圖，僅有東漢的壁畫式城市地圖。所以，最早的洛陽古城的位置，沒有存世的古地圖，只能靠遺址發現來提供了。

早些年的洛陽，還沒有爭「中國第一古都」的意識。城中那個建於一九五八年的王城公園，被指認為西周洛邑遺址。

但公園裡看不到任何西周的東西，那個時代的「文化堆積」或許藏在公園的底下。

東周洛都的實證出現在二〇〇二年，這一年，人們在洛陽市中心發現了：東周天子車馬陪葬墓——「天子駕六」——這個最新的考古發現為東周洛陽

圖4.5：

太保相宅圖。

城提供了可以觸摸的實證，後來，人們在洛陽城中央廣場上建立了一個下沉式的天子駕六遺址博物館。

周族原是中國西部的一個歷史悠久的部落，與夏、商兩族同稱為中國原始社會末期的三大部族。夏、商兩朝時期，周是它們的屬國。商朝末年，紂王昏庸無道，武王時，周的勢力已很強大，決心滅商。西元前一〇六六年，周武王乘機率眾東下，經洛陽北部孟津渡河，一舉推翻了商朝的統治，商亡周興，史稱西周。

武王滅商後的第二年便在鎬京病故，成王即位。因成王尚幼，由其叔父周公輔佐代政。成王執政的那年，「使召公復營洛邑」。從此，西周有了兩座都城。西都鎬京稱宗周，東都洛邑稱成周。說到成周，還要說說那個著名的「何尊」。這件一九六五年在陝西寶雞縣出土的青銅器，是第一件有紀年銘文的青銅器，它製作於周成王五年（約西元前一〇三一年）。銘文中記載：「唯王初遷宅于成周，復稟武王禮福自天……唯王五祀。」也就是說，成王執政五年即遷都成周的王城。西周自成王始，諸王均來成周居位、施政。這在周器銘文中都有所記載。為什麼周最終要選洛邑為都，《何尊》銘文說：「宅茲中國，自茲乂民」。它表明以成周為都，是因為它地處「中國」，這也是最早出現「中國」二字的青銅器。建都於「天下之中」，可以說是周朝開創的建都傳統。

西元前七七一年周幽王被殺，西都鎬京被搶劫一空。平王即位的第二年，即西元前七七〇年，決定廢西都全遷東都，史稱東周。國都也由西周的兩都制正式變為以洛邑為都城的一都制（圖4.6）。居中制和一都制，對於維持統治秩序起到了非常實際的穩定作用。所以，後世在相當長的時間裡，承繼了「居中」和「一都」的傳統。

洛陽作為東周國都長達五百餘年，後來又有東漢、曹魏、西晉、北魏、隋、唐、後梁、後唐、後

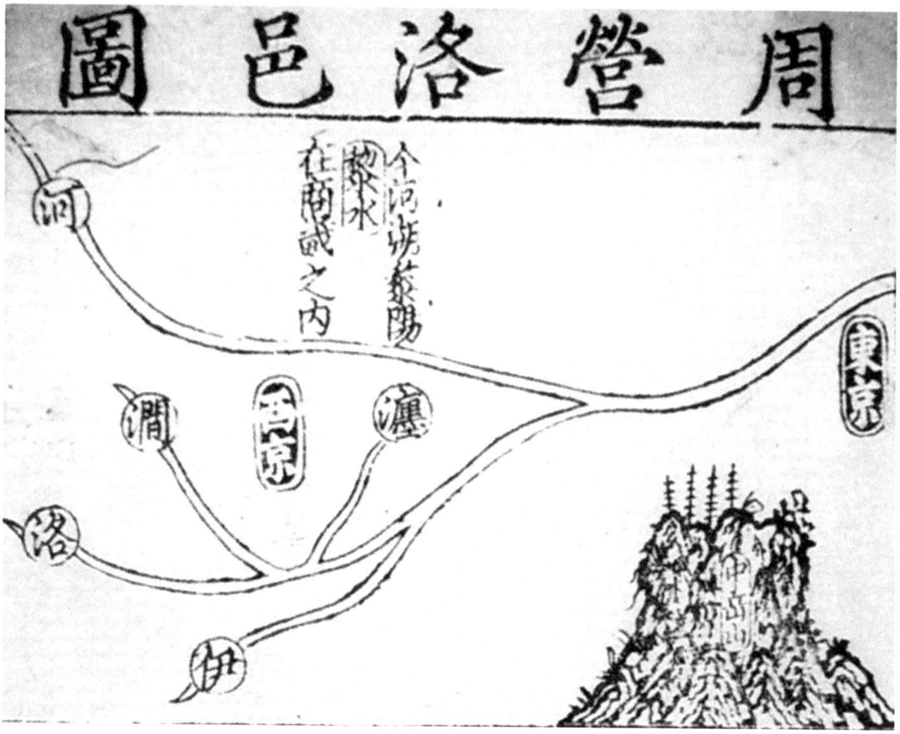

圖4.6：

《周營洛邑圖》是元代所繪地圖，圖中的伊水、洛水等水系，標示出西京鎬城，東京洛城。反映了《尚書》中周公、召公，先卜宅，選定城址於洛的內容。

晉……從周到宋代之前，有十多個王朝在此建都，所以，洛陽也是史冊之中，被寫得最多的都城，河南社科院曾有人統計過，在《二十五史》中「洛陽」的名字出現了三千五百四十九次，這是其他古都無法相比的。

洛陽的建城史，無疑比羅馬還早，但在洛陽，我除了與車馬坑合影，找不到東周洛邑留下的任何城市遺跡，漢魏的洛陽故城也僅剩黃土幾堆。而我在今天的羅馬，卻依然能逛兩千年前的古羅馬的議會廣場，依然可與巨大的鬥獸場合景留念。在古代城市建築上，我們的所有古城都無法同羅馬相比，我們黃土文化的祖先為什麼不用石頭架屋建城呢？

開封，「城摞城」的都市

開封坐落在黃河沖積扇平原的頂端，像一把鏟子可以輕鬆地把這一地區的糧食收入自己的糧袋。

西元前七二二年，鄭莊公「克段於鄢」，平息了叔段的內亂，走上了擴張之路。西元前七二〇年，周平王去世，周桓王繼位。鄭莊公先後兩次派兵強割周王室溫地（今河南溫縣）、成周（今河南洛陽東）的莊稼以示威。今天的開封城，即是當年鄭莊公修築儲糧倉的一座城邑，取名為「啟封」，有「啟拓封疆」之意。後來，為避漢景帝劉啟之諱，「啟封」改名為「開封」。

開封的「七朝都會」的都城史，是從戰國時的魏國開始的。魏惠王九年（前三六一年），自安邑遷都大梁（今開封城之西北一域），從此魏亦稱梁。由梁開始，五代之梁、唐、晉、漢、周，以及後來的北宋均建都於此。滅宋之金也以此為都過短時。

開封雖有「七朝都會」之美稱。但五代之梁、唐、晉、漢、周的所謂朝廷，都是正史裡加了「後」字的短命小朝廷，其首都也不是統轄中國之首都（後唐都洛陽）。但開封府卻是在這幾個朝代的修建中一步步完善，最後成為一個真正的大都市。

開封真正稱得上國都，是在宋王朝。一切恰如大眾所熟知的張擇端筆下的《清明上河圖》和孟元老的《東京夢華錄》（後晉稱開封為東京）所描繪的那樣：從陳橋兵變到南宋偏安，開封歷經九帝一百六十八年，「人口逾百萬，貨物集南北」，不僅是全國的政治、經濟、文化中心，也是國際性的大都會，有著「汴京富麗天下無」的美譽。

這座都城的衰敗是從金兵入侵開始的。金兵滅宋，破開封城，在帶走徽欽二帝之時，也差不多把整個都城刮光了。貞祐二年（一二一四年），金宣宗遷都汴梁（開封），稱其為南京。至一一三〇年，金兵放棄它時，這座都城裡早已不像個都城了。

不過，金時開封再破敗，但也還算是一座都城。但是到了明崇禎十五年（一六四二年）時，李自成圍開封時。明巡撫高名衡決堤灌農民軍。但李自成發覺得早，移營高地。洪水反而灌入了開封，幾公尺厚的黃河泥沙把整個城市基本埋沒了。清初重建開封時，等於在老城上又蓋了一座新城。於是，民間留下了「開封城，城摞城」的傳說。

這個傳說一直到一九八一年才被破解。在開封明清時代的宮殿式建築龍亭旁，有兩個湖一個叫楊家湖一個叫潘家湖，在這一年的潘家湖底清淤過程中，人們在湖底發現了一座規模宏大的明代周王府遺址。據史書記載，周王府是在宋、金皇宮基址上修建起來的。那麼，周王府的下面，還有金、宋、五代的開封城嗎？經過二十多年的挖掘，人們不僅在清城下面挖出了明城，而後又在明城下挖出了宋城。

考古發掘情況表明：北宋的東京城（開封）是一個東西略短、南北稍長，由內向外依次築有皇城、內城、外城，並各有護城壕溝的都城（圖4.7）。它不僅城高池深，而且牆外有牆，城中套城。外城遺址全部淤埋於地下二公尺至八公尺的深處。考古勘探還證實，位於「城摞城」最底部是唐代的汴州城。汴州城建於唐建中二年（七八一年），由時任永平軍節度使兼汴州刺史的李勉重築南北朝時的汴州城，也是如今開封城牆歷史的開始。這次重築後的汴州城，實際上已奠定了直到今天的開封城牆的基礎。

走在今天開封繁華的中山路上，就是走在開封舊城的中軸線上，其地下八公尺處，正是北宋東京城南北中軸線上的一條通衢大道——御街，中山路和御街之間，分別疊壓著明代和清代的路面，這種「路摞路」的景觀還意味著，從古代的都城到現代的城市，層層疊加起來的數座開封城，南北中軸線居然沒有絲毫變動。

開封，隨著考古的腳步，未來還會開啟更多的秘密。

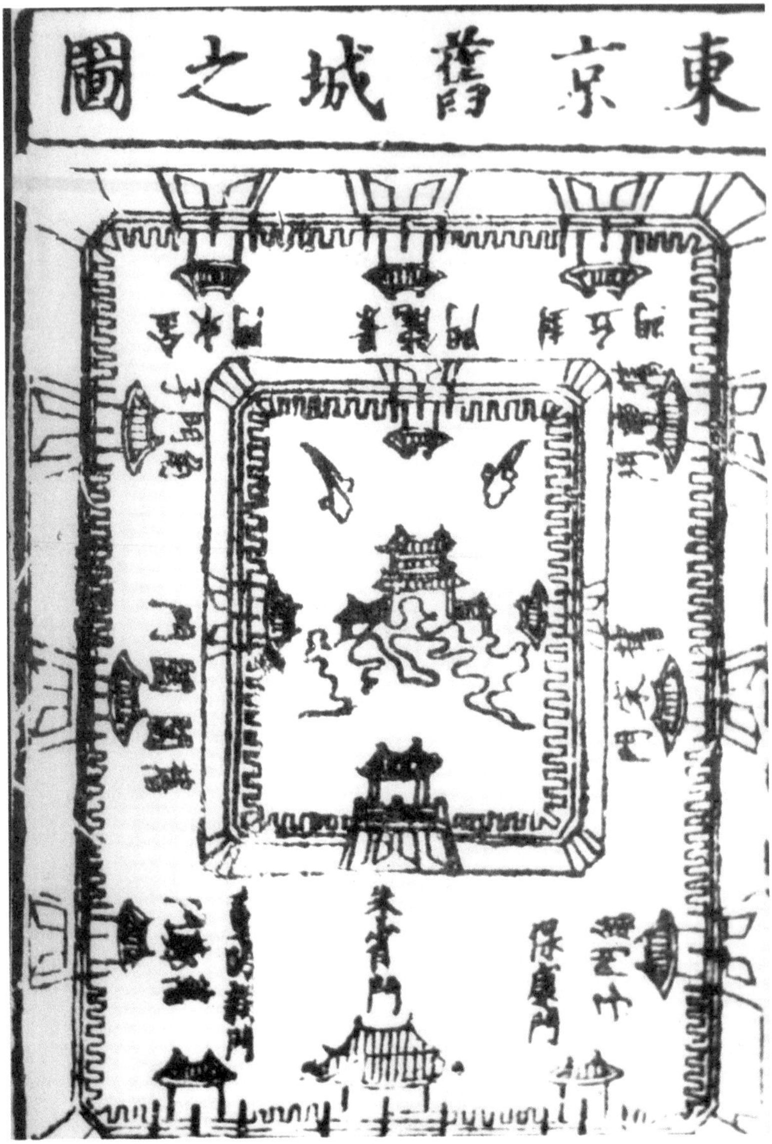

圖4.7：

《東京舊城之圖》刻於南宋，原本已佚，現為元重刻本。此圖著重描繪了東京城的城門與宮殿的位置形狀，城內交通道路，水渠橋樑的設置情況。

長安，漢唐風範千古存

與長安關係最密切的，有兩個人，都寫進了歷史。

一個就是漢高祖劉邦，劉邦出生於沛縣豐邑中陽里（今江蘇省豐縣）的一個農戶家裡，成年後考試做了泗水的一個小里長「亭長」。據傳，在秦都咸陽服傜役時，見到秦始皇出遊，曾發出：「嗟乎，大丈夫當如此也」的感嘆。後來，在一次押解犯人的途中，由於氣候因素延誤行程。劉邦知道延誤行程的結果會是被處死刑，決定謀反抗變，於是發動了斬白蛇的「起義」，所押的犯人就成了他早期的兵力核心。再後來，天下皆天秦朝廷，劉邦又跟著楚軍反秦，這才陰差陽錯地進了關中。西元前二〇二年，劉邦滅了項羽，天下歸了劉姓。高祖劉邦盤算著該給大漢定個都城了，高祖文化不高，原打算學著先人在洛陽或者咸陽定都。

這就要提到另一個人物——齊人婁敬。婁敬向劉邦進言：洛陽乃周朝敗落之地，咸陽是秦朝滅亡之地，皆不適定都。劉邦與張良一合計，於是改在咸陽之南的一塊平原興建新都城。為去亡國的晦氣，新都城被定名為「長安」（婁敬因此被賜皇姓，升為漢朝重要謀臣）。西元前一三八年，漢武帝派遣張騫出使西域，正式開闢了以長安為起點連接歐亞大陸的通道。長安由此成為了古代最「現代化」的國際貿易大都市。

這就是西安城的正史。

長安為都城是選對了地方，它背依秦嶺，面向秦川，有涇、渭、灞、灃、澇等水流經此地，形成號稱「八百里秦川」寶地。但漢之長安，是不是今天的西安呢？說是，也不全是。高祖興建長安城時，沒留下地圖，後人只能靠考古發掘來確定漢長安的位置。好在，清朝人找到了一塊宋刻石碑《長安圖》，此圖為宋元豐三年（一〇八〇年）知永興（今西安）軍呂大防主持隋長安城實測，校正長安故圖刻製的。原碑圖立於其衙署之內，經金元戰亂，清代發現時，僅餘殘石十五塊。但人們根據圖上可見太極宮等建築位置和呂大防的題記，可知北方一角是「漢都城」所在，殘圖中還有臨渭亭、咸宜宮、漢長樂宮等建築的位置。通過與遺址印證，可以確定此圖是現存最早的最為精確的長安城地圖（圖4.8）。

「漢都城」位於今天的西安城的西北角，與今天的西安城區部份重疊。真正與今天的西安古城重疊在一起的是隋一統天下後在此地建的大興城。自隋文帝開皇二年（五八二年）開始，到唐高宗永徽五年（六五四年），歷時七十二年，終於完成了長安城的城牆建設。全城面積約為八十四·一平方公里，佈局規劃整齊，東西嚴格對稱，分宮城、皇城和外廓城三大部份；其結構佈局充分展現了傳統社會巔峰時期的宏大氣魄。在當年稱得上世界級的特大城市。

沒有道理的是，所有表述西安建城史的文字，都不把漢建長安算作西安的城建開始。

膽子小點的，選擇咸陽作為西安城的前世。戰國紛爭時，老家在甘肅之東的秦國，隨著軍勢擴張，政治中心也不斷東進，平陽、涇陽、櫟陽，孝公十三年（前三四九年），秦定都咸陽。一統天下後的秦，好景不長。項羽入關，屠城焚宮，咸陽盡毀。加上後來渭水北滾，秦之咸陽城，早已消失在河水的沖蝕之中，與長安城扯不上什麼關係了。

膽子大一點的，都拿周人定鎬京為都說事，把西安建城史確定為三千一百年前。西元前十一世紀，周從岐山周原遷至關中平原，在豐河的西東兩岸，分建立兩城。文王都豐，武王都鎬（後又都洛），但

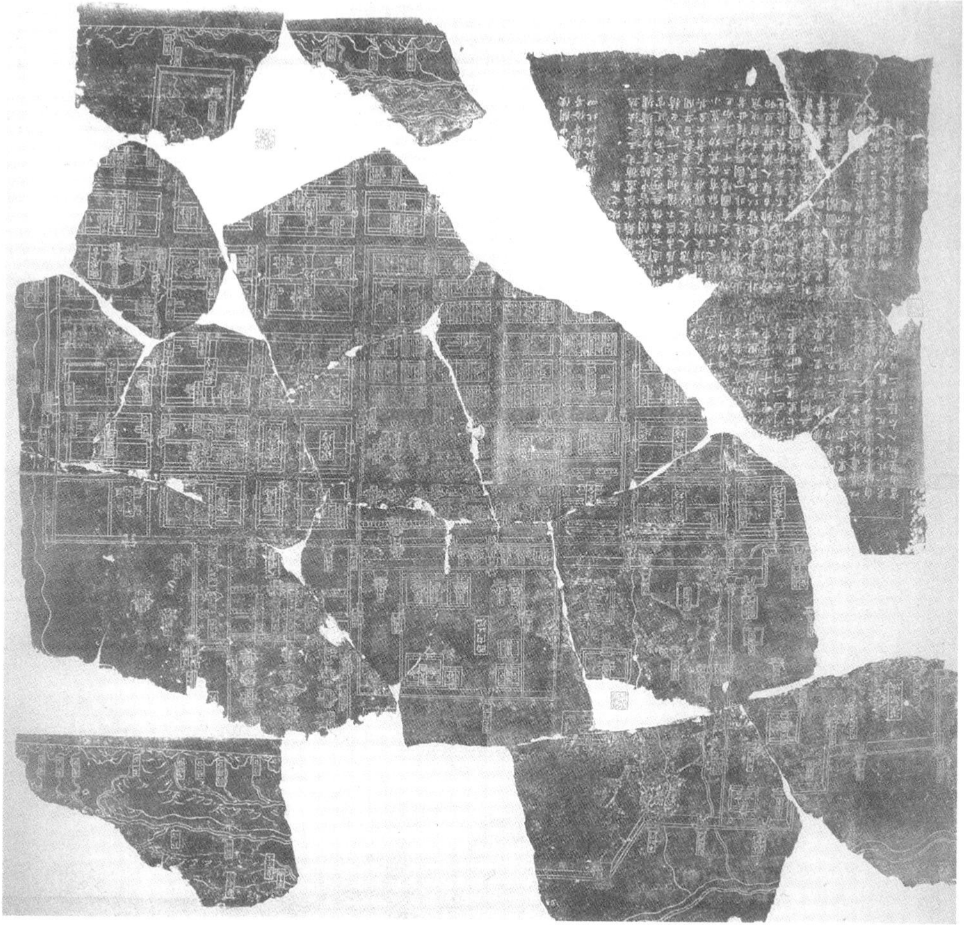

圖4.8：

此殘碑拓片是唐代開元二十年（七三二年）長安城的佈局圖，原圖於北宋元豐三年（一〇八〇年）由張佑繪製、呂大防撰題記，並於同年刻石。原碑高二公尺，寬一・五公尺。

豐與鎬具不具備城的形制，還是一個聚落建築，都說不清。考古所能提供的只是無磚無瓦的有夯土層的「城址」。

三千一百年的西安建城史，以建築來說，有點牽強；以地點而論，至少是把長安擴大化了；從族群源頭上講，周與秦的先民皆起於岐山之下，漢與周、秦完全沒有承繼的關係，漢都城更有明確的另起爐灶之意。此外，若用現在的西安市行政所轄的區縣範圍，來定位「古長安」城，這個龍袍是不是做得太肥了？

所以，以為將西漢作為這個都城的起點，而後新莽、西晉、前秦、西魏、北周、隋、唐等八個王朝，比較貼切。如果再要算上赤眉、綠林、大齊（黃巢）、大順（李自成）等政權時以此為都城，西安是十幾朝的古「都」，真就論不清了。值得提出的是，西安今天的這個名字，不是它作為都城時的名字，而是朱元璋當皇帝的第二年（一三六九年），廢元的奉元路，改設西安府，而傳承到今天的。

朱元璋封次子朱樉為秦王，駐西安，他在城東北部建秦王府，為了保衛城內的秦王府，佔據有利的地勢以利防守，洪武三年（一三七〇年），西安城進行了大規模的擴建，東城牆向東擴展了近千公尺，北城牆向北擴展了五、六百公尺。城牆高至三丈，厚至四丈七尺，全部用黃土分層夯築，每層厚八至十二公分。城垣周長約十四公里，面積十一・五平方公里。城設四門：東長樂門，西安定門，南永寧門，北安遠門。每處城門都有三重城樓，即正樓、箭樓和譙樓。四隅有角樓，環城牆上有堞樓九十八座。城內配有登城設施。明中期以後，西安城牆又經歷了幾次修葺。隆慶二年（一五六八年），陝西巡撫張祉在城牆外壁和頂部砌了一層青磚。一直到崇禎死的前一年（一六四三年），陝西巡撫孫傳庭，又在城門外四關增修了四個郭城。今天的西安古城的格局，基本上是在明朝幾次修建後定型的。

令人安慰的是在現代化的城市建設中，西安老城的城牆基本上保住了，所以，現在去看仍還有個「古都」的樣子。

臨安，不得已的國都之選

在中國三千多年的信史中，有過統一，有過割據，有大一統的王朝，也有偏安一隅的小王朝，但不論大小王朝，都要有個國都。這樣算下來，古代中國曾經有過大大小小的「國都」兩百多個。不過，真正統轄過華夏大地，有顯著遺跡可尋的古都，少之又少；所以，民國時人們盤點中國歷代國都，提出一個「五大古都」之說：即西安、北京、洛陽、南京和開封。中共建政後，又有了「六大古都」之說，那個後加上的一都就是南宋國都——臨安（今杭州）。

宋朝丟人的事很多，最丟人當數靖康二年（一一二七年），徽、欽二帝被金人抓去北方，史稱「靖康之恥」。知恥而後勇的南宋，「勇敢」地拋棄開封，落跑江南，「勇敢」地把杭州改為臨安，過起了偏安的小日子。

遊西湖的時候，我倒是見過一些宋代的遺跡，如蘇軾的堤、岳飛的墓；但作為南宋都城的遺跡不多。「臨安」偏安了一百多年，隨著一二七六年元兵破城，宋走向了滅亡之路。算起來，臨安僅是半個王朝的短命國都，收入「六大古都」實在勉強。但作為古代中國具有一定國際知名度的國都，和作為有國際知名度的港口，它還是可圈可點的。

杭州古稱錢唐，隋朝開皇九年（五八九年）廢錢唐郡，置杭州。南宋建炎三年（一一二九年），高宗南渡至杭州，升杭州為臨安府。紹興八年（一一三八年）南宋正式定都臨安，歷時一百四十餘年。當年詩人林升在譴責宋人丟下開封，偏安江南時，曾寫下了著名的諷喻詩：「山外青山樓外樓，西湖歌舞幾時休。暖風熏得遊人醉，直把杭州作汴州。」其實，西湖只是臨安生活的表象，真正使南宋得以苟安百年的是錢塘江的江海物流之利。

錢塘江發源於黃山，古名「折江」，到了杭州附近，它又稱為「之江」，最後，在舟山一帶流入東海。有著通海之便的錢塘江，自古就是江海運輸的重要碼頭。唐初，杭州港即是漕糧大港，同時，也是製造大型江船、海舶的重鎮。北宋不僅在此設立兩浙（錢塘江以南為浙東、以北為浙西）市舶司，並且規定：「自今商旅出海外蕃國販易者，須於兩浙市舶司陳牒，請官給券以行。違者沒入其寶貨。」各地出海的商船都必須向設在杭州的兩浙市舶司辦理手續。所以，臨安不僅是偏安之都，還是大宋著名的通商口岸。

杭州唐代之前的模樣已看不到了，好在咸淳四年（一二六八年）由潛說友編纂的《咸淳臨安志》裡留下了一幅《京城圖》（圖4.9），我們可以藉此看一下七百多年前的杭州。從圖上看，杭州南起鳳凰山，北到現武林門，西接西湖，東至中河，萬松嶺腳下則是皇宮大內。「贏於南北而縮於東西」，南北長度是東西的一倍。《京城圖》繪畫精細，標識鮮明，山水城闕、宮殿衙門、街道坊肆、橋樑倉庫，近千個地名佈滿圖上，展示出南宋都城的莊嚴與繁華。

由於志書地圖受圖面佈局因素的制約，《京城圖》的方位取向是上西下東、左南右北，但文字敘述卻「東西南北」相混。圖以大內中主殿的方位（坐西朝東）為圖的方位，而志文將宮城廂的東西南北方位，敘述成北南東西形成一個假的上北下南方位，這種方位取向和敘述的「混亂」，具有明顯的皇權觀念。另外，也由於志書地圖受到矩形雕版尺寸的約束，使地圖的比例總是失真。

咸淳《京城圖》的圖符以城牆、城門、河流和山峰最為明顯，帶有很深的傳統山水畫烙印。圖中的

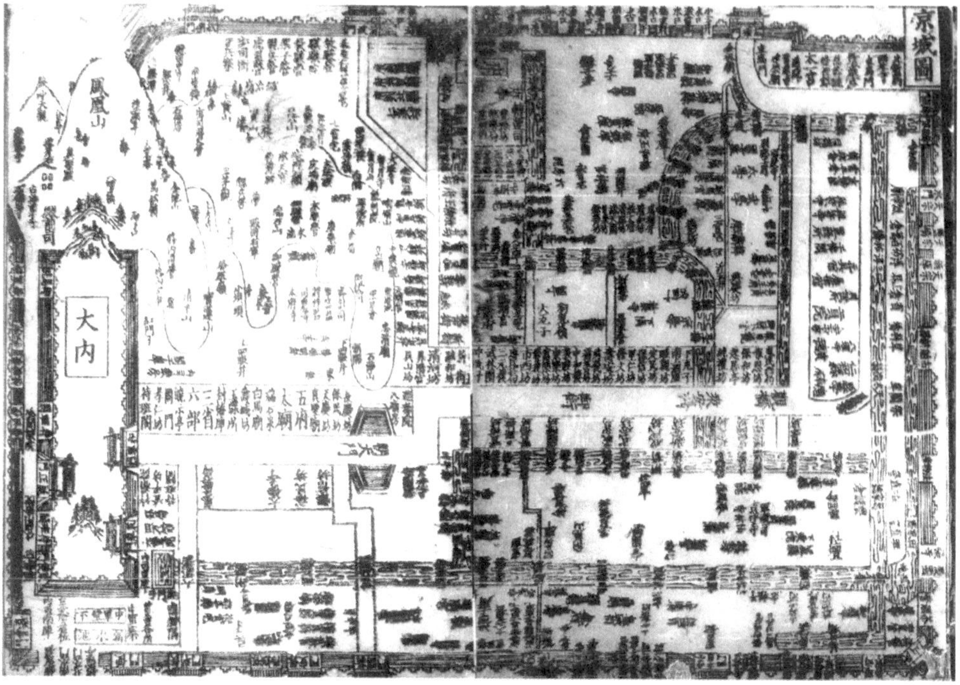

圖4.9：

咸淳四年（一二六八年）由潛説友編纂的《咸淳臨安志》裡留下了一幅《京城圖》，我們可以藉此看一下七百多年前的杭州。

城牆和城門均用寫景法繪製，既淳樸又厚重，猶如宋人的界畫，實受當時南宋畫苑畫家的影響，同時反映了宋代城樓建築的華麗景象。《京城圖》的圖注除了有方位表示外，字體還分大小等級，如「大內」、「太廟」、「五府」、「朝天門」和「御街」等圖注明顯大於其他圖注，表示了傳統等級觀念。

大宋重視海外貿易，對遠道而來的外商視為嘉賓，杭州羊壩頭、新四三橋均有外國舶商居住地，城東崇新門內薦橋附近多住猶太人、基督教徒之富族；薦橋以西為回回人所居，俗稱「八間樓」。外國商人居住地稱「番坊」，由市舶司會同當地政府共管。杭州市舶司還經常為外商舉行盛大「犒宴」，進港接風，離港餞行。宋代杭州舶商館驛很多，著名的有：浙江亭是一所政府開設在杭州港候船的賓館；都亭驛是專門接待外國使人賓館；懷遠驛是南宋最早的國賓館，紹興七年（一一三七年），接待過三佛齊國的貢使；其他，還有北郭驛亭、仁和館、郵亭驛等……如此熱鬧的海上商貿往來，西湖的歌台舞榭，能不「繁榮」一時嗎？

杭州城的繁榮興於大宋，但在西方的國際知度，則是在元代，這是因為元代威尼斯商人和探險家馬可波羅遊歷過此城，並在他影響整個西方世界的《馬可波羅遊記》中，以最多的筆墨記敘了「行在」，即杭州。所以，在歐洲許多版本的關於東方的描繪中，都有行在的圖畫了。這些圖畫將這座城市畫為一個西洋城市的樣子。

蒙元政權在陸上禁止漢人經營西域商路，但馬背上誕生的蒙元政權不熟海路，所以，允許漢人參與海上貿易，也允許阿拉伯人為蒙元打理海上貿易。因此，杭州、泉州在阿拉伯世界很有影響，並由此將中國海上貿易的訊息傳遞到了歐洲。所以，這兩個大港成為當時許多世界地圖上一定要標注出來的兩個重要的中國港口城市。

南京，小小王朝的「六朝古都」

其實把歷史不長的大明國都南京，放在「五大古都」中，也很勉強。

南京被稱為古都，並不完全因為它是大一統的明朝的第一個國都，而是因為它有個很唬人的名頭叫「六朝古都」，不過，很多人弄不清南京的「六朝古都」是個什麼概念。多數人的腦裡，王朝就是一統天下的王朝，如漢唐之類；對偏安一隅的小王朝，往往忽略不計，而南京的「六朝」恰好就是那些被忽略不計的「小王朝」。

秦始皇一統天下之前，南京這個地方叫金陵，秦統一中國後，將此邑改為秣陵。「天下三分」時，東吳改秣陵為建業，並在此建都。於是，有了「六朝古都」的「第一都」。三國歸晉之後，建業又被分為秣陵、建鄴兩縣，並在此地曾設一縣為江寧，南京的「寧」字別名，即由此而來。晉永嘉七年（三一三年），這裡又改名為建康。西晉滅亡後，司馬睿於建武元年（三一七年）春在建康稱帝，建立起偏安江左的東晉王朝。於是，又有「六朝古都」的「第二都」建康。東晉偏安江南一百零三年而終結。此後，歷史進入了改朝換代最為頻繁的時代，史家稱這混亂的一段為南北朝，偏安於長江以南的宋、齊、梁、陳四個小朝代，在此後的一百六十九年的時間裡，不論誰當朝，均以建康作為國都，於是，有了「第三至第六都」。這就是由「小王朝」構成的「六朝」和短命的「古都」，全加起來也就三百多年的歷史。

現在能見到的古都的最早城圖是南宋景定二年（一二六一年）出版的《景定建康志》中曾刻有

《府城之圖》，它描繪了南宋建康府，即今天南京城的一部份。原宋本已佚，現為清嘉慶重刻本（圖4.10）。但現在的南京城已找不到「六朝古都」遺跡了，我們所能看到的是「六朝」之後的另一個王朝——明朝的遺跡，而真正使南京成為一統天下的國都，恰恰是大明王朝。

元至正十六年（一三五六年），朱元璋率領反元義軍攻克元集慶路，遂將這裡改為應天府。宋代也有個應天府（今商丘），取的都是《周易》中「湯武革命，順乎天而應乎人」之意。此時，朱元璋不僅沒有稱帝，甚至還沒稱王，僅被擁為吳國公。應天府也僅僅是一個反元的基地，而非一國之都。元至正二十三年（一三六三年）朱元璋在鄱陽湖殲滅陳友諒六十萬大軍，次年在應天府即吳王位。隨後，又用幾年時間，打敗張士誠，攻克平江（蘇州）；並迫降割據浙東的方國珍。此後，才有條件命徐達、常遇春率軍二十五萬北上攻元。

元至正二十八年（一三六八年）正月，朱元璋即皇帝位，國號大明，年號洪武，定都應天。此後，朱元璋又展開了長達二十二年的統一天下的戰爭：洪武元年八月，明軍攻克元大都（今北京），推翻元朝；隨後四面出擊，先平定福建、兩廣，繼而發兵征漠北；接著遣軍入川，滅夏國，取雲南，平遼東；一直到洪武二十二年（一三八九年），大明才統一了全國。這之後，朱元璋僅過了八年太平日子，於洪武三十一年（一三九八年）病卒，終年七十一歲。

明在朱元璋一朝，基本上是在打天下，也曾想如漢唐一樣定都長安，但天下未一統，也只好在並非「天下之中」的應天，先當他的天子了。輕鬆承繼一統江山的是朱元璋的孫子建文帝，但這個文弱皇帝僅坐了五年天下，就被叔父朱棣奪權，連應天這個國都也被廢棄。朱棣改北京為國都。明英宗時，為了表示對祖上的功業的敬重，才於正統六年（一四四一年）改應天府為南京。南京這個名稱，從此固定下

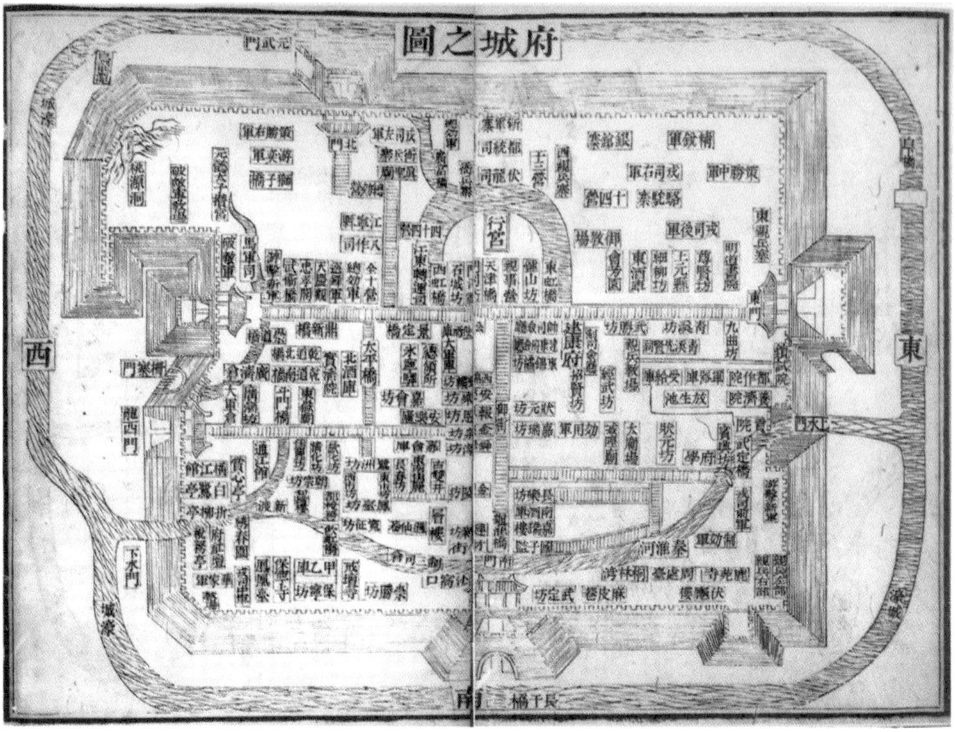

圖4.10：

《府城之圖》描繪的是南宋建康府，今天的南京城的一部份，此圖原載於南宋景定二年（一二六一年）出版的《景定建康志》，原宋本已佚，現為清嘉慶重刻本。

來，至今沒有再改。

南京作為一個中國古都城中，有比較成規模的古城牆的古都，除了西安的就是南京。西安的城牆，號稱是隋唐的，主體還是明代的，南京的古城牆更是以明代為主了。

我到過南京多次，每一次都少不了看看那留在現代新城裡的古城牆。南京城牆，都城中的一絕。當年是朱元璋親自監督的工程，為保證品質，每塊磚上都按規定打上了燒製的州、府、縣及工匠和監造官員的姓名。築成時，用石灰桐油、糯米汁混合夾漿，使得城牆十分堅固。工程品質要求之嚴，可謂登峰造極。因而，也留下了中國最好的古城牆。

可是，作為國都，南京僅有城牆而沒有留下很好的宮城，皇都的味道就失去了大半。所以，從皇宮、城牆及城市格局而論，北京才是最完整的無可比擬的古都。

北京，八百年不老的國都

中共建政前夜，經中國人民政治協商會議第一屆全體會議通過：中華人民共和國的國都定於北平，即日起北平改名北京。不過，北京這個名字並非是這時才有，北京之名古已有之，它是古代的東、西、南、北「四京」制產生的名字，隨著王朝的都心不同，北京的位置也游移不定。

今天的北京，其都城的歷史是從金代開啟的。

北宋政和五年（一一一五年），女真族首領阿骨打建立金朝，定都上京（今黑龍江省阿城縣）。北宋宣和二年（一一二〇年），宋、金結盟攻遼，約定由宋出兵燕京，勝利後幽、雲等州歸宋，宋則把原來給遼的「歲幣」轉納給金。宣和四年（一一二二年），宋軍攻遼兵敗，金兵接著攻遼，打下遼南京析津府（今北京），按原訂協議交歸宋朝，宋改遼析津府（今北京豐台區）為燕山府。宣和七年（一一二五年），金滅遼。同年，南下攻宋，佔領了燕山府。第二年，北宋亡，金海陵王將國都從上京會寧府（今黑龍江阿城）遷至燕山府。金貞元元年（一一五三年），新都建成，改稱中都。金由此建立了一都五京的政權格局。即東京遼陽；西京大同；南京開封；原中京（今遼寧寧城）改為北京；金世宗大定十三年（一一七三年），又將金太祖、太宗、熙宗、海陵王四帝之都會寧府改為上京，遂成五京一都之格局。按著當年金的勢力範圍，中都大體居中，統領大金的「天下」。

雖然，此地曾是唐朝的幽州城，但若作為金的新國都，海陵王還是覺得它人氣不旺，於是頒令，凡四方之民，欲居中都者，免役十年。至世宗時期，為了便利漕運，又利用金口河引永定河水，開鑿東至通州的運糧河。經過半個世紀的經營，中都慢慢成為一個交通便利，市井興盛的大都會。據一九六六年中國科學院考古研究所的考古勘測，中都外郭城的東南角在今永定門火車站西南的四路通，東北角在今宣武門內翠花街，西北角在今軍事博物館南皇亭子，西南角在今豐台區鳳凰嘴村。宮城位於全城的中央，平面呈長方形，頗有漢唐風範。

不過，好景不長，蒙古軍隊東征滅金，一路燒殺，被燒過的金之中都，被蒙古人視為不祥之城。忽必烈再建大元首都時，雖選擇了燕京之地，卻沒在中都原址上建都，而是在它的東北海子一帶重建新城。因北已有上都，中都，新建首都即稱為大都。

元沒有選則中原建都，因為一二六七年興建元大都時，江南的南宋還沒有完全滅亡。所以，這個都城只能游離於傳統之外，再創新的傳統了。

依建都的風水說，北京有「背山帶海」之形勝。但作為一個都城，北京不僅是一個缺水的城市，而且也不是一個交通通暢的都城。因而，西元一二九二年，朝廷命郭守敬指揮修建元大都至通州的運河。前往大都的船隻可由沿海進入河道，以及由大運河，最後經通州直達元大都城內碼頭（即今天北京積水潭）。這個水道的打通，保障了都城的生活需要與經濟繁榮。

如果說，元定都大都是時勢所限，朱棣一朝將明都城遷到此地，完成了，不過，朱棣遷都不是西安，而是北平府。為什麼會有這樣的選擇？有兩個理由是顯見的，一是朱棣原是燕王，篡位以後選自己的封地為都，此「龍興之地」比定都應天府更「名正言順」，統治起來也得心應手；二是北平府雖不在天下之中，但北方是抗蒙前線，在此建都能更好地鞏固北方。所以，朱棣即位之初就升北平府為北京，稱順天府。

永樂四年，朱棣下令籌建都城，經過十餘年的籌備，永樂十四年（一四一六年），朱棣下令在北京建一座西宮開始，北京紫禁城的興建也從此算是正式開始，到永樂十八年（一四二〇年），工程正式告竣。整個北京城的營造從籌備到完工整整用了十四年的時間。永樂十九年（一四二一年）正月元旦，朱棣在紫禁城中恢弘莊嚴的奉天殿接受了群臣的朝賀，宣告天下：大明的都城是北京。

永樂二十二年七月，朱棣病死在第五次北征的路上。但明朝將都城定在邊疆而保衛邊疆的傳統被清朝承繼下來。雖然，大清為北平城的建設做出了巨大貢獻，但這座都城的大格局已經在明朝定型了：城中心有一條莊嚴、筆直的中軸線，中軸線兩側是堂堂正正的對稱街區，城中部有層層疊疊的紫禁城宮殿群，宮城周邊是工工整整的四合院。

從金代開始，燕京之地，就被選為國都，元、明、清三代都城有些移動，但大體上已定在了這裡（圖4.11）。選擇此地定都，除了蒙元舊都即在這一帶的故土因素外，也是受當時的勢力所限。元的汗國傳統，是將四個皇族血親分封於西域與中亞，建立相對獨立的四大汗國。這一行政方式與歷代不同，其地盤之大，也是空前絕後的。

朱元璋反元建明，原本想於中原西安定都，但最後還是選擇了元朝的集慶路，改其為應天府（今南京）。燕王朱棣尋下王位後，也沒遷都西安，而以燕京為都。北京從前的內城是在明太祖一三七〇年至一四一九年建造，內城周長約二十四里，一共有九個城門，老北京話說的「四九城」，就是內城東西南北的四面城牆和它的九個城門。

清承明制，也沒再遷都，以城市規模而論，天下沒有比它再好的都城了。清不僅沒有遷都，甚至，對這個都城也沒再做大的改造。所不同的是，只在旗、民分城居住的制度方面。內城以皇城為中心，由

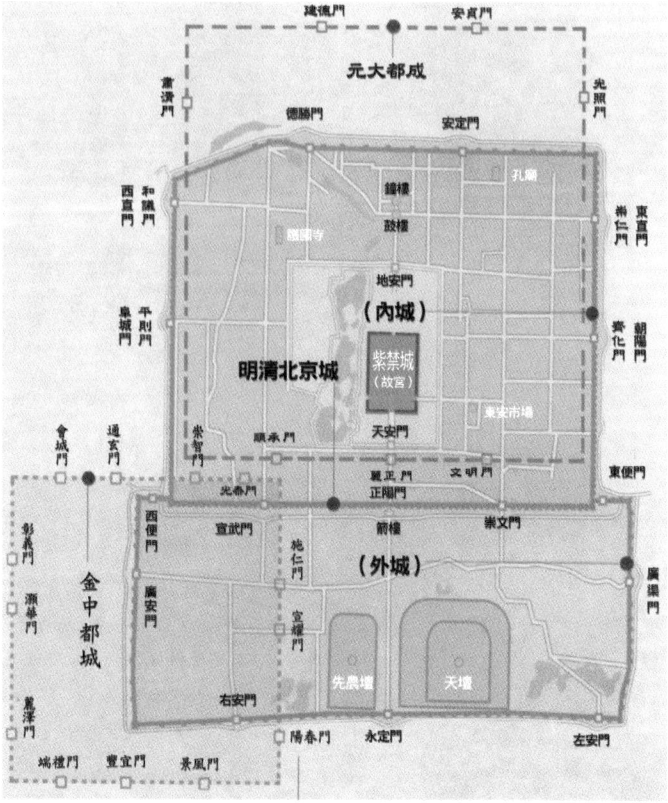

圖4.11：

這幅北京舊城變遷圖，描繪出自金朝以來，歷朝在這裡建都的情形。

八旗分立四隅八方。兩黃旗居北：鑲黃旗駐安定門內，正黃旗駐德勝門內；兩白旗居東：鑲白旗駐朝陽門內，正白旗駐東直門內；兩紅旗居西：鑲紅旗駐阜成門內，正紅旗駐西直門內；兩藍旗居南：鑲藍旗駐宣武門內，正藍旗駐崇文門內。大清將子弟兵，在城裡擺出了陣型，似乎這個模擬的格局可以守住天下與皇權，但無論是內部還是外部，天下的格局，都已發生了巨大的變化，而一切變化似乎從大金選擇這裡作為都城就開始了。

向內而生的舊世界，正變為向外擴展的新世界。

5 家即天下，萬國來朝

古代中國的「天下」有多大

「天」與「下」這兩個字，早在甲骨文中就已出現，但湊成「天下」一詞，則是西周以後的事情。現在我們能看到的「天下」一詞，最早文字樣本存於《尚書・大禹謨》之中。如，「皇天眷命，奄有四海，為天下君」。此時的「天下」，從詞面上看就是「天之下」，即所有土地的意思；若從民以王為「天」的角度看，它又是「天子腳下」王權表達。

如果說「天下」在春秋戰國時，還多是紙上談兵，但到了秦始皇建立中央集權制國家時，「天下」已有了真正的「一統」意義。秦統一中國後，不論是從「所有土地」，還是從「王的世界」來講，其「天下」都偏於內指。此時的中國，北是荒漠，西是流沙，西南是高山，東與南皆是大海；其「天下」觀也好，觀「大下」也罷，終究跳不出先秦以來形成的「中原視野」。

秦以後，尊重「傳統」的中國，漸漸成為「傳統的中國」。祖先說：我們居天下之中；後人就認為：中國是天下的核心。漢代的「天下」，已不僅是指君臨所及的王土，大漢已將「天下」觀擴展為「華夷」觀。華夏是天下的中心，文明的中心，華之外是夷；從中心向四邊延伸，越處邊緣，就越野蠻荒蕪。這種以中國眼光看世界，以中國方式對待世界，成為中國式的天下觀和中國式的方法論。

當然，這種認識也不是沒有來由。讓我們先看一看秦始皇的「天下」——秦的版圖。如果僅從海疆來看，秦的海岸線與今日中國的海岸線差別不大；東至朝鮮半島，西至越南灣；但我們若觀察陸疆就會看到，西部與北部變化巨大。尤其是當看到清代的「海棠葉版圖」，就會感到海陸兩疆的變化完全不成比例。從陸上變化多、海區變化少的版圖現實看，天朝「寧邊」的訴求，遠遠大於擴張的需要。尤其是當我們再以長城作為歷史回望的焦點時，就會看出歷代君王為「治邊」、「撫遠」而做出的種種努力。

事實上，秦以後的中國皇帝都失去了以武力獲得「天下」的擴張意識（這一點，元朝是一個例外）。相反，儒學傳家的中國人，漢以後多以孔子「遠人不服，則修文德以來之，既來之，則安之」（《論語・季氏》）的思想對待「四夷」。古代中國的「天下」實非侵吞小國的擴張「天下」，尤其是西部與北部，那是漢唐以來的戰爭與和親、分治與一統的多重政治變奏中，一步步經略成邊疆的現實。

兩千多年來，中國確實擁有著巨大無比的「天下」，其版圖是任何一個國家都無法與之相比的東方老大。

處於「居天下之中」的中土王朝，對邊緣政權或周邊國家都不存在「食貨」之需求，即使是人口最多的清朝，也就四億人，中國也基本是自給自足。滋長「天下一家」和「四海歸一」思想的不僅是中國之內因，外因也起著重要作用。

長期以來，邊緣小國就對天朝的商貿、文化與政治有著依賴性。唐宋以來，日本、朝鮮一直是以中國的文化典籍為正宗。日本遣唐使來中國取經的故事就不用說了，宋時高麗使團每次來華，也都要帶回大批書籍。史載，淳化二年（九九一年）高麗使者從中國帶回《大藏經》、《九經》、《冊府元龜》、

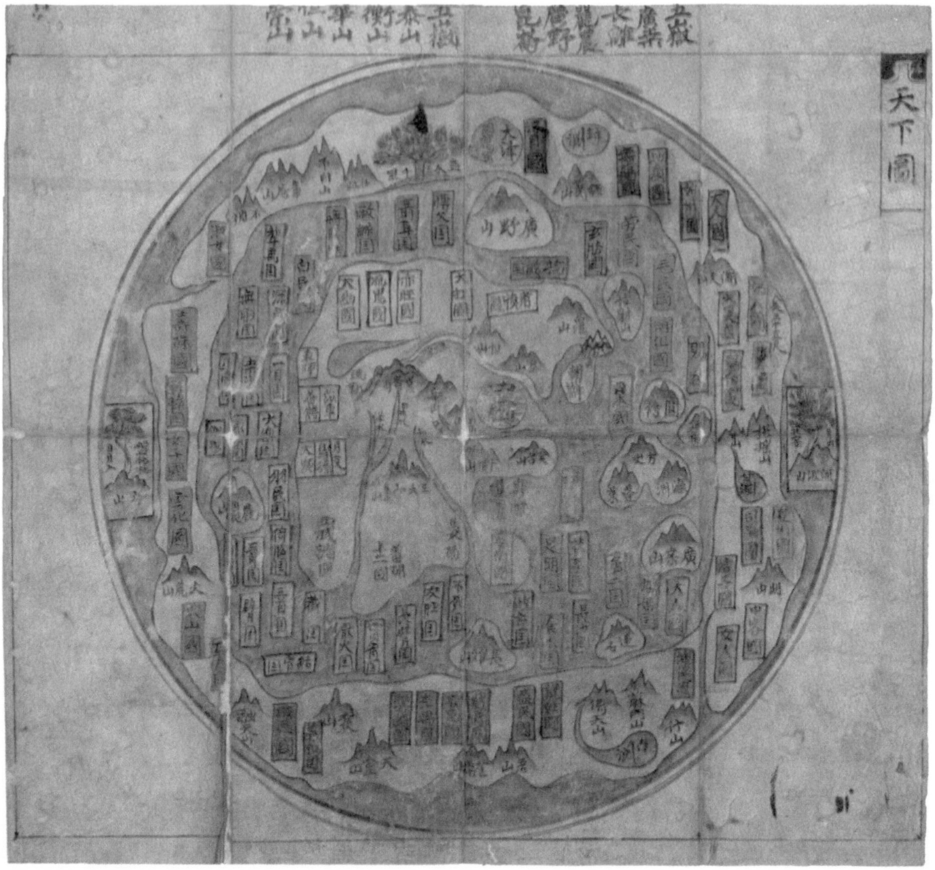

圖5.1：

這幅朝鮮一六八四年左右出版的《天下圖》，可能源自中國明朝的地圖，雖然，地圖名之為「天下圖」，但中國仍是天下中心。

《文苑英華》、《太平御覽》等多部書籍。而宋理宗時（一二二五年至一二六四年），即日本鎌倉時代，日本商業迅速發展，但銅錢跟不上流通，日本市場乾脆使用大宋的銅錢作為流通貨幣。中國不僅在文化經濟上影響周邊小國，而且，在相當長的時間裡，還要以宗主國的名義擺平這些小國的內部鬥爭和外來侵擾，而小國領袖也都以到中國領到執政大印或詔書為王權正宗。

在這樣的大背景下，中國有了一種超越地理意義的人文構想：在「天下」這個最大化的空間單位裡，中國是核心，所有的次級空間，都如「五服」、「九畿」一樣，圍繞著它。在這個「天下」裡，所有的「外」，都是「內」。如這幅朝鮮一六八四年左右出版的《天下圖》（圖5.1），可能源自中國明朝的地圖，中國被描繪成一塊巨大的中央大陸，外圈是內海，再外一圈是島嶼或環狀大陸，再外一圈是外海。雖然，地圖名之為「天下圖」，但中國仍是天下中心、文明中心，從中心向四邊延伸，就是野蠻荒蕪的「馬蹄國」、「長臂國」。對尚未認知的地方，皆為八荒海外，則是聖人存而不論的。

在這樣的「天下」觀影響下，古代中國形成了中土王朝的最為簡單的外交關係：「華夷」和「朝貢」。這種觀念一直維繫到八國聯軍打進北京。那之後，我們很少再用「天下」這個詞了，末世王朝在一個接一個的失敗中發現，這個世界已非「一姓天下」了。連「天下」這個詞，也被後來的「世界」與「國際」這些詞一點點取代了。

雲一樣遊動的「行國」

短命的秦朝，建立了統一的集權國家，卻沒有來得及編纂秦的國史。立國前後，曾有呂氏集百家之長，編出名為「春秋」的大作，但記錄的卻不是國史。秦滅六國，百廢待興，無暇寫史，也無暇修史。大漢代秦，天下再度一統，文武二帝，天下太平，這才有閒編纂大歷史，這才有了編史第一人司馬遷。

司馬遷是史官中的開創性人物，他的遣詞造句就成了後來的定式與規矩。比如，這裡所要說的「行國」，就是他創造的。太史公創造的這個詞是否得之於《詩經》，我們不得而知。人們所能見到的最早的「行」與「國」的粘連，似乎也止於《詩經・魏風》中的《園有桃》。其詩曰：

> 園有棘，其實之食。
> 心之憂矣，聊以行國。

關於這句詩，鄭玄釋為：「聊出行於國中，觀民事以寫憂。」這裡的「行國」，也就是行遊於國中。這個意思顯然不是太史公的「行國」之意。那麼《史記》中出現的「行國」是什麼意思呢？

《史記》沒有將國別史分章列出，這類的東西都放入到「列傳」中，太史公的「列傳」十分龐雜，既有人物，又有列國，既有經貿，又有風俗。「行國」就出現於《大宛列傳》之中。《大宛列傳》是一篇人事與邦國混雜記敘的列傳——「大宛之跡，見自張騫」。它主要記錄了「張騫通西域」這一重要歷史事件，又借此事件記錄了幾個西域國家。「行國」作為名詞，首次出現於此：

「烏孫在大宛東北可二千里，行國，隨畜，與匈奴同俗。」

圖5.2：
此為西漢匈奴人的牧羊圖，反映了西域行國「隨畜移徙」的遊牧特色。

「康居在大宛西北可二千里，行國，與大月氏同俗。」

「大月氏在大宛西可二三千里……行國也，隨畜移徙，與匈奴同俗。」

太史公的「行國」，已講得明明白白，就是「隨畜移徙」的遊牧政權，漢代的壁畫中也有這類內容的反映（圖5.2）。後世，也有進一步解釋「行國」的，即「不土著」，也就是不依土地而居的居國，不以農耕為本，逐水草而居，不築城建郭。如張騫第一次出使西域要找的月氏國，就是一個典型的遊牧之國，忽而東，忽而西，後來還分出了大月氏和小月氏。

其實，這些行國早在商朝就和中原人打交道，後來的于闐國，也就是今天的和田一帶，那裡出產的美玉，曾經販運到了商的首都。而先秦的許多國家，也都是「行國」，就連秦國的先民，也是從甘肅東部的「秦夷」，慢慢向東移動進入了今天的陝西。秦的子子孫孫，打打殺殺，東移南下，最後「行」出了一統江山。「行國」固定後，其統治核心基本不動，只有周邊時不時地向外擴張。

漢代，漢文化對於邊疆的周邊地區，或者說對於周邊「行國」，完全稱得上是先進文化的代表；漢實行的是專制制度，而匈奴等「行國」實行的則是奴隸制度。但是，漢人的農耕文明卻不是當時華夏大地的主流，中原之北、西、東諸「夷」都是「不土著」的遊牧政權。這些逐水草而居的馬上英豪，經常風一樣的侵入中原，又風一樣的離去。「行國」的不斷侵擾，令漢武帝頭痛不已。只有擺平了「行國」，大漢的天下才能安寧。

於是，比文帝更有征伐資本的武帝，在西元前一三八年啟動了擺平西北「行國」的宏大構想，其中最為後世稱道的即是派使西行。西行帶回的訊息，不僅開擴了大漢的眼界，也直接促使了許多「行國」，在後來的或戰或和之中，漸漸融入到大中華的版圖之中。

「西域」到底有多遠

經過高祖高后、文帝景帝等幾代領導人的經營，漢至武帝，政府已有消除邊患的資本，但對待風一樣飄來飄去的匈奴，劉徹還是尋不到一個徹底根除邊患的辦法；思來想去，還是先秦遠交近攻的老辦法——選使西去和匈奴身後的遊牧政權大月氏聯盟，即使構不成夾擊之勢，至少也可鉗制匈奴。這個算不上英明的決定，卻為後世留下了一個偉大壯舉——「張騫通西域」。

漢武帝建元三年（前一三八年）離開長安西行的張騫，沒等走到大月氏，就如預料的那樣被匈奴抓到了。張騫不僅做了俘虜，還被「和親」，娶妻生子了。後來，張騫成功逃亡，輾轉找到了大月氏。但已定居西域的大月氏，無意再做行國，也不願回師東進與匈奴為敵。灰心喪氣的張騫靠著運氣逃回闊別十三年的長安。雖然聯盟失敗，但大漢卻從張騫那裡得到了聞所未聞的玉門關以西的訊息。這些訊息後來成為《漢書・西域傳》的原始線索，「西域」這個新鮮的地理名詞，也是從這裡第一次載入歷史。

張騫赴西域之前，漢朝投向西方的視野，基本上停留在玉門關一帶，沒能跳出《禹貢》所說的九州。元狩四年（前一一九年），朝廷決定派張騫率領三百人組成的龐大使團再赴西域，遊說烏孫王東返。烏孫雖然沒有答應東歸，但卻派使者隨同張騫一起到了長安。此後，漢朝派出的使者與西域通商……這些交流所帶來的地理大發現是前無古人的，西域漸漸進入了大漢的掌控之中。漢宣帝神爵二年（前六〇年），匈奴內部衝突，對西域的控制瓦解。漢宣帝任命衛司馬鄭吉為西域都護。這是「西域」一詞，作為行政名詞的首次使用。其治所在烏壘城，即唐代詩人岑參所說的「輪台九月風夜吼，一川碎石大如斗」的輪台，地處今天的烏魯木齊以西三百六十公里處。西域都護所轄的地區，史稱「西域三十六國」，大約是現在的新疆南疆地區（圖5.3）。

從政治地理的意義上講，可以說是張騫把這片陌生的大陸帶進了中原政權的視野，隨後緩緩融入了天朝的版圖。所以，自《漢書》以來，「西域」一直是古代中的一個特殊地理名詞，在歷朝歷代的《地理志》中，西域都是單列一章，都是濃墨重彩，都有故事可說……這個「西」到底有多遠，「域」到底有多大，隨著祖先的探索腳步，它不是不變的，而是一步步移動著的，從歷史的時空講，「西域」是漂移的地理概念。

漢代的「西域三十六國」：南緣有樓蘭（鄯善，在羅布泊附近）、婼羌、且末、于闐（今和田）、莎車等，習稱「南道諸國」；北緣有姑師（今吐魯番）、尉犁、焉耆、龜茲（今庫車）、溫宿、姑墨（今阿克蘇）、疏勒（今喀什）等，習稱「北道諸國」。此外，天山北麓有前、後蒲頡（頡或類）和東西且彌等。當時的一個「國」，也就萬人左右；龜茲人口最多，約八萬

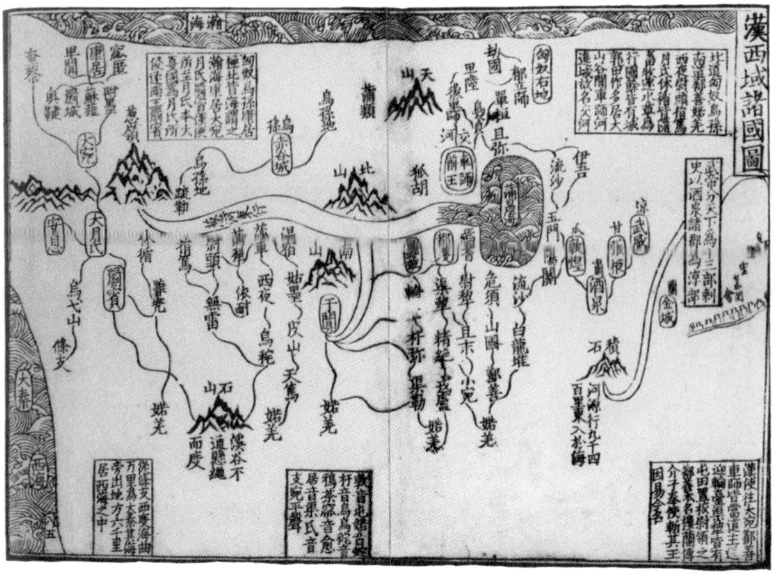

圖5.3：

《漢西域諸國圖》刻於南宋景定年間，反映了漢代西域諸國的分佈與交通路線，特別繪出了南北兩條通往西域的路線。南線由武威經昌莆南下至安息；北線由武威經昌莆北行至大宛。

餘。所以，「國」之興滅，轉眼之間。

北魏時的「西域」分為「四域」：一域「自蔥嶺以東，流沙以西」；二域「自蔥嶺以西、河曲以東」；三域「者舌以南、月氏以北」；四域「西海之間，水澤以南」。這是《北史·西域傳》的記載，其中的後三域，在今天的帕米爾高原以西以東。今天的中亞許多地區，被看作是「西域」的範圍。

大唐的「西域」範圍很大，在《舊唐書》列傳中，尚無外國概念，用的是夷、狄，還有西域。當時的西域為：敦煌以西、天山南北、中亞、西亞地區均為「西域」。唐代的大西域概念，來自初唐的廣闊疆域，當時設有安東、安西等六大邊疆都護府和許多邊州督護府，其西邊勢力，一度遠達大食（波斯）。

經歷了蒙元西征，「西域」的概念更加廣闊。《新元史·外國》將西域放在「外國列傳」中，這個西域甚至包括了東羅馬（今土耳其）。

清代初的地理觀念是最接近當時的西方地理，這一時期的「西域」，在乾隆時期修撰的《西域圖志》中，有明確解釋：「其地在肅州嘉峪關外，東南接肅州，東北至喀爾喀（今蒙古國）、西接蔥嶺，北抵俄羅斯、南接蕃藏，輪廣二萬餘里」。也是在這一時期，西域作為前朝故土，始被「新疆」一詞取代；嘉慶時，「新疆」一詞就完全代替了「西域」。一八八四年，清政府正式在新疆設省，並取「故土新歸」之意，改稱西域為「新疆」。

明史中的西域與外國同置於《列傳》之中，在外國之後，單列西域。但在《清史稿·地理志》中，不再單設「西域」一欄，代之以天朝諸省中的「新疆」。從此「西域」成為不再飄移的地理名詞，凝固於歷史文獻之中。

遠西「大秦」的時空定位

有些「歷史結論」看上去合情合理，細究起來卻發現有令人懷疑的「歷史成因」。比如，歷史學者常常詬病的「明清兩朝對西方的瞭解，遠不如漢唐兩朝，是歷史的倒退」。此說常以《明史・意大里亞傳》為例，「意大里亞，居大西洋中，自古不通中國。萬曆時，其國人利瑪竇至京師」。但哪個歷史文獻又能證明，義大利自古以來，或漢唐時就「通中國」了呢？

「義大利」原是亞平寧半島南部部落的名字，西元前六世紀，羅馬共和國成立時把亞平寧半島正式命名為義大利。但千百年來「義大利」並不作為一個國家名字出現，這個帝國的大名或是羅馬，或是東羅馬，直到一八七〇年薩丁尼亞王國統一亞平寧半島，「義大利」才正式成為統一王國的國名。也就是說，此前的古代中國，如果與義大利打過交道，史料上留下的也是別的名字。

在西方作為洲際觀念出現之前，中國的古代文獻都是以「西域」來描述西方的。在《後漢書・西域傳》中，曾有「大秦」一說，被後世學者認為是指古羅馬：「大秦國，一名犁鞬，以在海西，亦云海西國。地方數千里，有四百餘城，小國役屬者數十。……有官曹文書，置三十六將，皆會議國事。其王無有常人，皆簡立賢者……其人民皆長大平正，有類中國，故謂之大秦。」

秦統一中國後，先民有了對外的整體形象「秦」。它可以是自稱，也可依「有類中國」而他指。但這個西域的「大秦」到底在哪裡，「海西」不足以指證它的確切位置。《後漢書》沒能弄清的事，後來的史書，也跟著語焉不詳。在弄不清「大秦」是否就是西方，或羅馬時，《隋書》和《大唐西域記》等文獻中提到的「拂菻國」，是一個可以參考的坐標。有學者考證「拂菻國」即指拜占庭帝國及都城君士坦丁堡（今伊斯坦堡），希臘人稱「斯丹波菻」或「波菻」。從希臘語轉而為突厥語，又由突厥語轉譯成漢語，就成為「拂菻」。如依此說，我們或可認定，隋唐二朝所指的「拂菻」或「大秦」，也就是東羅馬帝國。這一點在《新元史・外國列傳・西域》中已有明確表示「在黑海之南，古拂菻國也」。

更有力的考古實證是，明天啟五年（一六二五年）初，在西安的周至附近，農民在挖土建房時，從地下挖出了一塊大石碑，碑額刻著：「大秦景教流行中國碑」（圖5.4）。碑正面刻有楷書的兩千字碑文，碑的下面及兩側用敘利亞文刻著七十位景教僧人的名字和職稱。除八位外，皆用敘利亞文與漢字對

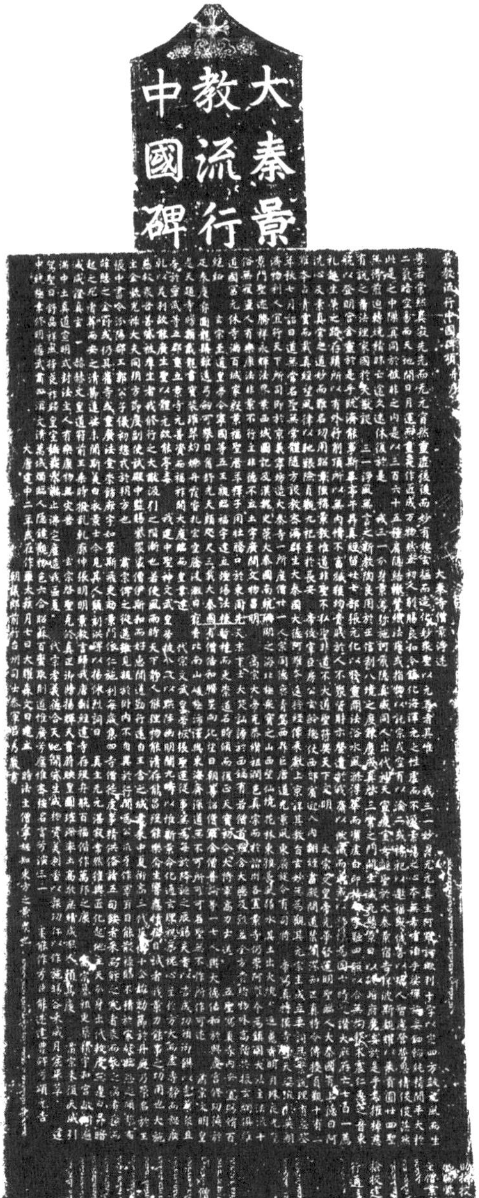

圖5.4：

「大秦景教流行中國碑」敘述了景教的基本信仰，和大秦國的景教主教阿羅本到長安受唐太宗的禮遇。此碑證明，至少在唐代，大秦所指的是波斯，約今天的伊朗一帶。

照。碑的正文敘述了景教的基本信仰，然後說到大秦國的景教主教阿羅本到長安，受唐太宗的禮遇起最初的一百五十年景教的發展經過。此碑的出土，證明了至少在唐代，大秦所指的是波斯，約今天的伊朗一帶。

所以，我們一定要明白，東羅馬畢竟不是羅馬，這種「東西交流」，並沒介入地理上的西方。實際上，自東西方宗教衝突以來，尤其是阿拉伯人封鎖了西亞貿易通道後，東西方的隔絕一直延續到大航海時代的到來：此前，西方對東方的地理描述，多止於印度；中國對西方的地理描述，也止於君士坦丁。

如此說來，我倒是以為《明史》的記載，至少表明：元朝時到中國的義大利商人馬可波羅，其蹤跡及影響在大明王朝是沒有什麼反應的；《後漢書‧西域傳》中提到的「大秦」，明朝也不認為它就是意大里亞或羅馬。「大秦」作為漢代就寫入中國史冊的「遠西」大國，千百年來一直就指向不清，直到義大利傳教士都來拜見萬曆皇帝了，少數國人才從《坤輿萬國全圖》中知道世界是什麼樣子，才第一次看到利瑪竇用中文標注在地圖上的「意大利亞」。

事實上，直到今天也找不出什麼文獻，證實明代以前的中國人或天朝使者，真的到過歐洲腹地羅馬。即使是成吉思汗的部隊，最西，也只打到莫斯科左右；即使是古代中國走得最遠的旅行家，元代的汪大淵，也止步於東非。古代中國與博斯普魯斯海峽以西的西方，真的沒有什麼實質性的聯繫。

妖魔化的「西遊」

地理的妖魔化是世界性的「傳統」。西方人自《荷馬史詩》開始，就創造了折磨英雄的冥界唐塔洛斯（Tantalos）和環繞大地的俄開阿諾斯河（Oceanus）等虛構的地方；中國人至少從《山海經》開始，就有「山經」的怪獸，「海經」的妖魔（也難怪，清人編「四庫」時，沒將它收入經史部）。在地理認知上，東西方都有過漫長的「神秘主義」時期。古代交通不發達，對於去不了的地方，有過度想像，也屬正常。但是，已經實地考察過的地方，又要妖魔化一番，則是另一種心態的折射。

古代國人的開闊視野，漢代就可圈可點了。那時人們似乎找到了通往「海西國」（東地中海一帶）的道路。反覆向西域派使團的漢朝沒覺得有什麼了不得，如鄰居串門般稀鬆平常。到了唐代，去西域的手續麻煩了一些，但玄奘「私自出訪」最終還是得到大唐政府的認可。受唐太宗之命，玄奘口述辯機記錄，遂成《大唐西域記》，玄奘也成為後世歌頌的傳經偶像，大雁塔壁刻《玄奘譯經圖》，即刻畫了玄奘譯經的業績（圖5.5）。

可是，西天取經光輝業績，到了宋末或元初已經變成《大唐三藏取經詩話》的「西遊」話本（《永樂大典》收入其殘本）。此唐玄奘取經故事，共分三卷十七段，將玄奘和尚遠行萬里去印度取經的歷史，變成了神魔夾道的傳奇；西行成功不是靠玄奘的偉大毅力，而是一隻「潑猴」拔棍相助人的故事，取經成功變為神的功勞；醜化海外，美化神州；這是一種什麼樣的天朝心態呢？

顯然，我們的文化中藏著一種「刻意的遺忘」。鄭和七下西洋是國朝大事，但沒出大明王朝，鄭和七下西洋的國家檔案就在皇宮裡消失了，遠航的事跡與所歷的國家，半真半假，若有若無了。一六〇一年，利瑪竇到北京時，坊間正流行羅懋登的《三寶太監西洋記通俗演義》。作者在敘言的最後說「今者東事倥傯，何如西戎即敘……當事者尚興撫髀之思。」此時，海上倭患嚴重，五年前，豐臣秀吉攻朝鮮，妄圖進入中國，朝鮮有失，則北京震動。所以，雖然是魔怪演義，也表達了對外患的不安，所以，其作品不乏誇耀之詞，希望有鄭和與王景宏這樣的民族英雄，以振中華之威風。希望「當事者尚興撫髀

圖5.5：

大雁塔壁刻《玄奘譯經圖》，刻畫了玄奘譯經的業績。但到了元朝末年，唐僧去印度取經的歷史，就變成了神魔傳奇的「西遊」話本。

之思乎」！此作品成於萬曆二十五年（一五九七年），國勢日衰，全書偏於用兵，鮮於外交。

那段輝煌的歷史已被編成神話，國朝人士不僅不知道利瑪竇的大西洋國，甚至，連兩百年前鄭和遠航所至的國家及地區也不清不楚了。在這部「演義」中，偉大的航海家鄭和被寫成一個蛤蟆精；牽星過洋的史實，轉眼變得不可思議玄幻故事。中國知識分子再次退回「妙想方外，神遊八荒」，妖魔化的「傳統」之中。

魯迅在他的《中國小說史略》第十八篇明之神魔小說中講，「所述故事雜竊《西遊記》、《封神傳》，而文詞不工，更增支蔓。」魯迅據序文，雖認為，它有諷諭當局之意，但「唯書則侈談怪異，專尚荒唐，頗與序言之慷慨不相應」。

此書，志怪之事，也不能全怪作者羅懋登，他也多有所本，其中除了「所述故事雜竊《西遊記》、《封神傳》，（《中國小說史略》）外，還有大半故事，直接摘自馬歡的《瀛涯勝覽》（載二十國）和費信的《星槎勝覽》（載四十國）二書。僅《西洋記》所引二書相同之處，就有三十餘處，兩種「勝覽」，信史不少，志怪也不少。

西方之極謂「泰西」

歷史學家都認為，漢唐中國是最為開放的中國。但站在地理學的角度看，較為科學的「世界觀」是在明朝形成的。中國知識界的天下，也是在那個時代進入了地理認識的「突變期」。

明以前的中國，以南嶺之南的海域為南洋，將南海之西的中亞細亞及印度洋一帶稱為「西洋」。此前的中國人在所謂的「西洋」之中，來來回回跑了上千年，但沒能見識到「西」之外，還有更西——即萬曆年間所說的「泰西」。

泰，太也，極也。泰西，極西也。另，《爾雅・釋天》關於四方之風的說法，也可參考。即，南方凱風，東方谷風，北方涼風，西方泰風。如此，說來泰西，是西之又西了。

大明王朝在宣德時，停止了「宣教化」的海外巡遊，關上了國門，不許片帆出洋了；但洋人來「朝」還是允許的，利瑪竇正是此時進入中國的。天朝恩威，四夷賓服。可利瑪竇自報家門，謂之「大西洋人」。歷代朝貢典錄中，沒有大西洋國家。他們在四夷之外，是鞭長莫及之「極」。為了區別傳統中的「西洋」，自萬曆時起，國人把歐洲稱為「泰西」。

利瑪竇來自地中海北岸的義大利，為何稱自己是「大西洋人」？因為，斯時大西洋航海鋒頭正勁，他是經過葡萄牙的批准，才從大西洋繞好望角到達印度，又從印度登陸大明。一五八五年，利瑪竇在肇慶建成中國內地最早的一座天主教教堂。知府王泮贈予兩塊匾額：「仙花寺」與「西來淨土」。西來的利瑪竇，由此開始推廣他的「西」。

利瑪竇用對話體寫的《天主實義》，對話人即為「東士」和「西士」。這位西來之士，想歸化東方，但在傳教上並未取得多大成就。在西學傳播與文化融合上，功勞就太大了。利瑪竇不僅譯介了重要的西方學術著作，還是第一個用拉丁字母給漢字注音的人，開漢語拼音化之先河（一九五五年周有光等進行漢語拼音方案，即延用了利瑪竇的方法）。

自利瑪竇起，西學東漸，漸被稱之為「泰西之學」。如，徐光啟與義大利人熊三拔合譯的介紹歐洲水利工程著作，即名為「泰西水法」。明末成書的《火攻挈要》，書上即題「泰西湯若望授」。此後，中國的學界就不斷遭遇這個「泰西」。

今天還被我們廣為引用的「哥倫布立雞蛋」、「牛頓與蘋果」、「特洛伊木馬」等西典，皆源自近晚出版的著名西方掌故書《泰西五十軼事》（圖5.6）。而百年中國大學史，及今日中國的大學制度，其辦學理念主要也是「旁采泰西」而不是「上法三代」的結果。地理方位，在不知不覺中，影響了我們的文化方位。

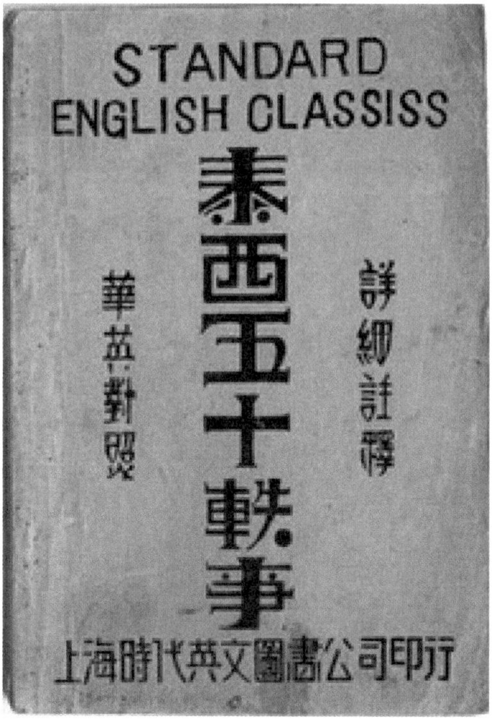

圖5.6：

《泰西五十軼事》晚清傳入中國，上海商務印書館一九一〇年初版，後多家出版社競相出版，可見社會需求量之大，其中英對照版《泰西五十軼事》是近代中國人學習英語的最佳讀物。

事實上，當大航海打開了

世界之門以後，尤其是近代以來，人們對西方的整體性認同，已經超越了地理指向，而更多地表現為文化指向，即「兩希」（希臘與希伯來）傳統、基督教信仰、啟蒙哲學、資本主義經濟與民主憲政。

幾個世紀過去了，世界最終是東化、還是西化，抑或是全球化？還未見分曉，一切只能留給下一個世紀去盤點。

天涯海角「下南洋」

齊國徐福從秦始皇那裡遊說來投資，帶上三千童男童女到海中仙山尋找長生草，結果一去不歸。東臨大海的齊國，愛以海說事，徐福只是一小巫，他的前輩鄒衍才是大巫。鄒衍曾在戰國講授的「海洋學」，眼界遠在「海上仙山」之外。他認為：九州之外，「有裨海環之」；「裨海」之外是「赤縣神州」；再外「乃有大瀛海環其外」。雖然，齊人最遠也就跑到日本，沒有遠洋的實踐，但鄒衍卻推導出了近海與大洋的概念。

不過，真正將大洋與近海做出相對明確的地理區分，是明朝的事情。如同祖先以中原為中心指認「四海」一樣，大明也是以中國為核心指認「四洋」。在東洋、西洋、南洋、北洋之中，與天朝在移民、商貿、海外行政等方面聯繫最為廣泛、關係最為密切的當屬南洋。

「南洋」在明、清兩朝，近——可以表示江蘇以南的沿海諸地，如清朝就將這一帶稱為「南洋」（江蘇以北沿海稱北洋），清末設有「南洋大臣」管理諸項事務；遠——可指馬來群島、菲律賓群島、印度尼西亞群島，和中南半島沿海等地。

南洋的島嶼是各大洲中最為破碎的，僅印尼一國就有上萬個島嶼。這裡的先民，依人類學家的說法，多是馬來人。但在印尼、馬來西亞、菲律賓、泰國等地行走，在他們的博物館裡，我卻看到濃重的中國文化印記。似乎印證了「南洋的海水到處，皆有華人的蹤跡」的說法。

古代中國與南洋是一種悲歡離合式的關係。傳統中，國人一直把南洋看作海天之涯，不到萬不得

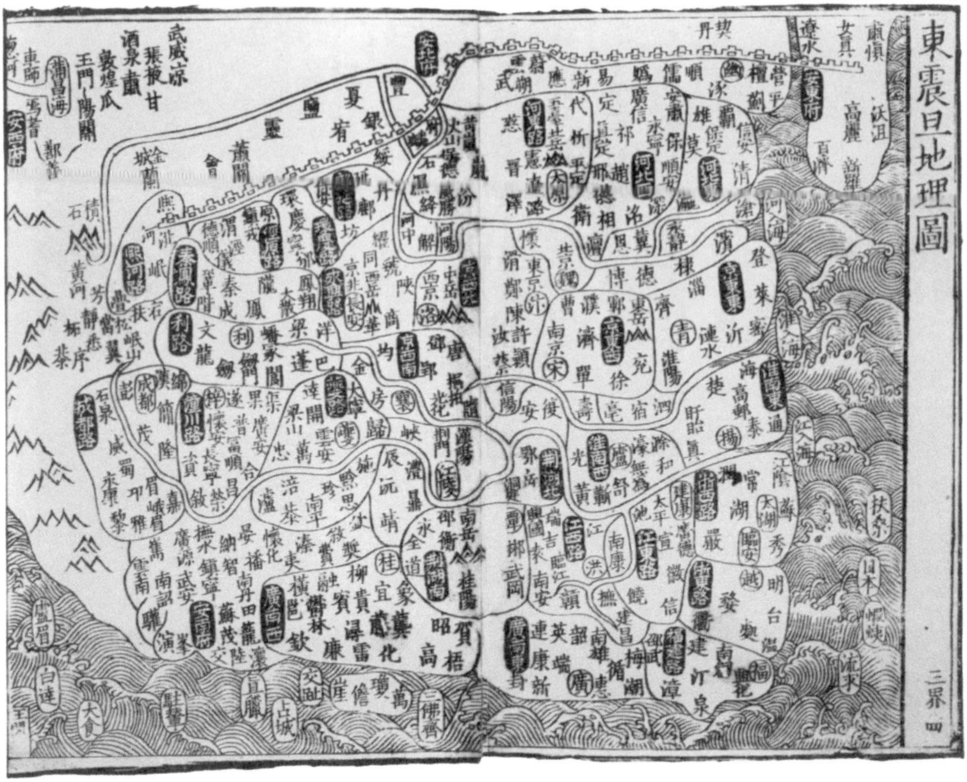

圖5.7：

南宋景定年間繪製的《東震旦地理圖》，古代印度的佛教典籍稱中國為「震旦」。此圖的南方部份標示出了三佛齊、真臘、交趾、占城，東部標示出了日本。

已，不會入海南渡。西漢時，南越王朝的最後一主趙建德，被漢軍追至珠江口，逃生無路，遂率軍南下入海，後被馬弘將軍所擒；南宋最後一個皇帝，八歲的少帝趙昺，也是被追兵所迫，最後由丞相陸秀夫抱著在珠江口跳崖投海；明建文帝朱允炆，被造反的叔叔朱棣追殺，一路南逃，後來消失於南海之中……

亡命天涯的不僅是皇上，老百姓在大陸待不下去，也選擇「下南洋」。自唐朝起，為避黃巢之亂，即有眾多漢人逃難於南海之上。南宋時，為避北方政權之奴役，漢人再度大舉南遷，並漂洋過海；在南宋景定年間繪製的《東震旦地理圖》中，南方部份已標示出了三佛齊、真臘、交趾、占城（圖5.7）。明末之時，為擺脫異族統治的前朝子民，背井離鄉「下南洋」，又掀起了史上最大的海外移民潮。

漢人南下渡海，使南洋的漢人越聚越多，他們在帶去中原文化的同時，也在那裡形成了自己的政治勢力，甚至，在南洋的三佛齊、暹羅等地建立了漢人政權。由於當時的中國是先進文化的代表，也是國力超強的大國，使得南洋的一些王國頗依賴於中國，連麻六甲國王都是到中國領取龍袍和玉璽。

不過，隨著大航海時代的到來，東西方發生了歷史性大衝撞，南洋的大小政權，最終都消失於西方列強的侵略狂潮之中。風雲變幻，「南洋」又成了西方人的「東印度」。

不辨東西「下西洋」

古代中國的海上交往體系是一個自大的體系，許多說法、看法、做法皆不與「國際接軌」。中國人不僅認為，華夏之外皆是「夷」，而且，以天朝為「上」，往哪裡去都是「下」，遂有「下南洋」、「下西洋」。其實，中國人是西洋南洋不分的，在天朝有限的視野中，印度即是「西天」，印度洋即是「西洋」，而真正的西洋——大西洋，國人從未聽說，或者，「不知有漢」。但中國人對「東洋」是熟悉的，定位也是準確的。只是「下東洋」，沒能形成氣候，或者說，中國不屑於「下東洋」。

中國人為什麼對「下東洋」興趣不大呢？一是，華夏的外交傳統，自漢唐以來一直是「向西」，西邊有商貿，西邊求和平。二是，受自身的地理環境影響，中國東邊除了小島小國，實在沒什麼國家可以聯繫。

蒙元一朝，兩次過海打日本未果，但日本群島上的政權，也未對中國構成什麼威脅，至多是不納貢而已；明初，永樂帝登基後，即派使日本，告之改朝換代了，並遣在太倉籌備下西洋的鄭和，到日本曉諭平定海患之事。永樂三年（一四〇三年），日本主動示好，源道義（即第三代室町幕府將軍足利義滿）不僅遣使入貢大明，同時送來倭賊二十人。成祖為顯示天朝大度，請來使按日本的規矩自行懲治倭賊。於是，日本人在明州（今寧波）支起大鍋，將這些在日本也被通緝的海盜，投入沸水煮後，拋屍大海。東洋太平，大明更無「下東洋」之必要了。而日本群島以東，則是看不到頭的太平洋，當時中國人稱日本海域為「小東洋」，稱太平洋為「大東洋」。對於大明王朝來說，既缺少泛舟太平洋的可能性，也沒有什麼必要性。但西洋的情況大不一樣，西洋不僅國家多，而且物產豐富，同時，海上交通也有近岸遠航的便利條件，一直是中國海上交往的「主戰場」。

從史料上看，明代人是以婆羅（今汶萊）為分界線，稱婆羅以東為東洋，稱婆羅以西為西洋。所謂西洋就是今天的南洋和印度洋。古代中國在這個「西洋」的航海行動從漢以來一直就沒有中斷過，但是注重文字描述的中國文人，沒能留下清晰的「西洋」地圖，僅僅是在汪洋之中畫上幾個小圓圈，略作注記而已。

首次為中國人描繪出清晰的「西洋」地圖的是利瑪竇。現在我們能看到的六條屏式的《坤輿萬國全圖》，即是明萬曆三十六年（一六〇八年），由宮中太監依照利瑪竇五年前繪製的《坤輿萬國全圖》摹繪的。此圖由於採用了將中國放於地圖中央的橢圓形投影方法，所以，圖中的東亞地區繪製得最為詳盡，既有「小東洋」的標記，也有大小爪哇和麻六甲海峽及印度洋的詳盡描繪，其詳實的描繪達到了當時的世界先進水準（圖5.8）。

雖然，早在漢代中國船就已到達了印度，後來，又遠抵波斯灣；但在清朝之前，中國船根本沒有進入過地中海，更不用說大西洋了。中國之西的許多地方，比如印度、波斯，從現代地理與歷史文化意義來看，這個「西」也皆處在東方之中。甚至，唐代以來中國人就到過的非洲東部，仍然沒跳出文化上的東方。

此西洋非彼西洋。

圖5.8：

明代以前，中國一直沒有清晰的「西洋」地圖。首次讓中國人看到清晰的「西洋」的世界地圖是利瑪竇的《坤輿萬國全圖》（局部圖），人們這才知道「西洋」在世界的位置。

「東洋」入「西」的錯位幻影

在千百年來的華夏各王朝的眼裡，從來不認為自己是西方所指稱的「東方」，中國人一直認為「自古帝王居中國，而治四夷」，這個「氣派」一直到康雍乾時代都沒有絲毫改變。

不過，由於「對外交流」的需要，海外的概念也一步步明晰。當然，定盤星仍是以中國為「中」。有人考證說，「東洋」一詞最早散見於宋書之中。宋時的東邊，與中國打交道的，一是朝鮮，二是日本。在天朝眼裡，這個「東洋」，只是東邊而已，都是前來中國朝貢的，一點「洋氣」都沒有，大唐、大宋才是先進文化的代表。所以，一直到了明代，中國對日本的地理描繪都是很粗糙的，即使是在《籌海圖編》這樣抗倭意識明確的海防地圖中，日本島的輪廓也描繪得不清不楚，「東洋」似乎上不了天朝的檯面。

元、明兩朝，有了相對寬闊的海洋視野，但在東西洋的問題上，常常是東西混雜，語焉不詳。但錯誤的認識，或落後的認識，與刻意把地理方位意識形態化是兩碼事。

事實上，自唐以後，佛教傳入日本，日本人在接受漢唐中國的「天下」觀，模糊和有限地認同中國人賦予它的「中華中心主義」內涵之時，日本也創造了「神國」的立國觀念，並且在十世紀，借助佛教贍部洲的觀念，在日本大力宣揚「三國」世界觀。從十四世紀日本繪製的《五天竺圖》（圖5.9）來看，贍部洲的中心是天竺，中國是偏遠的國家，海上是日本國。這個基於佛教思想的「三國」觀，到十六世紀中葉之前，已成為日本人傳統的世界觀。日本國的這種淡化和摒棄「中華為天下中心」的中國人的天

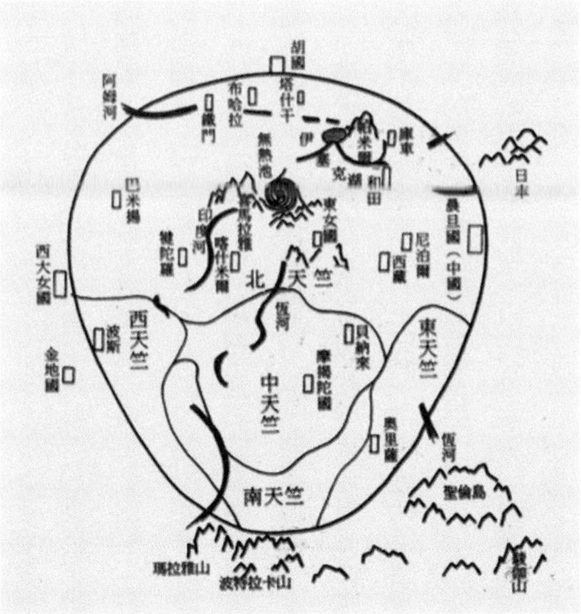

圖5.9：

從這幅十四世紀日本繪製的《五天竺圖》（墨線圖）來看，天竺（印度）在贍部洲的中心，中國和日本一樣是偏遠國家，中國並不是世界的中心，日本群島與中國大陸隔海相望。

下觀的作法，在近代的世界大變局中，也自然而然地迅速將眼光投向西方以及整個現實的世界，並採取了更加激烈的動作。

研究近代史的學者早就指出：日本對東洋與西洋這兩個單詞解釋，不僅與中國完全不一樣，而且別有用心。近代日本的東洋與西洋，是從「Orient」與「Occident」翻譯過來的。西洋大體指歐洲，而東洋的範圍不甚明瞭，有時指全亞洲，有時指遠東。但在近代日本的表述中，東洋通常是不包括日本的。

據中國社會科學院日本研究所王屏先生研究。近代日本之所以賦予「東洋」一詞特殊的含意，是有戰略考慮的。它不僅表達了脫離傳統的中國屬國的舊體系的意願，而且表達了日本在新的國際關係中全新的自我定位。當面對西方對東方的侵略時，日本人的「東洋」是外指的，如對西方說「大東亞共榮」，此時日本是被包括在東洋之內的。而當「東洋」內指時，即在東洋內部，日本卻把自己排除在「東洋」之外。

大航海的勝利和工業革命的成功，使西方對東方的態度有了巨大的轉變。西方社會開始將崇拜了上千年的東方，矮化為落後的東方。東西方的方位，進而意識形態化了。「西洋與東洋」在地理概念之外，又多了「文明與野蠻」的定位。「東方」或「東洋」被矮化，大清國根本沒有感覺，日本卻早早體察出來，並有意識地將自己從「東洋」中漸漸剝離出來。

一八九四年，即有日本人提議，將其教育科目中的「支那史」改為「東洋史」。日本之所以要創造出一個「新東洋」概念，就是要將自己混同於「西方」，因為西洋等於文明，東洋等於野蠻。而混入西洋的日本，則在文明的名義下，對中國和朝鮮施以拳腳。初入二十世紀時，更有日本學者強調，遣唐使時代，日本已經吸收了唐以前的中國文化；德川時代，日本又吸收了唐代以後的中國文化；現在，日本向中國文化學習的時代已經結束，取而代之的是向西方學習。

在「脫東入西」的進程中，日本從「遠東」的一員，一點點變成「西方」的一員。在對日抗戰中，中國高喊「東洋鬼子」時，日本已從「理論」上，跳出「東洋圈」了。這是件既滑稽又嚴肅的事情。

脫東入西，是日本當年的「遠見」，而今它已成為一種時尚。同在一條經度線上的朝鮮半島的南北兩個國家，韓國已然和日本一樣將自己劃入西方。而比中國還要東方的澳大利亞，好像從建國那一天起，就「西方」了，現在連它的鄰居紐西蘭，也脫東入西。「西方」這個概念，在東方脫離地理方位而被美化已然成了一種抬高自我的「傳統」。這是一種世界觀的異化，是東方的悲哀。

忽近忽遠的「佛郎機」

四百多年前的一個早晨，兩個失去方向感的紅毛洋人，登上了中國南部的一個荒島。紅毛向兩個曬網的漁民，不停地問：「這是什麼地方，這地方叫什麼？」漁民不勝其煩說了一句「媽的」。紅毛搖著頭想了想，依此為這個島起了一個至今也說不清由來的洋名，第一個字母就是個M。那是一個缺少溝通卻相互指認的時代，東方西方各自命名對方。

最早侵入天朝地盤的是葡萄牙。對這些長身高鼻、貓眼鷹嘴、鬈髮赤鬚、詭服異行的人，不論是沿海的百姓，還是帝國的官吏、皇帝來說都是一個謎。他們來自何方、有何公幹？不甚了了。中國人給這些番人，起了一個綽號「佛郎機」或「紅毛夷」。

一五一七年即明正德十二年，葡萄牙使團從海上來到廣州。在大明皇朝的眼裡，他們是來朝貢的番使，只是此前從未聽說過這麼一個「番邦」，也從未見識過那麼野蠻的習俗，「貢船」駛入珠江口，竟用殺人攻城的火炮來表示友好與尊重。這些「禮炮」讓懷遠驛的守備吃驚惱怒，於是，葡萄牙的「貢使」被扣在光孝寺學習了三天的天朝禮儀，然後，才定好日子引他們去見總督陳西軒公。這件事《廣州通志・夷情上》記載很清楚：「佛郎機素不通中國，正德十二年，駕大舶突至廣州澳口，銃聲如雷，以進貢請封為名。」

中國人從何時開始稱西人為「佛郎機」，又為何以「佛郎機」稱之？我們從《元史》及一些元代的文字中，可以看到，那時即有「富浪」或異寫為：茀郎、法郎、佛郎、拂郎、發郎的譯音。如，元代詩人顧瑛《天馬歌》中即有「至正壬午秋之日，天馬西來佛郎國」。可見，元人已將歐洲稱之為「佛郎國」。這裡的「佛郎」譯音，也就是明代的「佛郎機」。

「佛郎機」之名，應當是歷時幾個世紀，經東羅馬、阿拉伯地區輾轉傳至中國的。按照利瑪竇神父的解釋，西亞人將歐洲人稱為法蘭克「Frank」。中國人與西亞素有往來，便隨了他們對歐洲人的稱呼，因為發不出「r」這個音，就成為「佛郎機」。這個稱呼，最初並無惡意。

但是，對於馬來半島、蘇門答臘或爪哇島來說，「佛郎機」絕非善類。一五一一年，葡萄牙「戰神」阿爾布克爾克（Monsode Albuquerque）攻陷麻六甲。滿剌加（麻六甲）國王蘇端媽末派使者向大明帝國求援。十年以後，也就是「佛郎機」已經來廣州「朝貢」之後，明武宗換成世宗時，才想起讓兵部議一議這件事，並大大呼呼地下了一紙詔書：令佛郎機，退還滿剌加，並諭暹羅等國前去援救。世宗皇帝，為什麼敢給佛朗機國下詔呢？看看《明史•佛郎機傳》就知道了，原來明人認為「佛郎機近滿剌加」。大明以為它是臣服中國的一個南洋小國呢。

明朝以來禁海，外番貢使從海路來，限走廣州。見怪不怪，如今多了個回回打扮的佛郎機，似乎也不足為奇。若不是他們過分剽悍凶險，經常如海寇犯邊擾民，劫財掠物，天朝似乎也不會特別注意他們。但是，由於他們在中國海岸的暴行，天朝民間出現一些關於他們的恐怖傳說：「番國佛郎機者，前代不通中國。……其人好食小兒……法以巨鑊煎水成沸湯，以鐵籠盛小兒置之鑊上，蒸之出汗。汗盡，乃取出，用鐵刷刷去苦皮。其兒猶活。乃殺而剖其腹，去腸胃，蒸食之。」

這段吃人故事，見於一五七四年閻從簡的《殊域周咨錄》。當然，記載這段故事的遠不僅這一部書。佛郎機在明朝的印象早已被塗抹得一團漆黑。這裡有外夷的暴行，也有國人的想像。一五二一年至一五二四年間發生在廣東屯門島與一五四九年發生在福建走馬溪的剿海戰役，使佛郎機人的形象進一步惡化。他們被中國抗倭海盜生擒、斬首，值得注意的是他們出現在中國史書中的怪誕甚至醜陋的譯名，諸如別都盧、疏世剌、浪沙羅的嗶咧、佛南波、兀亮別咧、鵝必牛、鬼亦石、喇噠，據說還有「賊婦」、「哈的哩」之名。

連佛郎機與滿剌加都分辨不清，就更難辨清歷史上合合分分的葡萄牙與西班牙了。

繞道美洲，並於一五六五年佔領了菲律賓的西班牙人，晚半個世紀來到中國海岸。大明官民仍把他們也稱為「佛郎機」。於是，有了澳門的佛郎機，有了呂宋島的佛郎機。轉眼又有西洋人殺到了家門前，《辛丑年（一六〇一年）記事》中說：「九月間，有二夷舟至香山澳，通事者亦不知何國人。人呼之為紅毛鬼。其人鬚髮皆赤，目睛圓，長丈許。其舟甚巨，外以銅葉裹之。入水二丈，香山澳夷，慮其以互市爭澳，以兵逐之。其舟移入大洋後為颶風飄去，不知所適。」其所謂「紅毛鬼」，就是荷蘭人，這夥人並非「為颶風飄去，不知所適」，而是，轉而打台灣主意，一六〇四年荷蘭人攻打澎湖，一六二四年荷蘭人離澎湖而佔了台灣。

遺憾的是，明末清初的大學問家顧炎武，在康熙初年編定成書大作《天下郡國利病書》中，仍說「佛郎機國，在爪哇南，古無可考……素不通中國……略買食小兒，烹而食之。」甚至到鴉片戰爭時，中國人繪製的宣傳畫上，西洋水兵仍是紅毛怪物（圖5.10）。以為西洋人是妖，後來也生出了義和團以妖術抗擊西洋鬼子的可笑故事。

對世界的誤解越深，造成了我們與世界的距離越來越遠。

此物出在浙江處州府青田縣數十成群人樂之化為血
水官兵人持砲擊之刀箭不能傷現有示諭軍民人等有
能剿除者從重獎賞此怪近因官兵逐急旋即落水逢
人便食真奇怪哉

圖5.10：

直到鴉片戰爭時，中國人繪製的宣傳畫上，西洋水兵仍是紅毛怪物，政府獎勵民眾擒此會游水的食人怪物。

自娛自樂的「萬國來朝」

中國人喜歡用抽象的數字表達具體的收穫。比如，萬國來朝。在傳統的概念中，萬國來朝就是全世界都臣服於中國的意思。實際上把目前在聯合國掛號的國家全都算上也就兩百來個。萬國——姑妄說之，姑妄聽之。

朝，這個字甲骨文中就有。表現的是草木間，日初升，月未落的圖景。《說文》解：「朝，旦也。」後來它演變為，朝拜之意。再後來，又引申為朝向，面對。百鳥朝鳳，百花朝陽。朝，在很多時候，將方向與態度一併表示了。

多年以前，有個來中國執教的外國足球教練，他對中國的球員說：「態度決定一切。」大家都把這句話理解為：洋邏輯。其實，恰恰相反，這句話是典型的中國式思維。外國人才不認為，態度能改變什麼呢。

研究西方哲學的專家說，黑格爾所談的「Eigentum」問題，通常被譯為「財產」。其實黑格爾講財產的同時，也有所有權的意思。西方概念中，財產不是一個簡單的物的概

圖5.11：

閻立本的《職貢圖》描繪了唐太宗時，南洋的婆利、羅剎與林邑國等來大唐朝貢。畫上繪有二十七人，行列中央有僕人持傘蓋隨行，暗示出使者尊貴地位。畫中貢品有鸚鵡、怪石、象牙等等，其樣式之多，令人目不暇給。

念，其中包含了所有權的意思在裡邊。也就是說，一個東西只有被人佔有了，它才是個東西，而佔有東西的人才是真正的人。不佔有物的人，沒有所有權的人，不是社會意義上的人。甚至，不佔有東西的人，本身就是一個東西，就要被人佔有（這讓我想起了黑奴與畜奴制）。這就是西方的「普遍真理」。

我們與西方完全兩樣，物與所有權是分離的。我們的哲學會輕鬆地將千里之外的東西劃為己有，是不是真的具有所有權，是不是真的佔有，全都不管。正如《詩經》所云，「溥天之下，莫非王土，率土之濱，莫非王臣」。因而，我以為鄭和下西洋時，財大氣粗的大明王朝不是不想佔有世界，而是天真地以為它已經佔有了世界。

古代中國有個習慣，每當外國友人帶著禮物來見我們的皇帝，天朝都會對全國人民說，某某國來朝貢了。在全國人民的意識中，那個來訪問的國家就已經臣服了，當然也無需再去佔領了。

唐朝時期，中國為世上強大的國家，連接東西雙方的通商大道行旅不絕。首都長安在當時已經是一個擁有百萬人口的國際性都市，並且成為歐亞大陸上的一個活動中心。在長安的街道上，各類種族、膚色的人群熙來攘往，呈現著嘉年華般的熱鬧與多樣。如唐代畫家閻立本的《職貢圖》，描繪的便是唐太宗時，南洋的婆利、羅剎與林邑國等前來中國朝貢及進奉各式珍奇物品的景象。畫上繪有二十七人，如同遊行的隊伍一般，自右向左行進。行列中央有僕人持傘蓋隨行的，暗示出使者的尊貴地位。畫中貢品有鸚鵡、怪石、象牙等等，其樣式之多，令人目不暇給（圖5.11）。

明代以來，中國與非洲和西亞交往增多，非洲與西亞國家給中國送來的禮物中，最受天朝歡迎的動物要數長頸鹿了。因為當時的中國人不認識這種動物，就硬把牠說成是麒麟，而麒麟又是傳統中的祥瑞之獸。這種動物作為貢品，既體現了天朝的威風，又給天朝帶來了福氣。所以，在明清兩代的繪畫中，都能見到外國使臣朝貢麒麟的圖畫。

黑格爾說過：「只有實體才是主體。」中國當然是個大實體。但古代中國哲學不重實體，愛玩虛的。以虛代實，以無為有。這樣的主體用一個「朝」字，把自己與世界的關係給架空了。這樣的「朝」，不僅不是實體，有時連方向都不是，態度更靠不住。「萬國來朝」的遊戲，祖宗們玩了千百年，直到「八國聯軍進北京」，慈禧、光緒一干人等，朝——西安逃去⋯⋯

從有「國」無「際」到國際

依地理學的角度看，我以為全球化的起點，應定位於改變世界的十五世紀。此間，東西方在地理探索上都做出了劃時代的努力。不同的文明有了前所未有的大碰撞。在這樣的背景下，中國對世界有了新的認識。其說詞，也突破了傳統的「華夷」，有了新鮮的描述外部世界的辭令。

自秦始皇建立中央集權制的帝國開始，中國就長期處於統一的狀態。由此構成以中國為中心的世界秩序，我們的先人是有「國」無「際」。那麼，中國人接近現代的「國際」觀是什麼時候出現的呢？

中國的「世界」一詞，是從梵文的「loka-dh atu」漢譯而來，本意是「天地萬有」，因而佛教所說的「世界」，其實就是「宇宙」。它更多地表達的是整個物理空間，並不完全是後來的人類空間和國際空間。而古代中國表達「國際觀念」時，更多使用的是「萬國」一詞。

近有陳曄先生撰文說：「萬國」一詞，興之於清末民初。他舉例說：隨著列強入侵，飄來歐風美雨，國際的概念逐漸流行起來。清末民初時，人們將國際稱為「萬國」。比如，萬國禁煙會、萬國郵政聯盟、萬國博覽會等等。那一時期，幾乎只要兩個以上外國參加的組織或者事件，都被冠以「萬國」。

這些例子都很典型，我們現在還能找到的一八三九年出版的《萬國公法》，還有一八六八年由西方傳教士林樂知創辦的《萬國公報》（圖5.12），這些都是晚清學人認識世界的重要媒介。《萬國公報》甚至是國內刊物上最早提到馬克思和《資本論》。近晚以來「萬國」之說的確盛行。

不過，「萬國」之概念，並非這麼晚才在中國出現，它甚至先於「世界」就在中國出現了。早在

第壹伯伍拾玖册

光緒二十八年壬寅 三月

萬國公報

西歷一千九百二年 四月

上海美華書館鑄版

圖5.12：

《萬國公報》是美、英傳教士在中國創辦的中文報刊（週刊）。原名《中國教會新報》。一八六八年九月由美國傳教士林樂知在上海創辦並主編。一八七四年九月改名《萬國公報》後，增加介紹西學與時事等內容。

《戰國策・齊策》中，先民就已有了這樣的記載「古大禹之時，天下萬國」。而真正以世界之眼光看現代世界，並以「萬國」之名而指代「全世界」，也不是清代才有，至少應是利瑪竇來大明之時。

從存世文獻看，利氏在廣東肇慶畫的第一幅世界地圖曾題名《山海輿地全圖》，但後來應中國官員與學人要求繪製的大幅世界地圖，則多名之為《坤輿萬國全圖》。其後，傳教士艾儒略在中國繪製的世界地圖，也名之為《萬國全圖》。顯然，「萬國」是明朝學人對世界與國際的一種命名，清人只是熱烈延用「萬國」之說而已。

為什麼清朝人願意用「萬國」來表示世界與國際的概念，陳暐的說法也合乎情理。他說：清人當時正處在反思「什麼原因造成被夷人打敗」的階段，很多國人認為「不是我弱，而是敵強」。敵人究竟有多強，他們是「萬」，而我方是「一」。以「一」抵「萬」，失敗理所當然。在這種心理的影響下，國人樂於將國際稱為「萬國」。

不過，陳先生說：以「萬國」代「華夷」，這一稱呼的改變，有著積極的意義，但卻看低了自己。

只有等到「國際」稱呼的出現，才意味著中國從自卑的陰影中走出，以平等的心態看待世界各國。我以為陳先生的說法，也不盡然。「國際」一詞晚於「萬國」，但也源於「萬國」。據我所知，應該是日本學人率先借漢字「國際」二字來表達世界秩序，而後又轉入中國的。「際」強調的是雙邊或多邊關係，「萬」強調的是數量等級。「萬國」之說，實是漢語豐富性的一種表現。雖然，世界發展到今天也不過兩百來個國家和地區，但以「萬」言之，使字詞有了一種可愛的張力。比如，世界十大名錶中的「IWC」，香港的譯名就是「萬國」，遠比譯為「國際」，更有意味，更有數量級的美感。

我們只是別再用「萬國來朝」就好。

6 穿越阻隔，海陸通達

長城的「自然背景」與內外防禦之功

依我走過的長城來看，最不受看的長城，就是八達嶺長城，一點古意一點滄桑都沒有；近不如金山嶺長城的雄、奇、殘、險，遠不如甘肅長城的古、樸、真、壯；它不像一道界線，更像它現任的角色——中國首席景點。

在甘肅、寧夏眺望山脊上的土牆，我不知道，與八達嶺的相比，它們該不該叫長城。然而，長城最初的樣子，就是這一段段獨立的土牆而已——誕生於戰火紛飛的戰國——西周破滅後，封國各自為政，天下大亂，諸侯紛紛修築自己的防禦體系。燕國修城、趙國築牆、秦國也是如此……秦厲共公和秦簡公先後在黃河和洛水西岸修築長城，史稱「塹洛長城」（「塹」就是掘的意思，「塹洛」就是削掘洛河岸邊的山崖以利防守）；秦昭王時西線吃緊，於是修建了西起甘肅，東至寧夏的西北長城。

秦之長城最為經典，具有雙重防禦意義：東邊的有「互防」之功，西邊的有「拒胡」之用。秦統一六國後，列國之間的「互防」長城失去了作用，「拒胡」長城的任務則更加突出。於是，秦始皇下令將戰國時期的燕長城、趙長城、秦長城連成一線，構築了統一之後的天朝防禦體系，東起遼東，西至臨洮的長城，始有「萬里」之稱。

長城是古代國家概念的最直接的建構。

從山海關到嘉峪關，我斷斷續續考察過若干段長城。長城之長，給了我雄偉壯闊的感受。但長城之荒，卻讓我迷惑不解：祖先為什麼在這麼荒涼的山嶺上修築長城，先民們為什麼在這樣的地方展開拉鋸戰呢？最終是二〇〇六年夏天出版的《大科技》雜誌，為我解開了這個謎團。那篇題為「長城與四百公釐等雨線——神奇的巧合」，讓我相信，這是長城選址的可信理由。

地理專家發現：在全國降水分佈圖上，有一條幾乎與長城完全吻合的線，斜穿過中國北部，它就是四百公釐等雨線。這條線恰是中國半濕潤和半乾旱的地區分界線。此線的東南，是適宜農業發展半濕潤地區；此線的西北，是遊牧生產的半乾旱地區；四百公釐等雨線在地理上講，就是農耕民族和遊牧民族生產生活的分界線。從文化上講，它也是中華文化圈內農耕與遊牧這兩大文明形態的分界線。

兩種不同的文化，在四百公釐等雨線上相遇：和平時期貿易往來，戰爭時期兵戎相見。然而，遊牧人來去無定，農耕區卻固定難移，彼動我靜，注定了農耕人在軍事上的被動狀態。為確立一種退可守，進可攻的態勢，中原人在兩千多年的時間裡，不斷修築長城，創造出世界文明史上的一大奇蹟。

早在宋代，中國的地圖上就已把長城作為一種重要的地理標記繪入圖中。如刻於南宋紹興六年（一一三六年）的石刻地圖《華夷圖》，是最早繪出長城的地圖。城垛口狀的長城符號蜿蜒於中國北部邊疆，它不僅描繪出了華北長城，還描繪出了西部居延漢長城。雖然，長城以北的地形沒有詳繪，但注記了北狄、肅慎、契丹……等北方部族。玉門關以西也沒有詳繪，但也注記了鄯善、碎葉、于闐等幾十個西域國名地名（圖6.1）。長城這道防線，一直到明代還在完善，直到清兵入關，長城才失去了它防線

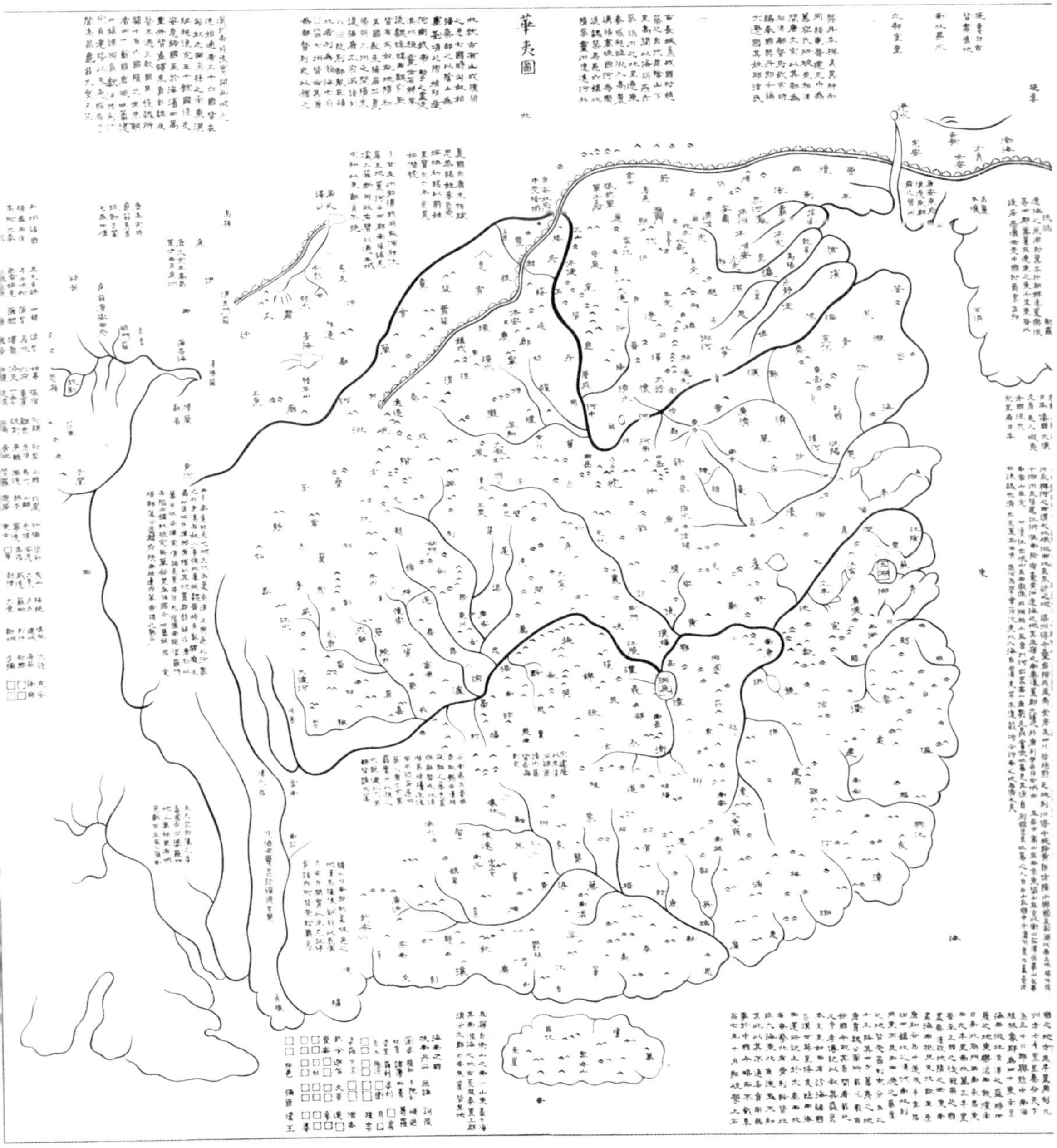

圖6.1：

《華夷圖》（墨線圖）原圖為石刻地圖，刻於南宋紹興六年（一一三六年），是最早繪出長城的地圖。城垛口狀的長城符號蜿蜒於中國北部邊疆，不僅描繪了華北長城，還繪出了西部居延漢長城。

上的意義。清代基本上不再修築長城，應當說是大清朝的英明之舉。

但清代對於海上長城的輕視，最終把中國拖入了半殖民地的昏天暗地。在歷史的重要關頭，慈禧不聽李鴻章等人的意見，硬是把七千萬兩銀子用於內陸防衛，僅將兩千萬兩銀子用於海防。一九〇〇年，八國聯軍進北京，長城從這一刻起成為了真正的古跡。

長城擋住了打獵的族群，或者說融合了放牧的族群；但長城擋不住捕魚的外族，或者說是無法抵禦海上強盜。我們農耕文明與遊牧文明，打也好，和也好，終歸是一種文明——大陸文明；對於海洋文明，對於海盜文化，對於海所架構的世界格局，我們是在長城退為歷史背景之後，才在血與火的洗禮中慢慢反省……

溝通南北融合八方的大運河

邗溝大王廟搶在「二〇〇七世界運河名城博覽會」在揚州召開之際完成復建工程，顯然是在昭示它所承載的特殊意義。新廟雖不是建在古廟的原址，但廟後面那條流淌了兩千五百年的古邗溝，述說的卻是曲曲折折的春秋故事……

漢代始建的邗溝大王廟，供奉的神靈即是開鑿邗溝的吳王夫差。「臥薪嘗膽」的故事，使夫差成了一介有勇無謀的武夫。但廟堂上的夫差則是個志向遠大的大英雄。當年，夫差在滅越國俘勾踐，取得稱霸的階段性勝利之後，決定北上爭霸。但吳軍主力皆是精銳舟師，必須依托水路才得以施展。於是，夫差決定借鑒楚國溝通太湖和長江的「堰瀆」和太湖通向東海的「胥浦」的經驗，利用江、淮間湖泊密佈的條件，局部開挖把湖泊串連接起來，打通一條江、淮通道，北上伐齊。這項前無古人的工程，不久就被「載入史冊」：（魯）哀公九年，「吳城邗，溝通江、淮」。《左傳》所記載的這條「溝」，因以吳國邗城為起點，後被史家稱為「邗溝」。夫差到底從這條「溝」裡運送了多少吳兵和糧草，史家似乎興趣不大，載入史冊的是：哀公十一年，吳伐齊得勝。邗溝成為一條勝利之「溝」。

春秋的邗城到戰國時改稱廣陵，北周又改稱吳州，隋代又改吳州為揚州……西元前四八六年開鑿邗溝的夫差，無論如何也想不到，當年的一條溝，成就了千古名城揚州，更想不到那利用天然湖泊溝通的兩百公里邗溝，千年之後，在隋煬帝手裡被打造成以洛陽為中心，南通杭州，北通北京，全長兩千七百餘公里的物流之河。

揚州總是給帝王以地理上的暗示。
楊廣還沒有成為煬帝時，其封地即是運河的濫觴之地揚州。楊廣在揚州做晉王時，好像是個職業書生，不僅寫書，而且主持編撰了一萬多卷書。或許是權謀的書讀多了，城府日深的楊廣，用計讓父王文帝，廢掉了哥哥楊勇的太子位，自己取而代之。後來，奪權陰謀敗露，楊廣索性殺了父親隋文帝和哥哥楊勇。

洛陽奪位稱帝的楊廣，頗感京師陸路交通之不便，南北溝通之困難。身上沾著江南的水氣，讓他想起了揚州的邗溝，遂啟動了史無前例的開河工程。這條人工河以洛陽為中心，將工程分為四段：自沁水入黃河處至涿郡（今北京），名永濟渠；自洛陽至盱眙（今江蘇盱眙）入淮，名通濟渠；自山陽（今江蘇淮安）至江都（今江蘇揚州），名邗溝；自江都至餘杭（杭州），名江南河。比之小小的邗溝，它自然被人們稱為大運河了。

大運河工程自煬帝大業元年（六〇五年）起，至大業六年（六一〇年）即告完成。在短時間內完成如此巨大的開河工程，可想用工之眾，勞役之苦。晚唐文人韓偓寫的《開河記》中載，隋煬帝派遣了酷吏麻叔謀主管修河，強制天下十五歲以上的丁男都要服役，共徵發了三百六十萬人。另派五萬名彪形大漢，各執刑杖監工。不到一年，死者竟達二百五十萬人。大運河修成後，隋煬帝倒是享受了三次乘龍舟遊運河威儀天下的榮光。但修河暴政激起的強烈民怨，轉化為此起彼伏的農民起義，修運河的隋朝和修長城的秦朝一樣短命，二世而亡。

唐宋兩朝好日子都和大運河有關，但使大運河面貌大變的是元朝，即我們今天所說的京杭大運河。從成吉思汗伐西夏，到一二七六年忽必烈大軍攻佔臨安，南宋小皇帝恭宗降元，歷七十載，馬背民族用了七十年的時間，結束了西元九〇七年唐亡以來的三百年亂世，初步奠定了中國空前的大一統疆域格局。

改朝換代，運河的服務中心從此再度轉移。拿下臨安之際，元朝廷即著手南北經濟的恢復與發展，運用大運河北運漕糧。但舊運河多有阻塞，走海路又受制於信風。於是，元朝決定重修大運河。從一二七六年開始，元朝廷以大都為中心，對河道進行了截彎取直的大規模改造，河道南行越過黃河、淮河、長江、太湖流域，直達杭州。這條大運河自汴河以南利用了隋朝以來的舊有河道。汴河以北主要是新開的河道。新開的河道有兩段：一段是會通河，從山東東平，向西北至臨清，接通原有的運河河道。再有一段是通惠河，從大都到通州。從通州順白河就可到天津，然後接通隋朝修的舊御河河道，到達臨清。這條新河道直接從山東境內穿過，不再繞道河南洛陽。形成貫通南北的大運河，全長一千七百九十四公里，比經洛陽的隋唐運河縮短了九百多公里（圖6.2）。

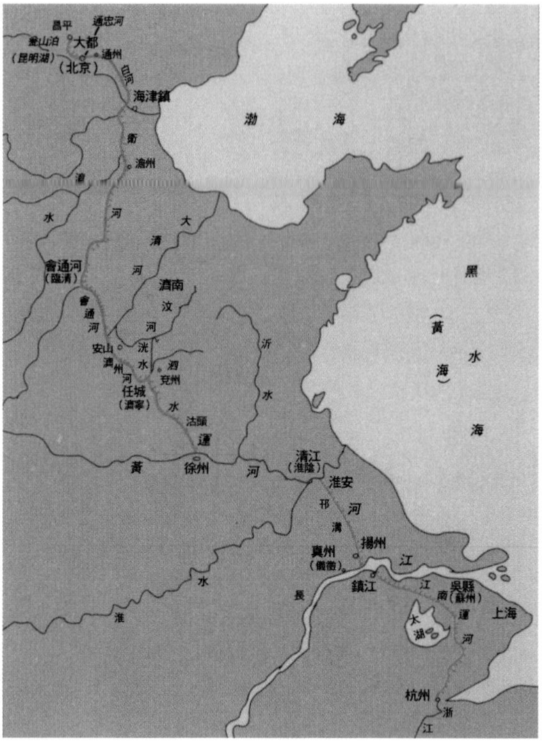

圖6.2：

一二七六年起，元朝廷對大運河進行了截彎取直的改造，新河道直接從山東境內穿過，不再繞道河南洛陽，比隋唐運河縮短了九百多公里。

南北大運河的修通，對溝通南北經濟，繁榮大都商業都有著

極大的作用。尤其是，明清兩代，因為海上運輸漕朝廷禁止，南北水運完全以運河為主。據統計，明朝每年行駛在運河上的漕船，達一萬艘以上，形成大運河的繁盛時期。

中國有兩個偉大的工程，一個是長城，一個是大運河。這兩件工程對國家的統一和民族融合都起到了積極作用。從某種意義上講，沒有長城，國家肯定會四分五裂；沒有運河，也沒有南北融合與國家的繁榮昌盛。

古運河、隋唐大運河、京杭大運河……在沒有汽車、火車和飛機的時代，修運河是一個了不得的創舉。此次「二〇〇七中國•揚州世界運河名城博覽會暨運河名城市長論壇」，很多人都驕傲地講：中國大運河是世界上開鑿最早、最長的一條人工河道，其長度是蘇伊士運河的十六倍，是巴拿馬運河的三十三倍。這句話的前半句沒說錯，後半句有點不靠譜；不要忘了，中國大運河再長，溝通的也僅僅是中國的南北，而那兩條大運河，則是溝通大洋的海運之河，不論它的運力不知又要超我們多少倍，更重要的是，它溝通的是世界。

秦直道，一條沒能高速發展的「高速路」

秦國早在統一六國之前，就嘗到了「要想富，先修路」的甜頭。所以，在說秦直道之前，我們必須先說說「秦蜀道」。先秦時，古蜀沒有通往外界的比較像樣的陸路通道，一般都是取道重慶從三峽水路出川。戰國後期，秦國日益強大。為了富國強兵，秦南攻蜀國，東擊巴國，出三峽以圖楚國。

巴蜀福地，沃野千里，物產富饒。但劍門之險，江河之阻，讓秦國無處下口。無法強攻的秦惠文王，西元前三三七年詐言秦得「天降石牛，夜能糞金」，願將寶物石牛饋贈蜀王。請蜀國開一條大道，迎接寶物入川。蜀王不知是計，便派力士在大、小劍山、五丁峽一帶峭壁處，日夜劈山破石鑿險開路，入秦迎接石牛。

其實，在周原發現的甲骨文中，已有「周王伐蜀的銘刻」。也就是說，遠在三代之時，蜀與秦之間，至少已有一條低等級的「鄉道」了。此後，秦人和蜀人也都對它進行擴修，只是缺少記載。最早的記載擴修入川之路的，就是石牛道「國道」工程。歷史就這樣為秦蜀道，插上了一個「引狼入室大道」的標籤。

秦國等蜀道開通後，就暗派大軍長驅直入，蜀國沒有防備，前線軍隊又寡不敵眾，節節敗退，蜀國隨之滅亡了。蜀國沒了，但石牛道則被廣為利用。因古人在開闢道路時就懂得在路的兩邊種植柏樹以保護路基，後人又不斷維護柏樹和路基，使古道保留至今，連名字都刻記著那個滑稽往事，如今它仍叫石牛道（又叫金牛道）。

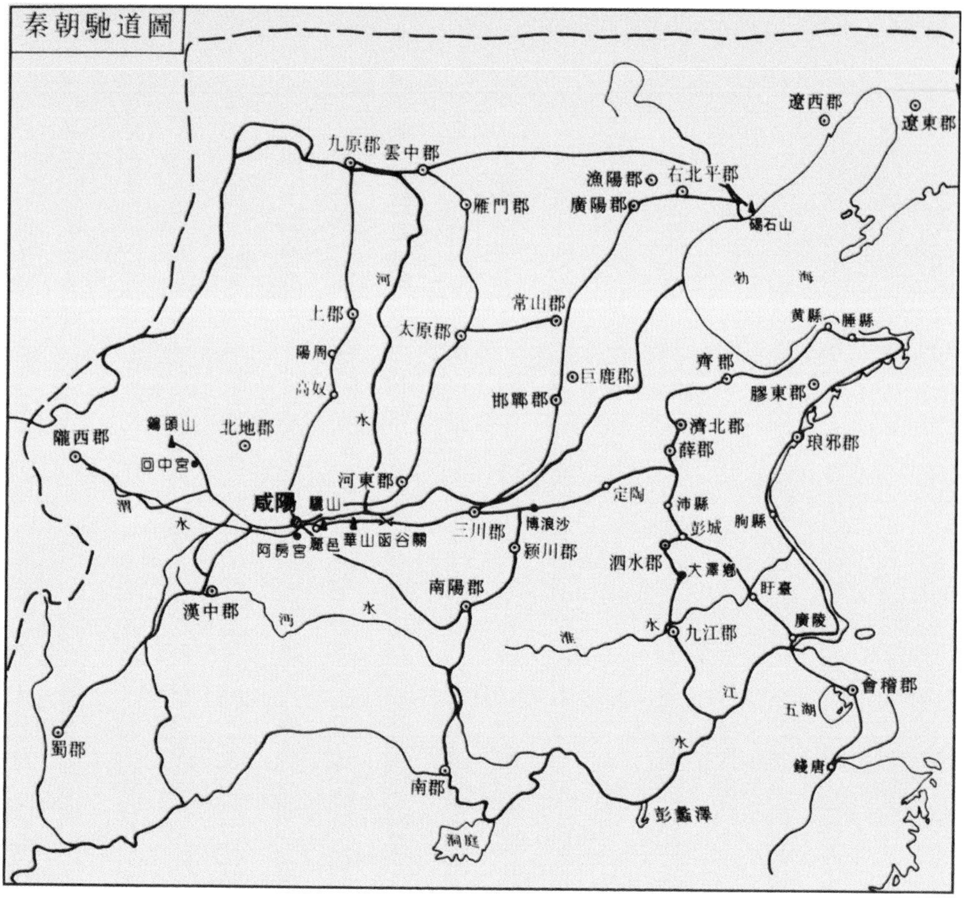

圖6.3：

秦始皇非常重視道路建設，在不長的執政時間內，在秦國修建了四通八達的交通網。

統一六國後的秦國，深知邊防在國防中的作用，亦懂得道路在戰爭中的作用。

西元前二一四年，秦始皇整頓疆土，派大將蒙恬率領三十萬人，北逐匈奴，佔據河套，並修築和連綴古長城。

西元前二一二年，秦始皇不甘於消極防禦匈奴，採取了積極反攻的策略，命蒙恬率領三十萬人，修築一條快速馳往北方邊境的道路——秦直道。

秦直道是明副其實的「國道」（圖6.3）。它北起九原郡（今包頭市西），南抵秦都附近的雲陽（今陝西淳化縣北）。從直道考古來看，路面一般寬二十三公尺至二十六公尺，最寬處達四十七公尺，道路坡度平緩，相當於今天快速公路的標準。展開秦朝古地圖看，這條全長約七百多公里的大路，保持著幾乎垂直的南北走向。所以，古人稱它「直道」。由於這條大道寬闊平坦，可供大隊人馬疾馳，所以，人們又稱它為「馳道」。當年，在這條大道上，鐵甲騎兵僅用三天時間就能夠從秦國的都城咸陽趕到北方的陰山腳下。所以，今天的人們更願意說它是中國最早的「高速公路」。

直道的便利，使秦軍能夠在匈奴來犯時，火速趕到陰山進行抵抗。史載，直道修好之後，「胡人不敢南下而牧馬，士不敢彎弓而抱怨」。可見這條直道的威力之大。

最新的考古發現證明，秦直道生土路面距地表的平均堆積厚一百一十二公分。按年平均堆積厚度計算為三百五十二年，即路土形成的時間貫穿幾乎整個漢代。如果考慮到路土層的密度和堅硬超過其上的兩層，其堆積的時間要超過三百五十二年，這表明從兩漢到魏晉或稍晚，是秦直道頻繁使用的主要時期。

專家們認為：秦直道修築之初，主要是考慮它的軍事用途，但真正用於作戰的時間反而很短。在漢代以來，秦直道在經貿交流方面發揮了巨大的作用，也是北方草原文化與中原農耕文化相互交流的重要途徑。

西元前二一四年，蒙恬率領三十萬人並修築長城。

西元前二一二年，蒙恬又領三十萬人修築秦直道。

兩大工程都是秦國的重點工程。在生產力低下的時代，沒有「人海戰術」是絕對完不成的。但我實在算不出當時的秦國，究竟從哪裡弄來左一個三十萬大軍築城，右一個三十萬大軍築路？只能依據史料進行猜想。

在古代戰爭中，人的因素是決定一切的。有專家推論戰國時，秦的人口是最多的，超過六國任何一國的人口。那麼多的秦人是從哪裡來的呢？天時地利都幫了秦國。秦在華夏大地上，屬於一個邊緣國，有著巨大的可擴展空間。不像韓國、魏國夾在中原諸國之中，也不像齊在海邊，沒有多少擴展的可能。而趙國北臨草原，草原氣候惡劣。燕國偏居北端，氣候寒冷，唯南端的楚國，面積廣大，都是氣候適宜的好地方。

秦國在統一六國之前，先獲得了隴西與蜀，不僅國土面積變為最大，而且也獲得了巨大的天然糧倉。這使秦國在人口總量發展上，獲得了優勢。有學者粗算，十年統一戰爭時，秦國的人口大約有五百多萬，其中一百萬人充了軍，遂成為真正的軍事強國。至於治國方略，其實與六國，大同小異。

在鄭國渠完工的那一年，秦始皇發動了兼併六國的全面戰爭。滅六國後，天下優勢全歸了秦國，其人力物力在當時世界來講，都是老大。修兩個讓全世界吃驚千年的工程，亦在情理之中。

歷史給秦以獨一無二的機遇。秦創造的是空前絕後的歷史。

秦直道的終點是北部的九原郡（今包頭市九原區麻池古城），善於攻城掠地的秦始皇，一定是用了一番心思的。九原郡是陰山腳下的一塊風水寶地，後人總結這裡的地理環境說：前有抱（指黃河環繞），後有靠（指北靠大青山），東有川（指土默川），西有套（指河套地區），中間有照（指陽光充足）。九原郡不僅是秦直道的終點站，也是北部邊疆的前哨站。這塊風水寶地，解決了駐紮在陰山的大批秦軍的部份糧食問題，成為了秦軍最後，也是最靠前線的一個戰略要地，為秦始皇實施「北抗匈奴」的戰略提供了重要保障。如此重要的地位，為包頭後來成為「塞外通衢」、北方地區重要的「水旱碼頭」，奠定了堅實基礎。

司馬遷似乎對直道的修築，沒有太好的印象。他在巡遊北方，沿秦直道返回時，眼見長城、直道工程之浩瀚，人民為其付出之艱辛後，發出了「吾適北邊，沿直道歸，行見蒙恬所為秦築長城亭障，塹山堙谷，通直道，固輕百姓力矣」的感嘆。所以，在司馬遷寫的《史記》中，對秦始皇築直道的原因，他只留下「始皇欲遊天下」這六個看似負面的紀錄。其實，「遊」在古代皇帝那裡，並非遊玩，其真正的意思是「巡行」、「臨察」、「遊觀」等意。

秦始皇參沒參加直道竣工的「剪綵儀式」，史無記載。

秦始皇到底用此直道，「遊」了天下沒有？也是史無記載。

太史公倒是選擇了一個最重要的時刻，將秦始皇與他的直道一併寫入歷史。那是西元前二一〇年，當了十二年皇帝的秦始皇，在第五次視察天下的歸途中，病死於沙丘平台。隨同出巡的趙高、李斯決定密不發喪，從直道歸。司馬遷在《史記》中這樣寫道：「行遂從井陘抵九原。會暑，車臭，乃詔從官令車載一石鮑魚，以亂其臭。行從直道至咸陽，發喪。」這是秦始皇「走」秦直道的唯一記載。

東漢以後，隨著中原王朝政治統治中心的東移洛陽。秦直道的功用就開始減退。而且，隨著秦直道地區水土流失，氣候變化等因素，直道的很多地段被洪水沖垮。另外，秦直道的重要功能也被更多方便快捷的道路所代替，它漸漸荒棄，消失在歷史的煙雲中，而今殘存的一小部份，也已經模糊難辨了。

通向西方的商路為何叫「絲綢之路」

在中國古文獻裡，我們找不到「絲綢之路」這個名詞，它完全是外國人造出來的。事情要追溯到流行跨國旅遊的十九世紀，德國地理學家弗爾南德・李希霍芬（Ferdinand von Richthofen）借助旅行與訪問，先後六次進入中國。一八七七年，他開始整理出版五卷本的《中國旅行記》（*China: The results of My Travels and the Studies Based Thereon*），在第一卷談及中國經西域與希臘至羅馬社會的交通路線時，首次將這條東西幹道命名為「絲綢之路」。這個地理學新名詞，後來被德國的赫爾曼（Albert Herrmann）所接受，並將自己一九一〇年出版的東方學著作題名為《中國和敘利亞間的古代絲綢之路》。真正使這個名詞成為二十世紀的學術用語，並推向跨世紀顯學位置的是斯文赫定（Sven Anders Hedin）。這位終生未婚的瑞典學者，在中國的最大名聲是發現了「樓蘭古城」，而在西方，他幾乎是東方學的代名詞。他在德國讀大學的時候，正好認識了創造「絲綢之路」一詞的弗爾南德・李希霍芬，後來，他將自己的西域研究著作定名為《絲綢之路》，也是一種天然地傳承。從此，「絲綢之路」的概念就擴大到了整個古代東西方經濟、文化交流路線的總稱。

這個西方視野下的東方命名，在二次大戰後並沒有得到更高的國際認可，因為，還有漫長的「冷戰」期。後來，「絲綢之路」漸成焦點，有兩個因素非常重要：一是一九七一年中國恢復聯合國合法席位，中國再一次與「國際」融合。二是中國改革開放，此前中國許多地方都立著「外國人止步」的牌子。這兩個節點打開，為世界重新研究中國文化奠定了政治基礎。於是有了標誌性的國際交流活動——

一九八八年聯合國教科文組織發起為期十年（一九八八年至一九九七年）的「絲綢之路」綜合考察。原本還有人認為應是「玉器之路」、「瓷器之路」、「皮貨之路」、「駱駝隊之路」……的諸多說法，都因聯合國的這個以「絲綢之路」來冠名大型活動而終止了。

關於陸路「絲綢之路」的開通，中國與外國的「傳統」說法，都是以「張騫通西域」為開端的，——這完全是一種因果顛倒的理論。如果我們相信《史記》，尊重《漢書》，就應看清楚這些文獻上清清楚楚地寫著，張騫兩出使西域，皆為「招兵」，李廣利兩次遠征西域，皆為「買馬」。如果，我們依班固的史筆來論定東西政治經濟通道，此路應為「招兵買馬」之路。至少，在《漢書》及《後漢書》的框架裡，這條西域通道與絲綢販賣，完全是兩檔事。

如果與絲綢西去的時間與路線而論，劫掠與遷居的絲綢傳播顯然先於商貿。再進一步講，最早若不是匈奴人把絲綢帶出中原，也是安息（波斯）人將絲綢弄到了羅馬城。史有所載，羅馬人很想知道，這種曾被波斯人作為戰旗的東西是哪裡出產的。但安息人封鎖消息，不告訴絲國的位置在哪裡。如此說來，張騫在西域的出現，只是證明他來自絲國的意義上，指明了絲綢出產地的方向，真正將絲綢販運到西方的，並非是中國商人，相反，是西域人一直扮演著絲綢商販的角色。如張騫對漢武帝所說「蠻夷俗，貪漢財物」。王國維在他的《西胡考》中曾說過，「自來西域之地，凡征伐者自東往，貿易者自西來，此事實也」……烏孫之徒、大月氏之徒、大夏之徒、匈奴之徒……「莫不自東而西」。西域與東部各族的主要聯繫，至少在秦以前，並非以貿易為主，而是征戰與遷徙。其後，西域與中原政權的關係，也是以和親與朝貢為主。人與馬的「交換」，都是政治的一部份。比如，一九六九年在甘肅武威發掘的東漢「守張掖長張君」墓葬中出土的銅奔馬（圖6.4），即後來被命名為「馬踏飛燕」（中國旅遊標誌）。它反映的不僅是漢代尚馬之風的延續，同時也反映了武威因漢人尚馬，而發展成「涼州畜牧甲天下」的良馬交易、繁殖基地的歷史事實。

德國地理學家弗爾南德・李希霍芬一八七七年首次在他的《中國旅行記》中提到「絲綢之路」時，其「路」所指即：中國經西域與希臘並至羅馬社會的交通。按著西諺所言：條條大路通羅馬，但古代中國真的有人到過羅馬嗎？漢史文獻是最早記錄「大秦」的，後代的史學家多認為它指的是羅馬帝國。但是，至少在漢代的史料中，沒有中國通大秦這方面的記載。《後漢書》中曾有「和帝永元九年，派甘英使大秦」的記載：甘英臨大海欲渡，而安息的船家告訴他，海水廣大，渡海順利要三個月，不順利要存三年的糧食，才能渡海。甘英於是放棄了渡海西去。

那麼，中國獨有的絲綢是怎麼與羅馬帝國聯繫在一起的呢？據法國的絲路研究專家布努瓦爾夫人講，最早記錄中國絲綢傳入西方的是西元前四世

圖6.4：

一九六九年在甘肅武威發掘的東漢「守張掖長張君」墓葬中出土的銅奔馬和車馬儀仗，反映的不僅是漢代尚馬之風，同時，也反映了武威因「涼州畜牧甲天下」而成為良馬交易、繁殖基地的歷史事實。

圖6.5：

西安出土的東羅馬金幣，反映了那個時期東西方的商貿往來。

紀的拉丁作家，但在這條通道上，中國與歐洲絕少有直接往來。所以，羅馬人不知道絲綢是從哪裡來的，更不懂它是如何生產的。在羅馬詩人維吉爾的《農事詩》中，「賽里斯人（Sinae，絲國人）從樹葉上採下非常纖細的羊毛。」是波斯人在中間，不讓兩頭見面。這種方式一直保持了幾個世紀。

古代中國與真正的歐洲國家，絕少直接往來。當時的希臘人和羅馬人，也只是聽說過「賽里斯」國，而見不到生產絲綢的「賽里斯」人。所以，用物資流動來代指人口流動，或者，以物資流動來代替文化流動，都是不客觀的。後世命名的「絲綢之路」，在當年，並沒有那麼多的實際內容，也沒發揮出那麼大的作用。

西域這個地方，對於「絲綢之路」非常重要，它是一個重要的連結點，只有通了西域，才會打通歐亞商路，如，西安出土的東羅馬金幣（圖6.5），反映了那個時期東西方的商貿往來。正是因為這一點，「張騫通西域」才會有那麼高的歷史評價，甚至放到古代西域之交通的開山祖師的神位上，認為張騫是前無古人的。

但殷墟婦好墓中出土的大量的和闐玉器，告訴我們，至少從商代中晚期開始，就有和闐玉湧入中原。和闐位於新疆的最南端，古代稱「于闐」，是漢朝所說的西域諸國之一。如此說來，就應該有一部「通西域前傳」，或「絲綢之路前傳」。遺憾的是除了實物，人們還無法有更好的實證，西域人是怎麼通中原，或中原人是怎樣通西域，並開出一條「玉器之路」的。人們只是推斷，和闐玉大約是經塔克拉瑪干沙漠通道，沿河西走廊或北部大草原向東漸進到達中原的。人們進而推斷，從和闐向西，西域人將玉運送到了巴格達。所以，和闐與中原間的「玉石之路」，才是歐亞貿易的最初通道。

如果我們承認曾有「玉石之路」的存在，那麼，張騫出使西域就應表述為，「恢復了中原王朝對通往西域道路的控制」，進而形成「絲綢之路」。顯然，這條絲路也不是一條通道，按專家的說法，至少有三條路通往西域。第一條是南道，沿著崑崙山北麓到達安息（今伊朗），直至印度洋。第二條是北道，順天山南側行走，越過帕米爾高原，到達中亞和波斯灣等地，這是西漢時的通道。漢以後，天山北路又增加了第三條絲路，通往地中海各國，稱新北道；原來順天山南側行走的那一條老北道，改稱為中道了。這就是後來所說的「絲綢之路」。

漢朝真的需要一條通往西邊的商路來販運絲綢之路嗎？如果漢朝不需要，那是唐朝需要一條通往西邊的絲綢之路嗎？大家知道，中國一直是完全自足的農業經濟，對西域市場和波斯市場，沒有大量的實際需要，而即使有商業需要，也不是單一的需要。中央政府是不經商的，也不鼓勵其他人經商，商人在中國被中國文化所鄙薄。但民間貿易或走私始終存在，在歐亞商路上，至少有百餘種物產被運輸、交換、掠奪、朝貢；此中的某些產品如絲綢、香料，其原料的原產地和生產技術也隨之移動。不過，正如有的學者所說，最理想的帝國秩序，就是所有的人民都是農民，所有的農民都固定在故鄉的泥土上。這樣它就不動，就穩定。而商是動的，從體制而言，中國歷朝帝王都不喜歡商人，也不善於經商。

所以，就算有這麼一條絲綢之路存在，也多是人家來進貨，很少我們出去貿易。因而，絲綢之路絕非前朝的政府目標，它完全是一個後世的文化幻影。如果，我們硬說絲綢之路是東西方文化的交流之路，那它至少在相當長的時期裡，不是中國走向世界之路，而是世界湧入中國之路。這一點我們看一看

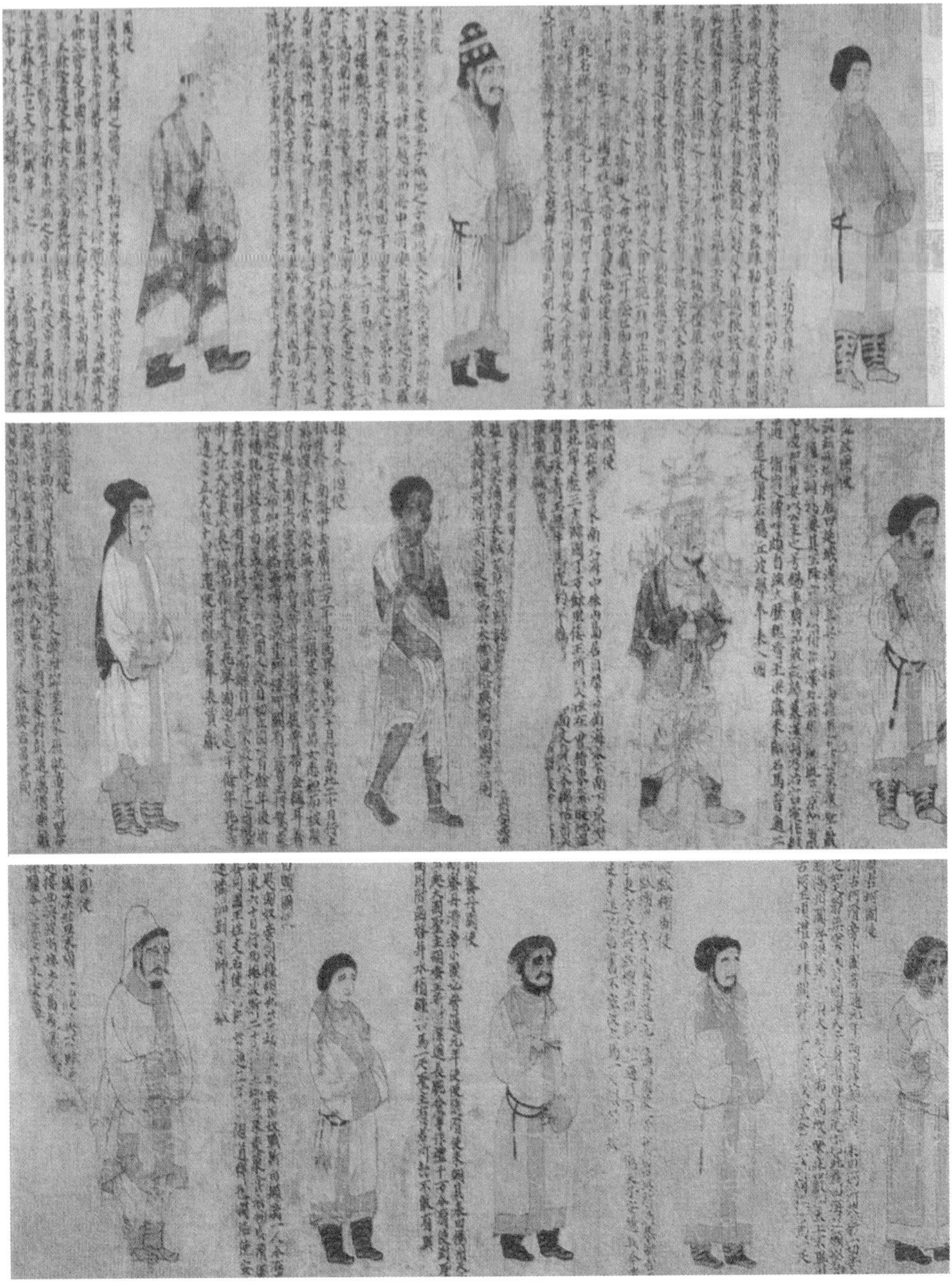

圖6.6：

《職貢圖》原為南朝梁元帝蕭繹所繪，原圖共繪有二十五國使，反映了當時南朝與各國友好相處，來朝貢的使臣不絕於途的盛況。但存世的宋摹本上僅餘十二使臣，及題記述各國風情。此圖為宋摹本局部。

宋代摹本《職貢圖》（圖6.6）所描繪的十二國（滑國、波斯、百濟、龜茲、倭國、狼牙修、鄧至、周古柯、呵跋檀、胡蜜丹、白題、末國）使臣像，就會領略些許外國人來中國訪問的盛況，以及天朝當時接受「朝貢」的洋洋自得之心態了。

《職貢圖》原為南朝梁元帝蕭繹所繪，他應是已知的中國歷史上最早的皇帝畫家。《藝文類聚・雜文部一》引梁元帝《職貢圖序》曰：漢氏以來，南羌旅距，西域憑陵，創金城，開玉關，絕夜郎，討日逐。睹犀甲則建朱崖，聞葡萄則通大宛，以德懷遠，異乎是哉。……晉帝君臨，實聞樂賢之象。甘泉寫閼氏之形，後宮玩單于之圖，臣以不佞，推轂上游，夷歌成章，胡人遙集，款關蹶角，沿溯荊門，瞻其容貌，訊其風俗，如有來朝京輦，不涉漢南，別加訪采，以廣聞見，名為貢職圖云爾。《職貢圖》原圖共繪有二十五國使，反映了當時南朝與各國友好相處，來朝貢的使臣不絕於途。但存世的宋摹本僅餘十二使，並有題記述各國風情。

元明兩朝，更有威尼斯的馬可波羅來到大元，有義大利的利瑪竇來到大明。他們的著述影響了整個西方世界。但此間中國則沒有作家、僧人或使臣到訪過真正的歐洲國家，比如義大利。所以，說絲綢之路溝通了中西文化，至少在交流主體上，古代中國是處在被動地位的。

海上探索，絲綢僅是個美麗的開頭

中國大陸海岸線一萬八千公里，我有幸從東端鴨綠江的黃海入海口，考察到了西端的北侖河匯入的北部灣，雖然是蜻蜓點水式，但還是為我考察古代中國海上探索積累了一點資料和思索。

中國古代的海上探索，南北兩個海區起步的時間大體相同，但目標卻有不同：北方入海，以求仙為先導；南方入海，則是貿易先行。在蓬萊，我所見到的多是先人的求仙遺跡；而在北海的合浦，湛江的徐聞，感受到古老的開海之風。所以，也很認同廣東學者把中國最早的遠洋始發港和出口港定在徐聞與合浦。

秦統一中國後，在建立三十六郡的基礎上，又在南中國建立了南海郡、桂林郡、象郡等三郡。此三郡，瀕臨南海，海岸線長，大小島嶼星羅棋佈。很早以前，南越先民就已經使用平底小舟，在海上從事漁業生產。在廣州，今天仍能看到秦漢的造船工場遺址，能看到古船廠的滑道、枕木，還出土有錛、鑿等鐵質工具。但我們卻看不到專家所說的「可以造出寬八公尺、長三十公尺、載重五六十噸的木船」。所幸的是，手工精巧的先民在漢墓隨葬品中，留下了他們的泥塑船模。這些陶船有前、中、後三艙，前艙低矮寬闊，篷頂為拱形；中艙略高，成方形；後艙稍狹而高；船尾還有一間矮小的尾樓。據說，這種船吃水深，負載量大，適合深水航行。但我沒見到有塑有風帆的陶船。

據《漢書．地理志》載「自日南障塞、徐聞、合浦船行……有譯長，屬黃門，與應募者俱入海市明珠、璧琉璃、奇石異物，繼黃金雜繒而往」。這個記載，說明至少從漢武帝時，南中國的船隊，已開始了跨洋遠航，甚至遠及印度。漢黃門譯長「繼黃金雜繒而往」，顯示出當時中國海外貿易靠的是黃金和絲綢。漢代之前，中國是世界上唯一種桑養蠶和掌握絲綢紡織技術的國家，絲織品自然成為主要輸出商品。不過，漢之後，魏晉南北朝時期，幾百年的戰亂，使中亞國家與中國的陸路絲綢貿易受到嚴重影響。於是，波斯人轉而改走海路，從中國南方進口絲綢原料。此時，波斯人已掌握了絲綢的加工技術，他們從中國大量進口生絲和素錦，進行織染加工，然後轉手高價賣給羅馬。

西元三三〇年羅馬帝國一分為二，君士坦丁堡的東羅馬帝國，不滿波斯從絲綢貿易中盤剝，於是，也通過海上絲綢之路自己進口絲綢原料，並在現今的敘利亞地區建立起了自己的絲綢加工業，以此對抗波斯的商業封鎖。五五〇年左右，東羅馬人又成功地將蠶桑卵種移植到君士坦丁堡，使桑蠶養殖業在國內迅速建立起來，隨後，絲綢生產技術進入西方其他地區。

此時，不獨東羅馬、波斯開始自己生產絲綢製品，印度的細棉平紋布，也受到歐洲人的追捧。因為這種三尺寬的細紋布可以從一個戒指中穿過去，羅馬人稱其為「雲霧紗」。這種布在羅馬人追求透明服裝的時代，是最走俏的東方商品。

漢代以來，中國的所謂貿易即是朝貢，一是中國政府派使團出訪，二是外國政府遣使來訪。所以，這一時期的中國海上絲綢的貿易量有多大，是否統治了西亞市場，還是一個未知數。

中國真正的海上商貿活動，還是唐宋以來的商貿活動最為興旺，而那時的大宗貿易，陶瓷已佔了主流。這種情況，甚至沿續至元明兩代。因而，轉借陸上的絲綢之路，指稱海上貿易為「海上絲綢之路」，多少有些勉強。

在海底沉睡千年的南海一號，二〇〇七年隨沉箱移步水晶宮之後，我專程趕去一睹其真容：目前發掘的這兩百多件文物，主要是福建德化和江西景德鎮的瓷瓶、碗、碟等。景德鎮的瓷器色澤偏青色，而德化的瓷器則色澤潔白。根據發掘的情況分析，在船體的表層下面，還有大量的瓷器存在，它們整齊疊放在一起。估計，此船至少有六萬多件瓷器。而在波斯的古代圖畫中，我們也可以看到青花瓷的突出形象，從另一個角度印證了，中國瓷器是古代波斯最受歡迎的商品。

同樣，我還關注了關於勿里洞沉船的專著：勿里洞沉船是一九九八年德國打撈公司在印尼勿里洞島海域發現的一艘滿載貨物的唐代沉船，船上裝載著運往西亞的中國貨物，僅中國瓷器就達到六萬七千件。這次打撈出水大量長沙窯瓷器、金銀器和三件完好無損的唐代青花瓷盤。這艘沉船被打撈後，文物長期處於保密狀態。二〇〇五年，最終以三千五百萬元的價格，整體賣給了新加坡政府的學術機構。作為新建的海洋博物館的展品。因出水長沙窯瓷碗上帶有唐代寶曆二年（八二六年）銘文，結合船上的八角茴香的碳十四測定等考證，沉船的年代被確認為九世紀上半葉。

從南海一號和勿里洞沉船打撈出的文物看，至少在唐、宋時期，中國的外銷產品是以瓷器為主，次之為香料，當然，絲綢製品也有一些，但不是主流。

值得注意的是，中國的海上貿易，在唐宋時代是雙向的。勿里洞沉船，據專家考證就是一艘阿拉伯沉船。此時的西亞，絲綢早已不是神秘的寶物，這裡早在唐以前，就已來料加工絲製品了。波斯的絲製品，甚至，還有返銷於中國上流社會的。這一時期，西亞主要是從中國進口陶瓷。勿里洞阿拉伯沉船上出土的文物中有百分之九十八是陶瓷。

唐代的陶瓷，沒有宋代那麼講究，但產地與品種都極為豐富。勿里洞阿拉伯沉船上的陶瓷就燒造於中國的各個窯口。其中長沙窯的數量與品種最多，如日常生活用品中的壺、瓶、杯、盤、碗、枕、燈等。其藝術裝飾主要表現在釉下及釉中彩繪、印花、模印印花、模印貼花、堆花、刻花、彩色斑點等手法的運用。紋飾有花草紋、鳥獸、魚、人物、園景等。特別值得一提的是長沙窯器大量採用文字作裝飾，這在當時是一大創舉。另外，也有以詩和商品宣傳文字為題材的裝飾（圖6.7），有的瓷器上還寫有「茶盞子」字樣。

圖6.7：

勿里洞阿拉伯沉船上的陶瓷就燒造於中國的各個窯口，其中長沙窯的數量與品種最多，其中還有以漢詩文字為裝飾的陶瓷。

圖6.8：

泉州一九七三年出土的三十四公尺長的宋代海船，可裝載兩百噸的貨物，相當於絲路上七百頭駱駝的承載量。海船借助季風，即使是去東非，一百六十天也就夠了。東西貿易無論是速度上，還是運量上，海上運輸都是陸路運輸所無法比擬的。

比之勿里洞沉船，南海一號打撈出的陶瓷製品要高級多了。目前一期打撈出來的瓷器有兩百多件，有中國瓷都景德鎮的產品，也有福建德化窯的產品。

勿里洞沉船和南海一號出口的陶瓷，還有一個明顯的特點，就是這是一批出口方向明確的商品。比如，勿里洞沉船中的一些器物裝飾，已具有明顯的伊斯蘭元素，看得出它們是以伊斯蘭工藝品為模板，為迎合伊斯蘭市場製作的，甚至可以說它們是專為中亞國家而生產的。而在南海一號發掘的文物中，也可以看到帶有雞冠花紋的石硯台，雞冠花紋石硯台倒置後是一個高腳玻璃杯的造型。據專家介紹，雞冠花紋和高腳酒杯是當時阿拉伯世界的流行紋飾。

這些打撈出水的文物告訴我們，這兩條沉船的出口目標是中亞，而不是歐洲。它間接地為我們提供了古代中國海上貿易的主要商品、客戶群體、商品集散地點。值得一說的是，海上貿易遠遠超過了路上的所謂絲路之路的作用。我們僅以泉州一九七三年出土的三十四公尺長的海船（圖6.8）為例，這艘船可裝載兩百噸的貨物，相當於絲路上七百頭駱駝的承載量。海船借助季風，即使是去東非，一百六十天也就夠了。東西貿易無論是速度上，還是運量上，海上運輸都是陸路運輸所無法比擬的。

繁忙的東西海上貿易，在宋元時代成就了中國名揚海外的澉浦、泉州、廣州等幾大世界級名港；開創了從南中國到南洋、印度、波斯、阿拉伯、東非洲的海上貿易之路，它是目前世界上已知的最長古代海上貿易之路。

不過，中國人與海洋的親密接觸，在接下來的改朝換代中，頻遭破壞。明代雖然有過開放式的海上交往，但就其根本還是以海禁為主的。僅明洪武七年（一三七四年）朝廷撤銷了泉州、明州、廣州三個市舶司，至洪武二十七年（一三九四年），連下四次「片板不許入海」的海禁令。宣德之後，更是回到閉關自守的老路上，最終沒能達成開放的共識。

晚明與清的海上貿易，更是乏善可陳。即使民間尚餘一點走私貿易的膽量，但「國際大環境」已不同宋元時代了。此時的中國以為關上大門，或是在海邊建幾個衛所，看住自家的船不要出海，不要與海外勢力勾結，就可與外部世界相安無事了。沒有料到，以前中國人興致勃勃地開闢的經麻六甲北上進入印度和波斯灣的商路，撞入了一夥接一夥的西方強盜。自一五一一年，葡萄牙人攻佔了麻六甲後，這條連接東西方的海上「絲綢之路」、「瓷器之路」，轉眼就變為了西方人改變世界的「香料之路」。對於中國人而言，更不應忘記的是它在一八四〇年前後，又變成了英國等西方列強，打入中國的「鴉片之路」，「殖民與奴役之路」……

所以，我們津津樂道的海上「絲綢之路」這個命名，它不僅在海上貿易史的意義上，不夠準確，而且，還過分強調了和誇大了古代中國並不突出的海上貿易，甚至作為一種不切實際的文化榮光。這樣就遮蔽了這條海路的商貿本質和我們在歷史中的錯誤與被動的經驗教訓。

唐宋市舶司，開放口岸的偉大開端

「在中國，出了個叫黃巢的人物，他從民間崛起，非皇族出身。此人初時，仗義財，後來便打家劫舍。他在眾多城市中，選擇了攻打廣州。攻破城池後，屠殺居民。這裡是阿拉伯商人薈萃的城市，所以，有十二萬寄居在城中的外國商人被殺，這個確鑿的數字是根據中國按人頭數課稅而算出的。此外，黃巢還把那裡的桑樹都砍光了，為的是讓阿拉伯各國從此斷掉絲綢的貨源。」——這是九世紀末阿拉伯作家所寫的《中國印度見聞錄》所記載的黃巢廣州屠城的歷史事件。

這則不見於中國文獻的海外記載，至少透露了三個重要的歷史訊息：一是黃巢廣州屠城是影響海外的一件大事，二是廣州番商至少有十幾萬人之多，三是廣州是黃巢非常看重的城市；而這三個訊息點都與廣州的特殊地位相關聯——它是古代中國第一個設立市舶使（司）的開放口岸。

據《唐會要》載，唐開元二年（七一五年），廣州已設有市舶使「嶺南市舶使右威衛中郎將周慶立，波斯僧及烈等廣造奇器異巧以進……」《新唐書・柳澤傳》中也有：「柳澤，……開元中，轉殿中侍御史，監嶺南選。時市舶使、右威衛中郎將周慶立造奇器以進」。這是史料中，關於朝廷管理港口貿易機構市舶使的最早記載。此中的「嶺南」是唐代十道之一的地名，它的管轄範圍約為今廣東，廣西大部份和越南北部，開元時嶺南道治就在廣州。

唐代國力強大，四夷賓服，番商紛紛來華貿易。廣州是南洋與印度洋番商來華停泊的第一站，因而成為中外貿易的核心港口。當時的舶來品有珊瑚、琥珀、琉璃、犀角、象牙、香藥等，番商在中國採購的商品有茶葉、陶瓷、絲綢等，進出口生意十分熱絡。於是有了「廣州刺史但經城門一過，便得三千萬也」（《南齊書・王琨傳》）之說。朝廷也正是看準了這一利益，在此設立了市舶使，這是古代中國海外貿易的劃時代創舉。

由於口岸開放，朝廷給予番商以種種優惠與保護，大食、波斯南洋諸國的商船，薈萃廣州。據統計，廣州每日有番船十幾艘入港貿易。走私鹽商出身的黃巢，自然知道廣州的份量。在王仙芝戰死，他獨自統御十萬農民軍後，就以廣州節度使為招安條件與朝廷談判。朝廷也不是傻子：「廣州市舶寶貨所聚，豈可令賊得之」。欲討廣州節度使而不得的黃巢，於乾符六年（八七九年）攻打廣州，並在屠城數日後，又北上殺向長安。這一切，似應了黃巢當年不第後的「賦菊」：

待到秋來九月八，我花開後百花殺。
沖天香陣透長安，滿城盡帶黃金甲。

大唐與阿拉伯世界的紅紅火火的海上貿易，因黃巢之亂而停止。中國與番商的海上貿易的另一個春天，還要等「五代十國」半個多世紀的亂世過去，等到大宋王朝的到來。

趙匡胤建宋的第十一年，即開寶四年（九七一年），在消滅盤踞嶺南的南漢政權後，隨即恢復廣州的口岸功能，建立了大宋第一個海外貿易管理機構——廣州市舶司。緊接著，太宗滅掉割據江南的吳越政權後，又設立兩浙市舶司；真宗繼位，將兩浙市舶司分為杭州和明州市舶司。至此形成宋初的廣州、杭州、明州「三大市舶司」的格局。這三個貿易港中，廣州貿易量最大，約佔「三司」總收入的九成。

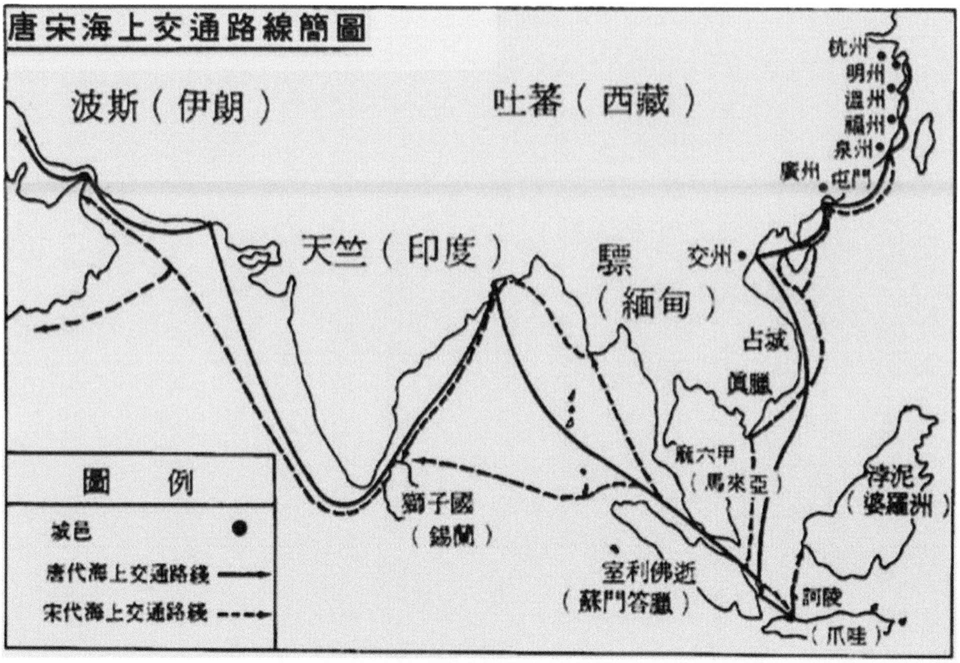

圖6.9：

唐宋市舶司和海上通道。

隨著海上商貿活動的發展，海上來的番商越來越多，大家不可能都到「三大市舶司」去辦理貿易手續，而設立市舶司顯然又是一項重要的生財之道，於是北宋中後期，又建立了秀州、溫州、陰州、澉浦、泉州、密州等市舶司。尤其是密州市舶司的建立，使北方沿海終於有了一個國家級的「海關」，形成從北到南的較完善的口岸佈局（圖6.9）。一千多年過去，這些古老的市舶司遺址多已湮沒，唯泉州市舶司遺址的殘存部份水仙宮尚在。

唐代留給後人的口岸建設史料很不完整，連研究者也說不清，唐代的廣州市舶使在職能上是否等同於宋代的廣州市舶司。但宋代就完全不同，不僅市舶司一個接一個的建立，有著完整佈局，還有相對完整的管理系統。

雖然，宋代沒有全國統一的市舶制度，

但其經濟職能還是十分清楚的。如，閱貨、抽解（徵收舶稅：通常是十分抽解二分）、禁榷（對某些商品實行專賣）、博買（收買舶貨：官府抽買以後，剩餘的貨物，才可賣給商民。通常為抽買十分之三）等。此外，還有治理港口、接待和管理外商、組織祈風、剿滅盜賊等。

北宋前期的市舶長官和唐朝一樣，也稱市舶使，其職由所在地知州兼任；北宋後期，市舶司地位不斷提高，改設專職提舉市舶。不斷升級的市舶司，都反映出宋代海外貿易的興盛和朝廷對市舶貿易的重視。《宋會要》記高宗詔曰：「市舶之利甚厚，若措置合宜，所得動以百萬計，豈不勝取於民，朕所以留意於此，庶幾可以少寬民力爾。」

市舶制度拉動了海上貿易，當時與宋貿易的國家有五十多個，中國商人主動出海貿易的國家也有二十多個。口岸繁榮，也帶起了都市商業，黃河沿岸的長安、洛陽及黃河與運河交會之汴州、南方的揚州、廣州、泉州、杭州等，都出現空前的繁榮景象。

7 蒙元擴張，東學東來

蒙元帝國的陸海擴張與國際視野

中國文化中的虛妄，至少有兩點，是對不起子孫的。一是亂認祖宗，或者說製造祖宗，君可見每年清明時，各地紀念人文始祖的亂象。二是替祖宗說話，比如「和平崛起」，本是一種當代追求，但為了迎合當下需要，一些學者把列祖列宗也歸為「和平崛起」一族。在中原之內，通常不提秦滅六國；在世界之內，通常不提蒙元擴張。

古代與現代是兩個完全不同的社會發展階段，遮蔽歷史、虛擬祖先的想法，是對歷史與子孫的不負責任；而迴避和遺忘蒙元王朝，就會丟掉中國最大的「開放」經歷，使我們研究古代中國的天下觀或世界觀時，出現不應有的斷層。所以，有必要回望一下古代真正屹立於世界之林的蒙元往事。

伏爾泰曾說過「蒙古帝國給歐洲留下的只有馬糞」，蒙元與世界的關係確實是在鐵蹄下展開的。這種擴張從「蒙」的時代就開始了，一二〇六年，經過鐵血整合的蒙古各部族，推舉鐵木真為大汗，即成吉思汗，建立蒙古汗國。從此，蒙古鐵騎便以牧羊放馬的姿態向西推進。關於這一段的歷史，波斯歷史學家拉施特的《史集》，提供了比《元史》更加寬闊的視角，尤其是書中那些插畫形象地記錄了蒙古鐵

圖7.1：

波斯歷史學家拉施特的《史集》是研究中世紀亞歐各國歷史，特別是蒙古史和中國古代北方少數民族史，以及研究古代遊牧民族社會制度、族源、民族學的重要史料，書中插圖描繪了蒙古西征中用木枷押送戰俘的場景。

騎血腥擴張的歷史（圖7.1）。

經過三次大規模的血腥西征，蒙元帝國打出了自己的版圖——如《元史・地理志》所言：「自封建變為郡縣，有天下者，漢、隋、唐、宋為盛，然幅員之廣，咸不逮元。漢梗於北狄，隋不能服東夷，唐患在西戎，宋患常在西北。若元，則起朔漠，並西域，平西夏，滅女真，臣高麗，定南詔，遂下江南，而天下為一，故其地北逾陰山，西極流沙，東盡遼左，南越海表。蓋漢東西九千三百二里，南北一萬三千三百六十八里，唐東西九千五百一十一里，南北一萬六千九百一十八里，元東南所至不下漢、唐，而西北則過之，有難以里數限者矣。」此外，蒙元帝國還在戰爭中將俄羅斯、地中海東岸、兩河流域、波斯與印度西北收入自己的勢力範圍。

蒙古王國家底不厚，全靠自然經濟生存，建立大元之前，甚至連商品交換都不懂。一二七一年，忽必烈公佈《建國號詔》，取《易經》中「大哉乾元」之意，正式建國號為「元」。建立大元後，蒙元政府極需強有力的經濟支撐。所以，蒙元政權一方面，不斷擴大陸上地盤，建立最大的陸路帝國，同時，不斷開展海上征戰，企圖建立海上帝國。

通過和親的方式，蒙元先與高麗王建立了良好的朝貢關係，但日本則對新興的蒙元王朝不理不睬，並拒絕朝貢。一二七四年忽必烈命忻都掛帥東征，統蒙軍兩萬、高麗軍五千六百人、高麗六千七百名水手，計三萬兩千大軍，從朝鮮半島的合浦，攻過對馬海峽。蒙元大軍打敗日本十萬抵抗軍後，不願跨海戀戰，很快撤回中國大陸。但日本並沒因此而被嚇倒，依然在高麗東南沿海不斷襲擾。一二八一年，應高麗王請求，元世祖再次攻打日本，忻都統蒙漢及高麗軍四萬人，戰船九百艘，東路取道高麗，南路從慶元（寧波）跨海，兩路進攻日本。但由於不善海戰，又遇颱風，這次攻打日本，終以失敗而告終。

日本沒有打下，但忽必烈海上擴張之心並沒收斂，至元十五年（一二七八年），他詔行中書省唆都及蒲壽庚等：「諸番國列居東南島嶼者，皆有慕義之心，可因番舶諸人宣佈朕意。誠能來朝，脫將寵禮之。其往來互市，各從所欲。」但朝廷赴爪哇通款的使者，卻被爪哇國刺面遣回。元朝遂派遣史弼等率海船五百艘征伐爪哇。

一二九二年，從福建、江西、湖廣徵集的戰船，由泉州出發，直抵爪哇。爪哇國斯時正與鄰國開戰，他們利用降元為條件，請元朝大軍幫助他們打敗鄰國。後又巧妙施計，打敗失去警覺的元軍。最後，損失三千人的元軍，只好退回國內。這場跨海遠征的海戰以失敗告終。

儘管忽必烈東征日本、西征占城（今越南）、南征爪哇都以失敗告終。但從海洋戰略的角度看，忽必烈以攻代守的策略，還是具有現代眼光的。同時，這裡還藏著另外一份海洋經略：即打通中南半島過麻六甲至阿拉伯半島的海上通道。

自忽必烈自立為汗，推行「漢法」以來，許多蒙古貴族拒絕歸附忽必烈，並導致成吉思汗的兒孫統

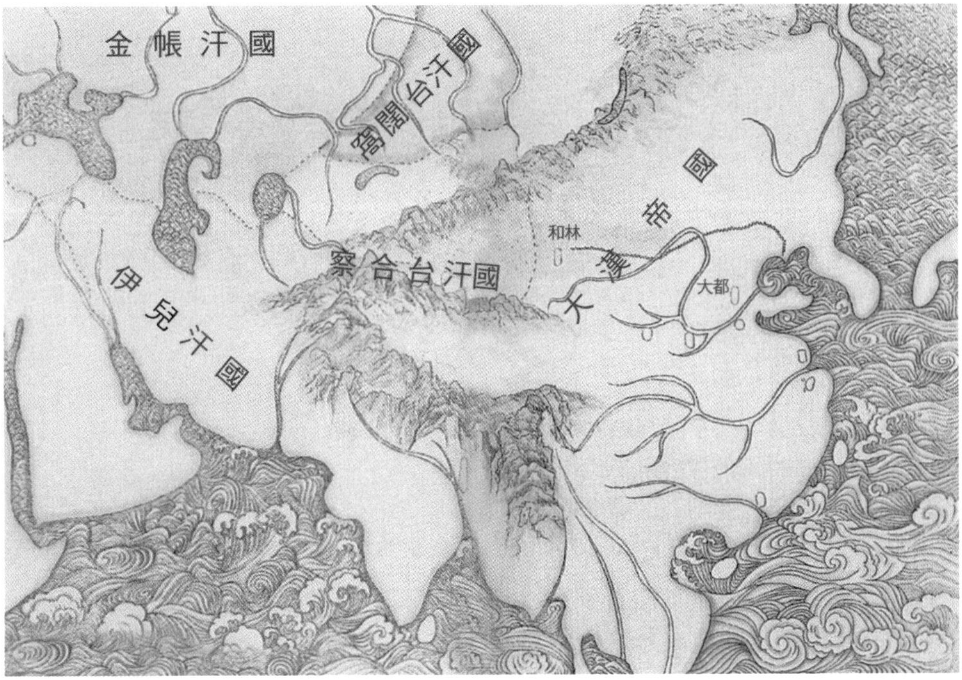

圖7.2：

蒙元帝國及四大汗國疆域圖。

治著的「四大汗國」紛紛脫離蒙元中央政府的統轄，各自發展成為互相獨立的國家（圖7.2）。雖然，蒙元政權與這些汗國關係緊張，但它一直沒有放棄通過幾個汗國控制中亞的努力，在陸路因戰亂而不便通行之時，從海上進入伊兒汗國的航路就顯得非常重要了。所以，開拓這條海上通道的政治、經濟及外交上的意義，既即現實又深遠，更不是後來所說的「海上絲綢之路」所能涵蓋的。

成吉思汗和忽必烈的許多不義之戰，確實給鄰國帶來了巨大而持久的災難。但它在客觀上，擴大了帝國的「國際視野」和「國際聲望」，也吸引了義大利的馬可羅波和北非的伊本•白圖泰（**Ibn Baṭūṭah**）等人的東方旅行，進而通過這些海外旅行家，又將中國神話般地介紹給西方世界，再度放大了中華帝國在世界上的影響力。

或許，這就是蒙元王朝魔鬼般的魅力。

開發海道北運漕糧

雖然，蒙元一朝起家於馬背之上，但卻深知海上之利害。忽必烈定帝國京師於大都後，朝廷需要大量的糧食來使這個新的中心城市運轉起來，所以，一方面仍用傳統的運河，北上運糧，另一方面緊急招募海運水師著手解決海運漕糧問題。因為海運比運河漕運節時省錢。這段重要的開發海洋的歷史被詳盡記錄於《大元海運記》之中。

元文宗至順元年（一三三〇年）朝廷命奎章閣學士院負責編纂大型政書《皇朝經世大典》（即《元經世大典》）。趙世延任總裁，虞集任副總裁，次年五月修成。全書八百八十卷，目錄十二卷，附公牘一卷、纂修通議一卷。《大元海運記》即出自《皇朝經世大典・海運》。它是一部記載元代海運漕糧活動的專志，其中保存了許多有關海漕事業的原始資料。

《大元海運記》共二卷。上卷為分年紀事，收錄有關海運漕糧的案牘文件之類。下卷為分類紀事，分為歲運漕糧數，江南及南北倉鼠耗則例，海運水腳價鈔，海漕水程，航道設標、潮汛氣象觀察等項目。記述自長江口直達天津航道的水流、沙淺、島嶼以及全程所需時日。

《大元海運記》公正客觀地記述了朱清、張瑄為海道漕運所做的貢獻。為何說其公正，因為朱清、張瑄出身皆為海盜。南宋將亡之時，宋將朱清加入了海盜張瑄的隊伍，並被尊為軍師。當朱清得知朝廷籌建海運隊伍的消息後，就勸說張瑄改邪歸正，降元為官。

朱、張二人降元後，至元十三年（一二七六年），丞相伯顏首次派遣他倆載運從南宋掠走的大量皇室庫藏圖書，從南方海道運抵京城。此時，恰逢朝廷決議海運漕糧，伯顏旋即推薦了朱清、張瑄二將，兩位南宋海盜搖身一變成了元廷海運大員。元世祖至元十九年（一二八二年），朝廷命海道總管羅璧，偕同朱清、張瑄等，造平底沙船六十艘，試運糟糧六萬四千石。由此打破了七百多年南北中國靠運河河運的歷史格局，揭開了元代大規模海道運糧的序幕。

朱清、張瑄也不孚蒙元冀望，很快就將年運糧四萬石，提升至一百六十萬石。朝廷遂將朱、張提升為都督海運萬戶府事。此後，朱清因功又加官為江浙行省參知政事、江南行省左丞。張瑄也累官至驃騎衛上將軍、淮東道宣慰使（一三〇三年因犯行賄罪，朱清在獄中自殺，張瑄被處死）。

大元的海道漕運，除朱清、張瑄二位功臣之外，還有他們麾下的「五虎將」，即五位海運萬戶：黃真，官昭武大將軍，海道運糧正萬戶，佩三珠虎符；劉必顯，為信武將軍，海運副萬戶；殷明略，始為海運千戶，後升副萬戶；徐興祖，為昭勇大將軍，海運副萬戶，追封東海郡侯，謚宣惠；虞應文，朱清女婿，海運副萬戶。此中，要特別一提的是殷明略，他是大元海運新航線的真正開闢者。

海上運糧並非蒙元一朝開創，春秋戰國時候就已經有了，那時的船隻，僅來往於沿海各地之間，一般途程較近。唐朝時候，朝廷也曾調運南方的糧食到河朔和遼東，但海運航線僅是近岸海道。元代的海道漕運，北至直沽（俗語說，先有大直沽，後有天津衛），東至高麗，是遠離大陸的真正的海洋運輸。

據《大元海運記》所記，至元十九年（一二八二年）由朱清等人的海運船隊，開闢航線是：自劉家港（在今江蘇太倉）北經崇明入海，沿著海岸線航行，最後到達直沽。此為近岸航線，沿途曲折危險，航程長達一萬三千三百五十里，航期快了要兩個多月，慢了一年半載。一二九三年（至元三十年），海運千戶殷明略，在海運漕糧赴高麗的過程中，又探出了一條新的海道：從劉家港入海，至三沙、崇明後入黑水洋，在深水中越過東海（今黃海），再繞山東半島尖端進入渤海灣。由於航道便捷，「當舟行風信有時，自浙西至京師，不過旬日而已」，順風僅需十天，即可駛抵直沽碼頭（圖7.3）。

從至元三十年（一二九三年）起，元廷啟用了殷明略所開闢的新航路，航程大大縮短，海道漕運也改為春、夏兩季開運。為此，元廷曾下詔，命造「一千艘能涉大海，可載四千石」的海船。元代海漕船大致兩類：一類是平底沙船，稱為「遮洋船」，可載八百石；另一類是較大海船，稱為「鑽風船」，船之「大者五千料，中者二千料、一千料，小者四百料」。這種船大大提高了運力，所運糧食也從原來的

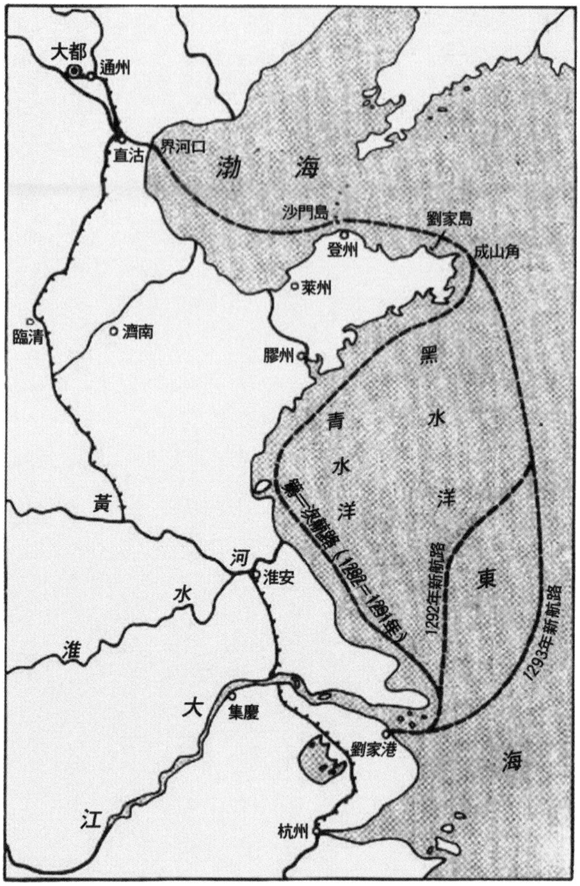

圖7.3：

元代海運航線示意圖，主要表現了兩條航線：一條是自劉家港入海，沿著海岸線航行，到達直沽。一條是從劉家港入海後，入黑水洋，越過東海，再繞山東半島尖端進入渤海灣。前者最快也要兩個月到達，後者順風僅需十天，即可駛抵直沽碼頭。

年運數十萬石猛增至一百多萬石。從一三〇九年起，年運兩百萬石以上。到一三一九年，每年運糧常在三百萬石以上。最多一年，自劉家港發運的漕糧高達三百五十萬石。

太倉港也因此成為百萬海運倉，名揚天下。直到明朝，還有景泰年間的進士、監察御史高宗本詠詩讚嘆：

雕甍接棟春何在，野草含煙綠更長。
戍鼓聲乾逃雉兔，征旗影落下牛羊。
元戎功業難為繼，獨對寒潮酹一觴。
百萬當年海運倉，可堪風雨變荒涼。

「官本船」創建海上商貿新模式

一二七一年建元後，蒙元大軍揮師南下，又用了八年時間，徹底消滅南宋。在收復的浙、閩等地之後，漫長的南中國海岸，已盡在蒙元朝廷的掌控之中。於是，新王朝開始大舉恢復和興辦海運事業：在國內，蒙元一朝開闢了有史以來最輝煌的海運漕糧事業；在海外，蒙元政府在繼承大宋市舶司的同時，又創建了全新的「官本船」海上商貿模式。

宋代海上貿易已相當發達，朝廷特在幾個重要的港口設立了相當於今天的海關的「市舶司」，其中尤以四州——杭州、明州（南宋稱慶元）、泉州、廣州的四大市舶司為最盛。蒙元一朝繼承了宋代海港開放的家底，又在此基礎上開發了澉浦、太倉等港口，使太倉不僅成為海運漕糧的「百萬海運倉」，而且成為中外聞名的「六國碼頭」。據《元史・市舶》載「至元十四年，立市舶司一於泉州，令忙古解領之。立市舶司三，於慶元、上海、澉浦，令福建安撫使楊發督之」，四大市舶司的設立，使這些港口成為「遠涉諸番，近通福、廣，商賈往來」的「衝要之地」。

當時東部的慶元市舶司，主要是對日本和高麗貿易，由於日本不肯臣服大元，拒絕入貢，曾使忽必烈兩次征討日本。所以元廷的市舶司對日本商人多抬高稅價，貿易不很暢順。但蒙元與高麗關係相對好些，海上貿易也因此活躍。高麗運來的貨物多以人參、紅花、茯苓等藥材為主，其次是虎皮、獸皮等。還有蒙古人喜歡的新羅參、高麗松子，商貿貨物多屬今天所說的「土特產」。高麗而從中國販走的貨物，則多是輕工產品，如，瓷器、絲綢、文房四寶，最為重要的是高麗商人文益漸，在與太倉人貿易時，偷偷帶走了棉花種子，此舉對解決高麗衣服穿著具有劃時代的意義。

對西洋的貿易，以刺桐（今泉州）港名氣為大，同埃及的亞歷山大港，並列為當時世界兩大港口之一。這一點，我們在西方最著名的中世紀世界地圖——「加泰羅尼亞航海圖」中可以看到。在這幅西班牙繪圖師於一三七五年繪製的航海圖上，中國被描繪成一片富裕的大地，大汗的京城（北京），南方的刺桐港，皆在其中，可見刺桐港當年在西方世界的影響。

國家在口岸城市設立管理商業船運及貿易的行政機構十分必要，但更重要的是，還要有一套行之有效的出海貿易政策。瞭解世界航海史的人都知道西方大航海興起的一個重要的經濟條件是，皇家與商家合作出海探險，而後利益分成。它的第一個成果，就是一四九二年哥倫布為西班牙發現了新大陸。雖然，古代中國在世界航海史上沒有任何發現可言，但官商合作出海的制度建設與實踐，卻要早於西方兩百多年。

在航海技術不發達的時代，海上貿易是高利潤與高風險並存的，個人辦海運，僅造海船一項，不是大戶商家，根本承受不了。此外，還有易貨資本、海上費用等等。如何化解風險，提高利潤，中國的歷朝歷代都沒拿出辦法。沒人能想到，最後解決這個問題的竟然是騎馬打天下的蒙元王朝。至元二十二年（一二八六年），元廷接受了中書右丞盧世榮的建議：朝廷銀根吃緊，可依市舶貿易原則，實行「官本商辦」的海外貿易「官本船」制度。

據《元史・食貨二》記載：「官自具船給本，選人入番貿易諸貨，其所獲之息，以十分為率，官取其七，所易人得其三」、「凡舟楫糗糧，物器之須，一出於君，不以煩有司」，這樣「上可裕國，下不損民」。如是一來，出海船為「國有」，貿易本錢是「國資」；而其貿易所得，百分之七十歸「國庫」

所有，百分之三十則為己所得，商船盡可放心拓展海上貿易了。這種「能救鈔法，增課額，上可裕國，下不損民」的國有民營辦法，唐、宋兩代均未實行，實是元朝廷首創，在當時的國際海洋貿易上，也處於「領先地位」。

「官本船」大多是「福船型」的遠洋海船，福船有多個分隔開來的密封艙，故能抵擋遠洋風浪（圖7.4）。。這種遠洋大船在開放的經濟政策鼓舞之下，把大批的阿拉伯、波斯與印度等地的香料、藥材等貨物運至中國，以致「來華商賈不絕於途」；而中國著名的絲綢、瓷器亦被大批地運往海外，甚至幾經轉運販賣遠及歐洲。

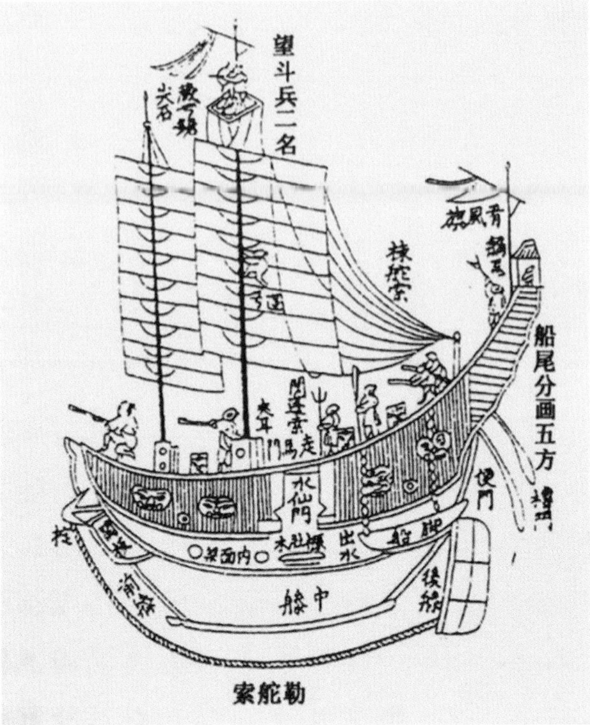

圖7.4：

「官本船」大多是「福船型」的遠洋海船，福船有多個分隔開來的密封艙，故能抵擋遠洋風浪。

「官本船」政策由至元二十二年（一二八六年）實施，至英宗至治三年（一三二三年）頒佈「聽海商貿易，歸徵其稅」而止。此後「官本船」制度再沒有大規模推行過。但作為餘波，元政府偶爾也以種種方式向海外派出官方貿易船，如順帝元統二年（一三三四年）「十一月戊子，中書省臣請發兩艅船下番，為皇后營利」。後至正二年（一三四二年），有人試圖恢復這種貿易，即遭到權臣的反對，「恐遠夷得以窺中國，事遂已」。至此，官本船制度無論在形式上還是在實際操作上均告結束。

「官本船」制度實施不足半個世紀，但在元朝內政外交上，功高至偉。首先是它支持了國家經濟，有史料記載，剛剛實行了幾年官本船，至元二十六年，僅江淮行省的市舶稅就達「珍珠四百斤，黃金三千四百兩」，倘若匯總全國各大口岸，稅銀就相當可觀了。再以明州港的進口舶貨為例，宋代《寶慶四明志》記載的進口貨物為一百七十餘種，而元代《至正四明續志》記載的舶貨為兩百二十餘種，比宋代增加了五十餘種。這兩項差距充分說明元代貿易活動的範圍已遠遠超過了前代。

「官本船」開拓的海上貿易，不僅影響了經濟，也引領了「時尚」。由於打通了波斯灣的海上商路，波斯的地毯、波斯布和產於印度、東南亞的平紋細布等「西洋布」源源流入中國，使得富足人家皆以「西洋布」為饋贈佳品。元末著名隱士、詩人謝應芳曾有《全僉憲自黃州以西洋布遺騎見惠，作詩謝之》一詩，形象地描述了他收到「西洋布」禮品的有趣情景：

十月北風方怒號，
故人西布似綈袍。
遠勞使者傳書信，
笑看家人落剪刀。

敢為天下先的澉浦楊氏遠洋貿易

多少年來，教科書與相關宣傳都將明代的「下西洋」，解說成史無前例的遠洋活動，而將前朝的海外探索統統忽略不計。實際上，至少在元代，中國人的遠航帆影就已出現在波斯灣、紅海，甚至是東部非洲。這裡僅以澉浦（今天浙江海鹽）楊氏三代（楊發、楊梓、楊樞）的海上貿易活動為例，略證一下大元「公私合營」的「下西洋」。

事實上，明朝並沒有否認前朝的遠洋貿易活動，而是在多種文獻中詳細記載了大元與「西洋」的關係。據《明一統志》載：「澉浦在海鹽縣南三十六里，《水經》云：谷水於縣出，為澉浦。以通巨海。晉光熙初嘗有三毛人集於此，蓋泛於風也。元至元間，宣慰楊耐翁，居此構屋，招集海商居民貿易，遂成聚落。洪武中亦築城浦上。」這裡所說在澉浦招集海商的宣慰楊耐翁，即楊梓。

楊梓的父親楊發，曾任南宋利州（今四川廣元）刺史、殿前司選鋒軍統制官、樞密院副都統等職。蒙元南下滅了南宋以後，楊發降元，改授明威將軍、福建安撫使，領浙東西市舶總司事。《元史·市舶》載「至元十四年，立市舶司一於泉州，令忙古解領之。立市舶司三，於慶元、上海、澉浦，令福建安撫使楊發督之。」

據《海鹽縣志》載，楊發、楊梓兩代，皆亦官亦商，是澉浦以海運起家的豪門富室。「楊發其家復築室招商，世覽利權。富至僮奴千指，盡善音樂。飯僧寫經建剎，遍二浙三吳」。楊家不僅是擁有私家樂隊的富商，楊梓本人還是一位著名的「南戲」劇作家，是崑曲前身「海鹽腔」的創始人之一。

東部沿海港口，宋代的貿易對象主要是日本與高麗。楊梓早年也主要從事對日本和高麗等國的海上貿易，間或也做南洋的生意。後來，因熟悉南中國海路和東南亞風情，還參加了元代入侵爪哇的海上戰爭，為元廷海上遠征軍導航。招諭歸來，受封為安撫總司，後又任杭州路總管。

楊氏一門亦官、亦商、亦文，是江南望族，所以後世的文史典籍中多有都關於楊家的記載。其中，最為中外交通史學者所樂道的是楊梓之子楊樞。楊樞因經營海外貿易而著名，因為經營「官本船」有方，官封海運千戶，還受到了忽必烈的接見。他的事跡載於：元代史臣黃溍所寫的《松江嘉定等處海運千戶楊君墓誌銘》。這篇著名的「墓誌銘」全文刊載於《四庫全書》所收的《金華黃先生文集》卷三十五》中。金華黃先生即黃溍，他為楊樞寫的這「墓誌銘」，不算太長，這裡錄下全文：

楊氏之先世有顯人，宋之盛時，有自閩而越，自越而吳，居澉浦者。累世以材武取貴仕。入國朝仕益顯。最號巨族。今以占籍為嘉興人。君諱樞，字伯機。贈中憲大夫、松江府知府、上騎都尉，追封弘農郡伯春之曾孫。福建道安撫使，贈懷遠大將軍，池州路總管，輕車都尉，追封弘農郡侯發之孫，嘉議大夫，杭州路總管致仕梓之第二子。母陸氏。所生母徐氏。陸以封，徐以贈，並為弘農郡夫人。徐夫人溫之宦家女，生君甫數歲而沒。陸夫人撫君不啻如己出。君警敏，長而喜學。一不以他嗜好接於心。自刮摩豪習，謹厚自將。未嘗有綺紈子弟態。其處家雖米鹽細務皆有法。僕隸輩無敢以其年少而易之。諸公貴人，多稱其能。大德五年，君年甫十九，致用院俾以官本船浮海至西洋。遇親王合贊所遣使臣那懷等如京師，遂載之以來。那懷等朝貢事畢，請仍以君護送西還。丞相哈喇哈斯達爾罕，如其請奏。授君忠顯校尉，海運副千戶。佩金符與俱行。以八年發京師，十一年乃至其登陸處。曰忽魯模思云。是役也，君往來長風巨浪中，歷五星霜。凡舟楫糗糧，物器之須，一出於君。不以煩有司。既又用私錢市其土物，白馬、黑犬、琥珀、蒲萄酒、番鹽之屬以進。平章政事察罕等引見宸慶殿而退。方議旌擢以酬其勞，而君以前在海上感瘴毒，疾作而歸。至大二年也。閱七寒暑疾乃間。尋丁陸夫人憂。家食者二十載，益練達於世故，絕圭角，破崖岸。因自號默默道人。泰定四年，始用薦者起家為昭信校尉，常熟江陰等處海運副千戶。居官以廉介稱，被省檄，給慶紹溫台漕挽之直。力剷宿蠹棓克之弊，絕無所容。天歷二年，部運抵直沽倉，適疾復作，在告滿百日歸。就醫於杭之私廨。疾愈劇，不可為。俄升松江嘉定等處海運千戶，命下，君已卒。至順二年八月十四日，其卒之日也。享年四十有九。娶劉氏，南渡名將，太師鄜王光世之裔。前四年卒。贈嘉興縣君。初，君有三子。俱未齔而夭。奉父命，以弟之子元德為之子。後乃有子曰元誠。君卒時，元誠生二年矣。元德卜以元統二年正月某日，襄祔事於泊櫓山先塋。東百步與嘉興縣君，兆合君，從父兄，朝列大夫同知集慶路總管府事，清孫實志其壙。而墓道之石，未有所刻。元德以狀來謁銘，乃序而銘之。序所不能悉者，志文可互見也。君平生所賦詩，有遺稿藏於家。

由「墓誌銘」可知：楊氏家族，世代為官，由閩遷吳，居於澉浦。楊樞乃楊梓之次子，雖生於大戶人家，卻警敏好學。大德五年（一三〇一年），年剛十九的楊樞，即被委任為官本船代理人，遠赴印度洋經營海外貿易。從波斯灣忽魯模斯港返航時，巧遇合贊王派使大元，遂帶領使者於一三〇三年平安到達中國。這些使者，在大都覲見元成宗後，請求中書省左丞相哈喇哈斯達爾罕，批准他們乘楊樞的海船返回波斯灣。元朝廷答應了這一請求，並特封楊樞為忠顯校尉、海運副千戶，授予佩帶金符的榮譽，讓他以官員的身份護送使者回國。大德八年（一三〇四年）初冬，季風勁吹，楊樞船隊出發，旅途歷經艱險，直到大德十一年（一三〇七年）才抵達忽魯模斯港。第二年，楊樞返回大都述職。在護送使臣的同時，楊樞也作海上貿易，從波斯諸國進口的貨物有：白馬、黑狗、琥珀、葡萄酒、番鹽等等。

《海運千戶楊君墓誌銘》是元代中外關係史、航海史上的重要文獻。至少，有以下幾點值得關注：

一是元代的海港是開放的。「墓誌銘」所提到的楊氏所居的澉浦，地處杭州灣北岸，有內河直通蘇州、杭州、湖州、常州等地，海商們通過海河聯運把商品遠銷海外，是古代「遠通諸番，近通福廣，商賈往來」的重要商港，其建港歷史可遠溯宋代，在元代更是與慶元、上海、泉州等名揚海外的大港。

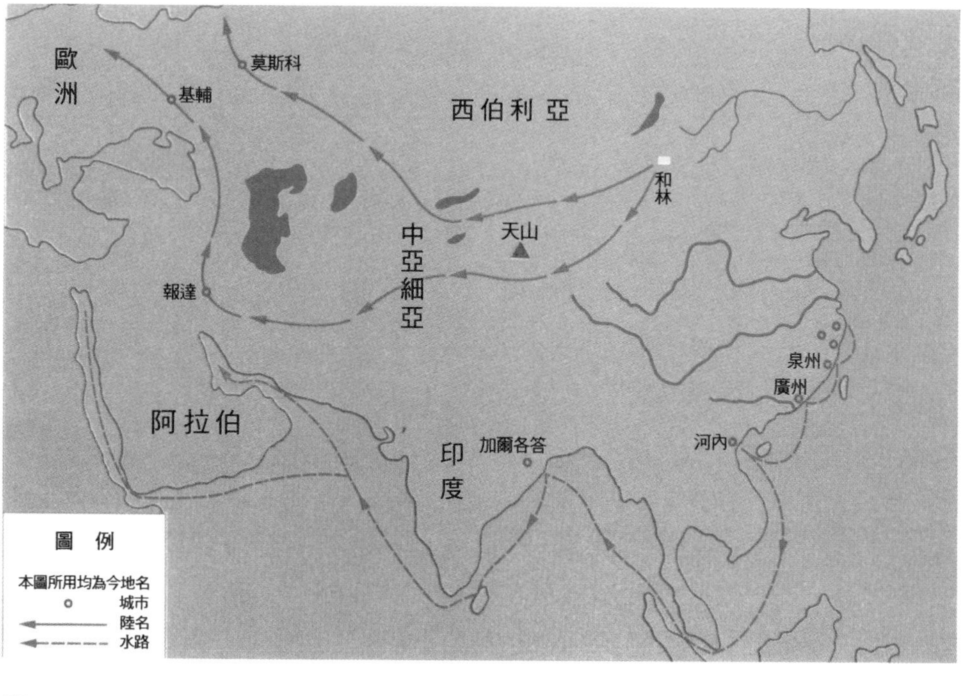

圖7.5：

蒙元王朝陸地與海上的對外交通路線示意圖。

二是元代是通過開明的「官本船」政策來鼓勵海上貿易的，楊氏家族從波斯灣「用其私錢，市其土物」計有阿拉伯馬、番鹽、琥珀、葡萄酒等。通過海上貿易與政府合作，楊氏即發了財，又升了官，「墓誌銘」所記的楊樞，即是千戶。

三是蒙元帝國與四大汗國及中亞海路暢通（圖7.5）。「墓誌銘」所記的忽魯模思島，（今伊朗東南米納布附近島嶼，臨荷姆茲海峽）遠離中土，但因蒙元在波斯領土上建立了伊兒汗國，雖然，後來因各種利益之爭已不統屬，但仍與元廷有著血肉之親。楊樞兩赴忽魯模思，使蒙元朝廷通過海路與西亞保持著密切的聯繫，也由此得到一些西方的訊息。

澉浦楊氏一門三代的南洋及波斯灣遠洋貿易，所標示的不是一個港口和一個家族的領先，而是一個朝代的先覺先行，而大明王朝的海上活動，完全是踩著大元這個遠洋巨人的肩膀完成的。

汪大淵：「中國的馬可波羅」

西方人不太瞭解，十四世紀中國與世界的關係，或者說，不瞭解元代中國對世界的描述。西方人熟知的是，這一時期西方到東方的威尼斯商人馬可波羅和摩洛哥旅行家伊本・白圖泰他們的偉大著述。相比較而言，世界對中國古代的旅行家，知之甚少，更令人遺憾的是中國對自己的古代旅行家，也是宣傳得太少，大眾只知道有個僅限於「國內遊」的明代旅行家徐霞客，而不知道元代就有了「中國的馬可波羅」——汪大淵。

其實，蒙元一朝是中國歷代王朝中，國際視野最寬的王朝。這一時期，西人東來創造了不曾有過的輝煌；而國人西去，也創造了不曾有過的輝煌。伊本・白圖泰的《異境奇觀》告訴我們，他到訪過中國的泉州；同樣，汪大淵的《島夷志》也告訴世界，他曾訪問過非洲，甚至，有可能到過伊本・白圖泰的故鄉摩洛哥（圖7.6）。

古代中國把全部智慧都投入到「四書五經」的考據之中，不重視海外地理作品的研究。以致今天，我們也找不到更多關於古代中國成就最大的旅行家汪大淵的資料，只有《島夷志》序言與後記中留下的星星點點的生平線索。

出生在江西南昌的汪大淵，少年即有遠遊大志，足涉半個中國。元代的海外商業活動帶來的海外訊息，促生了他對海外風土人情的興趣，苦於國內找不到介紹海外風情的書籍，於是，他毅然搭上商船出海旅行，去親身感受真正的「西洋景」。

圖7.6：

汪大淵的《島夷志》，清代之後改名《島夷志略》。由於元、明抄本均已亡佚，所以，今人見到的多是清代的《島夷志略》。

汪大淵於元天曆元年（一三二八年）至至順三年（一三三二年）和元統二年（一三三四年）至至元五年（一三三九年），先後兩次從刺桐港搭商船出海赴「西洋」旅行。「所過之地，竊嘗賦詩以記其山川、土俗、風景、物產之詭異，與夫可怪、可愕、可鄙、可笑之事。皆身所遊覽，耳目所親見。傳說之事，則不載焉。」

汪大淵歸來之後，又用五年的時間，校對前人的海外遊記，整理自己的旅行紀錄，發現其中有許多描述與自己親眼所見的「大有逕庭」。大約元順帝至正九年（一三四九年）的冬天，汪大淵路過刺桐港，適值泉州路達魯花赤偰玉立蒞任，乃命吳鑒編修《清源續志》，吳鑒認為泉州為對外貿易的大港，不能沒有海道諸島嶼及諸國地理情況的記載，特請兩次親歷海外，熟悉海道地理情況的汪大淵撰寫《島夷志》，附於《清源續志》之後。此後，汪大淵回到故鄉南昌，又將《島夷志》刊印成單行本，在至正十年（一三五〇年），正式發行於世。

汪大淵的原書名為《島夷志》，清代之後改名《島夷志略》。由於元、明抄本均已亡佚，所以，今人見到的多是清代的《島夷志略》。此書共分一百條，前九十九條記載和涉及的地點總計兩百二十個，均係作者親睹，其說可信；只有第一百條「異聞類聚」，是摘錄前人舊記《太平廣記》等書而成。

《島夷志》是一部開創性的海外交往文獻，以往這種海外志，非親歷記錄，多是傳聞集粹。如，南宋周去非的《嶺外代答》、趙汝適的《諸番志》，皆如《四庫全書總目》中所說：「諸史外國列傳秉筆之人，皆未嘗身歷其地」，「亦多得於市舶之口傳」，而汪大淵的書「皆親歷而手記之，究非空談無徵者比」。

《島夷志》記錄的沿海國家和地區是九十七個，比趙汝適《諸番志》所載多出三十八個，包括菲律賓諸島、印尼諸島、馬來半島、印支半島、印度半島、巴基斯坦、斯里蘭卡島、波斯灣沿岸、阿拉伯半島、非洲北部及東部沿海地區，對十四世紀的東西兩洋的政治、宗教，以及經濟、航海和社會生活諸方面進行了考察。

《島夷志》對各國各地的民情風俗有大量記載，如越南交趾「俗尚禮，有中國之風」，其國民「戴冠、穿唐衣、皂褶、絲襪方履」，民間俊秀子弟「八歲入小學，十五歲入大學，其誦詩讀書，談性理，為文章，皆與中國同」；印尼東爪哇民風敦厚，社會秩序井然，「民不為盜，道不拾遺」；印尼坤甸「敬愛唐人，醉也則扶之以歸歇處」，其民「每歲望唐舶販其地」；緬甸「民專農業，田沃稼茂」，「歲凡三稔，諸物皆廉」；印度馬都拉盛產珍珠，當地商人收購後，「求售於唐人」；伊斯蘭教聖地麥加「地多曠漠」，「人多以馬乳拌飯為食」……諸如此類，不勝枚舉。

《島夷志》首次對外國的地理、地脈進行了分析，如「萬里石塘」條就認為「石塘之骨，由潮州而生」，「一脈至爪哇，一脈至渤泥及古里地悶，一脈至西洋、遐崑崙之地」。如三島（菲律賓馬尼拉灣附近）「嶼分鼎峙，有疊山層巒」，麻逸（今民都洛島）「山勢平寬，夾溪聚落」，琉球（今台灣，入明以後琉球則專指沖繩島）「地勢盤穹，林木合抱」。同時，還對各地的氣候特徵按照冷、暖、熱、涼、溫進行了分類，還就季節和降雨情況進行了記載，對各地土壤進行了三級二等的分類，對各地樹木、農作物做了記錄。

《島夷志》記錄的汪大淵下西洋，不僅比鄭和早了七十多年，而且其著作《島夷志》也成為大明國家艦隊下西洋的指導性文獻。這一點在鄭和下西洋碩果僅存的三部重要著作中可以得到證實。如，馬歡在其《瀛涯勝覽》自序中說：「余昔觀《島夷志》……所著者不誣」；費信受汪大淵的影響更深，其《星槎勝覽》許多記述是從《島夷志》中直接抄錄的；而鞏珍的《西洋番國志》，又基本上抄錄了《瀛涯勝覽》；可見《島夷志》對鄭和艦隊留下的三大著作的影響。

蒙元帝國的海外遊歷紀錄，不僅有汪大淵的《島夷志》，還有耶律楚材的《西遊錄》、劉郁的《西使記》、李志常的《長春真人西遊記》、陳大震的《大德南海志》、周達觀的《真臘風土記》……雖然，這些地理著作的份量都不如《島夷志》，但看得出蒙元已有很強的世界意識和海洋意識，僅從這些著作所涉及的空間來看，蒙元的天下觀，可謂「洋洋大觀」了。

這些海外訊息直接影響了同時代的地理學家，他們根據這些異域紀錄繪製了中國最早的世界地圖《聲教廣被圖》，遺憾的是這幅東方人最早的世界地圖，傳至明代就散失了，更為遺憾的是，元代海上渴望與追求，對世界的描述與認識，卻被明清兩代扭曲和拋棄了。

先於西學東來的「東學東來」

先講一個西方的故事：

一四八三年，德國紐倫堡的青年製圖家馬丁・貝海姆（Martin Behaim），為製作新海圖來到航海經驗豐富的葡萄牙搜集海上探險資料。此時，哥倫布正在向葡萄牙國王提出西航東方的「印度計畫」。馬丁・貝海姆受到論證西航中提出的「如果能在一個圓球上標明航海路線，一切就會更加清楚明白」的啟發，立即著手製作地球儀。一四九二年，即哥倫布發現新大陸的那一年，他完成了西方世界的第一架地球儀。這是西方地理學界關於「地球儀誕生」的標準版本。這個故事忽略了東方關於「地球儀誕生」的另一個故事。

再講一個東方的故事：

大約在貝海姆製作地球儀的兩百多年前，一個叫札馬魯丁的西域天文學家，從伊兒汗國馬拉蓋天文台帶出七件天文儀器，來到蒙元初興的中國。這七件儀器的原名音譯、意譯、形制用途皆載於《元史・天文志》。這七件天文儀器在元亡明興之際，被從上都帶至應天府為大明王朝服務，此後就消失了。後世，對於七件天文儀器的性質用途看法不一，但對於七儀中有一件是地球儀，大家都認可。這個儀器形象地展現了寰球這一科學概念，是中國第一架地球儀，比之一四九二年德國馬丁・貝海姆製作地球儀的紀錄早了兩百二十五年。

這裡講述東西兩個地球儀的故事，並非想說東方的地球儀領先於西方，而是說早在蒙元時代，中國

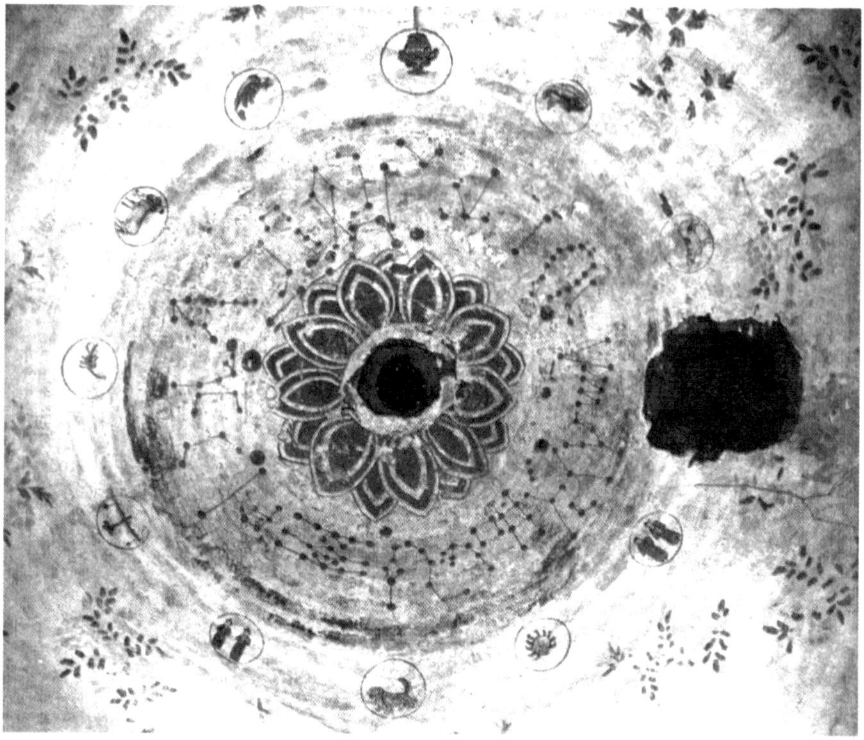

圖7.7：

遼代張世卿墓的壁畫（一一一六年）上，即有來自古巴比倫的黃道十二宮，精彩的巨蟹宮、天蠍宮等十二星座的描繪，證明早在一千年前，中外十二宮就已實現了歷史性的交匯。

就見到了世界的球形樣貌。這種世界觀比利瑪竇帶來全新的世界觀，要早上三百多年。

由此，我想說，東學東來要比西學東來，對中國的影響要早。為何要稱阿拉伯、波斯之學為「東學」，因為此地區一直被西方世界指認為：東方或者中東；以此學對應歐洲之西學，稱其為「東學」，似乎更加貼切。

由於西亞和中亞與蒙元帝國的特殊政治與地理聯繫，決定了「東學」先於「西學」進入中國，或者說，西學通過「東譯」（阿拉伯、波斯的轉譯），進而影響了中國。不過，需要說明的是，「東學東來」也不是「一刀切」地皆由蒙元開啟，以天文學為例，在河北宣化的遼代張世卿墓的壁畫（一一一六年）上，就已有了來自古巴比倫的黃道十二宮圖（圖7.7），圖上有精彩的巨蟹宮、天蠍宮等十二星座的描繪。它證明早在一千年前，中外十二宮就已實現了歷史性的交匯。蒙元一朝，因其特殊的歷史背景使「東學」引進，成一代風尚。

成吉思汗建國時，蒙古還是一個沒有文字的族群。不識字的成吉思汗，選擇了由古粟特文發展起來的拼音文字畏吾爾文（古回鶻文）作為蒙古國文字。後來，雖請畏吾爾人八思巴創立蒙古官方文字，但民間的畏吾爾蒙古字仍行用不衰。蒙元和阿拉伯世界這種特殊的文化聯繫，及其對阿拉伯與波斯的領土深度侵入，使得蒙元有條件將這一地區的領先於世界的科學技術帶入中國。

蒙元引進的「東學」有許多，但主要科目是阿拉伯、波斯的天文學和地理學。

對星空的把握是每個王朝的大事：一要問命於天，以知運程；二要掌握四時，以定曆法。至元八年（一二七一年）建立大元之初，忽必烈就在上都建立了回回司天台，此後又在大都設「漢兒司天台」。朝廷任命西域天文學家札馬魯丁為提點（台長），官從五品。札馬魯丁掌管七件從西域帶來的天文儀，為大元觀天測象：用渾天儀觀測太陽運行軌道；用方位儀觀測星球方位；用斜緯儀觀測日影，定春分、秋分；用平緯儀觀測日影，定夏至、冬至；用天球儀分析天文圖像；用觀察儀（星盤）研究晝夜時刻；用地球儀研究天地之關係。札馬魯丁在為蒙元朝廷觀測天文之時，還翻譯了伊本·優努斯（Ibn Yunus）的《哈基姆星表》（*al-Zij al-Hakimi al-kabir*）等天文學著作。至元四年（一二六七年），札馬魯丁還依據伊斯蘭教曆法撰寫了《萬年曆》，由忽必烈頒行天下。

札馬魯丁不僅是將阿拉伯天文曆法較全面介紹給中國的第一人。同時，他也是傳授阿拉伯地理學的重要人物。至元二十三年（一二八六年），忽必烈任命札馬魯丁為集賢大學士，官位升至二品，由他主持纂修《大元一統志》。這是第一部由朝廷主持編輯的全國地理志，全書共六百冊，一千三百卷，附有彩色地圖和一幅《天下地理總圖》。此書後在戰亂中散佚，殘存的《大元一統志》，僅剩《遼海叢書》等四十四卷，不及原來卷數的百分之五。

在阿拉伯、波斯的科學知識進入中國的同時，中國的科學研究也與阿拉伯、波斯的研究產生了良好的融合與碰撞。據科學史專家江曉原博士研究，蒙元雖是亂世，但至少有兩份雙語天文學文獻傳世：一份是保存在俄國普爾可夫天文台（Pulkovo Observatory，今列寧格勒附近）的兩份手抄本天文學文獻，文獻的內容是一樣的，都從一二〇四年開始的日、月、五大行星運行表，書寫年代約在一二六一年。兩份抄本一份為阿拉伯文，一份則為漢文。中國古代科技史專家李約瑟曾猜測這兩份抄本可能是札馬魯丁和郭守敬合作的遺物。另一份，雙語天文學文獻是阿拉伯天文學家撒馬爾罕第於至正二十二年（一三六二年）為元朝一王子撰寫的天文學著作，手稿原件現存巴黎。此件的阿拉伯正文旁附有蒙文旁注，標題頁則有漢文。

中國學者王恂與郭守敬等學者，在反覆學習、稽考外來的《哈基姆星表》及其他資料的基礎上，於至元十七年（一二八〇年）編製完成一部中國曆法——《授時曆》。這是中國古代最好的一部曆法。它以365.2425天為一年，與地球繞太陽一周的實際時間只有二十六秒的差距，其準確程度近於現行公曆，卻比公曆使用早三百年左右。

特別值得注意的是，這種科學交流都是漢或蒙與阿拉伯或波斯的交流與文本互譯，而不是與歐洲人或拉丁文的交流與文本互譯，它再次表明這種科學交流是在「東學」的文化圈之內。

蒙元一朝，戰亂不斷，又經元、明交替，使得元代地圖傳世的少之又少。但在存世不多的元代地圖中，我們仍可以看到中亞地圖學的清晰印記。其中，最為地理學界所熟知的即《元經世大典》中收入的地圖。這部官修大型政書，又名《皇朝經世大典》。元至順元年（一三三〇年）由奎章閣學士院負責編纂，全書近九百卷。明初修《元史》時，還曾大量引用此書。但到萬曆年間，此書就失傳了，僅剩一點點殘本。所幸《元經世大典》的許多內容被明人收錄《永樂大典》之中，一些內容借明人抄寫得以傳世。後來《永樂大典》也逐漸散失，現存《永樂大典》殘本中，甚至找不到著名的《元經世大典地圖》。今人所能見到的《元經世大典地圖》，是晚清地理學家張穆從《永樂大典》中摘出，才得以傳承。張穆是一位經學研究者，為防外敵從海上來犯，他特從《永樂大典》中選出《元經世大典地圖》，摹繪後送好友魏源。此時，魏源正為「開眼看世界」而編撰《海國圖志》，遂把這幅重要的元代地圖收入書中（圖7.8）。

這幅地圖初看上去與宋代刻石地圖《華夷圖》一樣，皆有方格，似中國傳統的「計里畫方」繪圖法。但細讀就發現這是兩種完全不同的繪圖方法。《元經世大典地圖》採用的是經緯線方格畫法，圖中只標注地名與所在方位，沒有地形描繪；因而，在伊朗北部沒有畫出裏海，南部沒畫出波斯灣；在土耳其沒有畫出地中海，在埃及沒有畫出紅海；它更似一幅坐標圖，與中國傳統地圖相去甚遠。所以，有人認為它是受阿拉伯繪圖方法影響的中國繪製的地圖，也有人認為它是阿拉伯「中國通」繪製的，總之，它不是傳統的中國地圖。

這幅阿拉伯樣式的地圖，其內容與功用完全是為中國所製。圖中運用的地名，多是《元史・地理志・西北地附錄》的官方地名，說明這幅地圖相當「官方」。此圖原名《元經世大典西北地圖》，即「大元西北地圖」的意思。此圖東起「沙州界」、「別失八里」即今甘肅敦煌和烏魯木齊以東的吉木薩

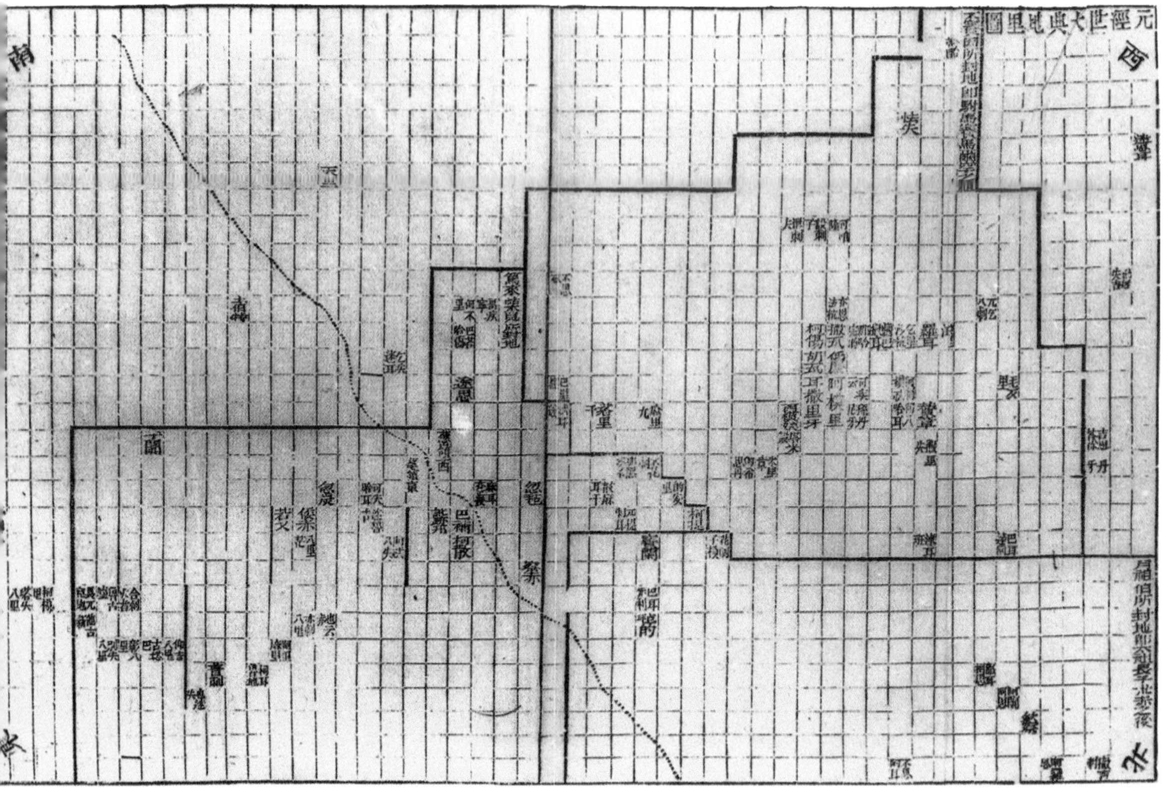

圖7.8：

《元經世大典地圖》採用經緯線方格式的阿拉伯地圖法，圖的內容與功用完全是為大元所製，圖中的地名多是《元史・地理志・西北地附錄》的官方地名。

爾一帶；西至「迷思耳」，即今之埃及。南至天竺，即今之印度；北方特別標注：「月祖伯所封地即太祖長子　赤之後」。所謂「月祖伯」，即今之烏茲別克。它看上去，它就是一幅小型的中亞和西亞「世界地圖」。但在蒙元鐵蹄之下，它只是蒙元帝國勢力的「西北」而已。恰如《元史・地理志》所言「元有天下，薄海內外，人跡所及，皆置驛傳，使驛往來，如行國中」。

最後，我們再說回札馬魯丁製作的地球儀。據《元史・西域儀象》記載，地球儀「其製以木為圓球，七分為水，其色綠三分為土地，其色白。畫江河湖海，脈絡貫串其中。畫作小方井，以計幅員之廣袤，道里之遠近」。它形象地宣傳了「地圓說」，比之中國古代的「天圓地方」說是一大進步。在中世紀末期，中國能有反映大地形狀的地球儀，是一件相當了不起的事。地球儀採用了經緯網絡即「小方井」控制，也是中國地理史上最早的經緯度製圖法的記載，比之西晉以來的「計里畫方」是一大飛躍，比之利瑪竇來華畫經緯地圖，早了幾百年。

據說，這個地球儀是札馬魯丁依據十一世紀的波斯花剌子模地理學家比魯尼（Al-Biruni）的理論製作的，因為在中亞天文學家與地理學家中，只有比魯尼主張海洋的面積要遠遠大於陸地，而此前無論托勒密、伊德里西（Al Idrisi），還是巴里希（Balkhi）都把陸地畫得比海洋大。所以，這個地球儀傳遞的陸地海洋比是十分正確的。

「東學東來」帶來了許多先進的科學知識和世界觀，如，我們今天仍在用的阿拉伯數字，就是從元朝開始引入中國的，還有那丟失的世界最早的地球儀。但它們到底被中國人消化吸收了多少，這種知識大融合對後世中國科學進步和世界觀起到了多大的推動作用，還是一個值得我們進一步思索的問題。

8 恩威四方，西學東進

誤讀多年的鄭和下西洋

二〇〇四年，北京大學出版社出了一本小書，紀念《鄭和研究百年》。這個學術上的「百年」從何而來，一切要從光緒年間說起：一九〇四年引領大清學術潮流的《新民叢報》第三卷二十一號，發表了一篇名為《祖國大航海家鄭和傳》的長文。作者一方面悲嘆中國被西方列強侵略和瓜分的現實，一方面記敘了鄭和航海的偉業和再無鄭和之第二遺憾。文章署名頗似今日的網名——「中國之新民」。這個人就是中國現代史學先驅梁啟超。這篇論文是舊史學走向新史學的一個重要標誌，也被看作是「鄭學」的開山之作。

朱棣當上皇帝後，幹了兩件大事，一是編輯大型類書《永樂大典》，二是組織國家艦隊下西洋。朱棣為什麼要違背太祖海禁之制，組織聲勢浩大的下西洋活動。有兩個歷史文獻，交代得一清二楚：一是，至今仍立在南京靜海寺的《御製弘仁普濟天妃宮之碑》。這是朱棣在永樂十四年鄭和四下西洋回國後，親自為天妃宮撰寫的碑文。朱棣對神言明：下西洋是「恆遣使敷宣教化於海外諸番國，導以禮義，變其夷習」。二是，《明史・鄭和傳》中，「建文帝之出亡也，有言其在海外考，上命（鄭）和蹤跡之。且欲耀兵異域，示中國富強」——這就是最不受一些人歡迎的鄭和下西洋之「追逃說」與「耀威說」。如果用一個現代詞來概括朱棣的這個大動作，它應是大明政府的「形象工程」。因為，剛剛奪權的永樂帝，需要得到國內外的認可，要建立高大的或強大的國內與國際形象。朱棣是借此告之天下，大明朝如今是朱棣的天下，大明是天下的老大。

近年來的學者和學生們，總想把鄭和下西洋說成是「和平巡遊，友好往來」。雖然，《明史・鄭和列傳》中確有「宣天子詔，因給賜君長」的記載，但不研究文獻的人們，並不知道這句話的後面還明確指示「不服則以武懾之」。所以，我們在鄭和的列傳裡，還有不少動武的記載「俘舊港酋長」、「錫蘭山國王」。這本是明帝國的霸氣，是當年中國的歷史地位決定的，迴避這些事實，對「和平崛起」之說，也幫不了什麼忙。

實際上，早在鄭和下西洋之前，朱棣已先派人下了一次西洋，而且效果很好。一四〇三年，朱棣奪權登基後，即派太監尹慶巡訪南洋。尹慶到達麻六甲時，拜里迷蘇剌向尹慶傾訴自己深受暹羅的侵擾之苦，希望得到大明的保護。尹慶回國向朱棣報告，「其地無王，也不稱國」。永樂三年（一四〇五年）拜里迷蘇剌派代表來大明朝拜，朱棣遂封拜里迷蘇剌為麻六甲國王，並賜誥印、彩幣、龍袍等物——麻六甲王國，就這樣在大明的「委任」下誕生了。這麼好的西洋，何不多下幾次呢？

鄭和是偉大的人物，自然有「為尊者諱」的說詞。如「鄭和為明朝宦官」一說，似乎避開了「太監」這兩個不光彩的字；似乎「宦官」在字面上比「太監」要尊貴一些。豈不知，太監與宦官看上去像是一回事，實際上，在鄭和所處的明朝完全是兩碼事。

有人在解釋太監時，說「太監是指男性的生殖器官被閹割的人」。這說法相當的不準，司馬遷就是漢武帝下令閹割的，但不能稱司馬遷為太監。因為，司馬遷從沒入「內宮」任職。宮刑之後，他回家修史。梁啟超稱鄭和與司馬遷為「刑餘界中，中前有司馬遷，後有鄭和，皆國史之光也」。兩個同處「刑餘界」，但位置不可互換。「宮」只是一種刑罰，不表明受宮刑的人都要入「後宮」。太監通常為帝王的宮中奴僕，多是幼年送入宮內，終生在後宮服務。太監一般也稱宦官，但各朝代又有不同，比如明清兩朝。

明成祖設十二監，十二監的名稱分別是司禮監、內官監、御用監、司役監、御馬監、神宮監、尚膳監、尚寶監、印綬監、直殿監、尚衣監、都知監。其各主官頭目稱為太監，主官以下的宦官不能稱作太監。宦官是內宮遭閹割的男性服役人員的通稱。但到了清代，宦官被取消，才以太監為宦官的專稱。

鄭和被明成祖朱棣封為內官監太監，是四品大員，和後來清代的禁煙重臣林則徐同級。內官監「掌木、石、瓦、土、搭材、東行、西行、油漆、婚禮、火藥十作，及米鹽庫、營造庫、皇壇庫，凡國家營造宮室、陵墓，並銅錫妝奩、器用暨冰窨諸事」。下西洋的諸事，也是其職責之內的事。

歷朝的規矩是，太監只負責宮內的事，但明朝是個例外，特別重用太監。內政外交、公安司法、軍事財政，太監都有所插手。由於鄭和早年與一眾太監跟隨朱棣起兵造反，深得皇帝信任，所以，鄭和以「總兵」身份統領下西洋的船隊。

鄭和七下西洋最可靠的石碑文獻有三件，一是《御製弘仁普濟天妃宮之碑》，刻於永樂十四年，為紀念鄭和第四次下西洋平安歸來而建。二是《婁東劉家港天妃宮石刻通番事績碑》，刻於明宣德六年（一四三一年）夏，立於江蘇太倉。三是《天妃靈應之記》（圖8.1），刻於明宣德六年冬，立於福建長樂，鄭和船隊在第七次下西洋之際，總結了下西洋的全過程。

鄭和歷二十八載，七下西洋，聲威遠揚。可在皇家的賬本《明史》裡，留下的僅是語焉不詳的幾百字。人們無法指出他：生於何年？死於何時？葬於何地？也就是說，鄭和功績再大，在傳統的政治體系中，仍是走卒而已。

不過，有一點算是萬幸，跟著明朝皇帝幹大事的人，幾乎沒有一個有好下場。朱元璋死前已除去開國的所有菁英，朱棣也是找個「私覲太子」的罪名，就將《永樂大典》的總編輯解縉給殺了。但鄭和歷三朝皇帝，下西洋也屢遭反對，卻沒有被殺掉，這實在是個奇蹟。當然，這與朱棣奪權時得到太監內外支持有很大關係，明至朱棣開任用太監之風氣，內政外交、出兵打仗、東廠「格別烏」，全都有宦官任職，得寵與幸運，也實非鄭和一人。

圖8.1：

明宣德六年（一四三一年）冬，鄭和船隊在第七次下西洋出發之際，刻《天妃靈應之記》碑，立於福建長樂，此碑總結了前幾次下西洋的全過程。

鄭和航海文獻消失之謎

鄭和死後的半個世紀，宣德、正統、景泰、天順四朝更迭，海禁政策一以貫之。至成化十三年（一四七七年），忽一日，明憲宗皇帝朱見深提起鄭和七下西洋舊事，欲調檔案看看。太監汪直請兵部尚書項忠即刻去找。但找了半天沒有找到，憤怒的項忠把管檔案的人一頓暴打後，兵部侍郎劉大夏才說：「三保下西洋，費錢糧數十萬兩，軍民死傷且萬計，縱得奇寶而歸，於國家何益，此特一時敝政，大臣當切諫也。舊案雖存，亦當毀之，以拔其根，尚何追究其有無哉。」

此故事在明嘉靖嚴從簡的《殊域周咨錄》、陸樹聲的《長水日抄》和明萬曆顧起元的《客座贅語》等著述中都有記載。所以，後人都認為是劉大夏把檔案燒了。但細查史料，這事在歷史表述上，也頗蹊蹺。兵部尚書項忠是軍界最高長官，侍郎劉大夏本是下屬，怎敢底氣十足地以下犯上？另外，焚燒國家檔案，是觸犯大明律法的大事，怎能不了了之？《殊域周咨錄》和《客座贅語》等「個人敘事」是不是有所誇張或傳奇？更為奇怪的是，這等大事在官修的《明史》裡，竟沒有明確記載，「國家敘事」為何在此失語？

我不得不做這樣的推測：如果《明史》在劉大夏「焚稿」一事上，像後人修春秋「三傳」那樣，一會兒是「當筆則筆」，一會兒是「當削則削」，一切皆「以史為鑒」，又皆「為我所用」。這事的真偽就無從考據了。給劉大夏定罪，真還有點「證據不足」。

更加奇怪的是，在鄭和七下西洋的「第一檔案」不明不白地消失後，在鄭和下西洋二百多年以後，崇禎元年（一六二八年），天朝突然又冒出一張詳述鄭和七下西洋的航海全圖。

刊載鄭和航海圖的是一本有關軍事與邊防的著作《武備志》，作者叫茅元儀。茅元儀的祖父茅坤是一位軍事家，在兵部為官。其孫茅元儀承祖業，也是軍人出身，官至副總兵。這部寫於金陵的著作，運用了大量前朝的軍事檔案，所以，此中才出現了《自寶船廠開船從龍江關出水直抵外國諸番圖》，後人簡稱為《鄭和航海圖》。

《武備志》裡的《鄭和航海圖》，有一個一百四十二字的序言：「茅子曰：禹貢之終也，詳哉言聲教所及，儒者曰，先王不務遠，夫勞近以務遠，君子不取也。不窮兵，不疲民，而禮樂文明，赫昭異域，使光天之下，無不沾德化焉。非先王之天地同量哉。唐起於西，故玉關之外將萬里，明起於東，故文皇帝航海之使不知其幾十萬里。天實啟之，不可強也。當是時，臣為內豎鄭和，亦不辱命焉。其圖列道里國土，詳而不誣。載以昭來世，志武功也。」但它是否就是鄭和所用之圖、出自何時、何人、是抄本還是改寫本……皆沒有交代。史家猜測，此圖應是茅元儀的祖父茅坤，參加兵部尚書胡宗憲編撰《籌海圖編》時留下的地圖。但茅坤的這張圖又從何而來，又無從考證了。

《武備志》在輯錄這幅自右而左的一字長卷海圖時，將其分為書本式，自右而左，錄圖二十頁，共四十幅，並附有四幅《過洋牽星圖》（圖8.2）。全圖有地名五百個，能考出的三百五十個，一百五十個考據不出來。特別值得一提的是，這幅海圖還注記了天體高度「指」，利用天文導航的方法來測定船位及導航。中國古代星圖雖早，但專門用於航海的過洋牽星圖，卻僅見於《鄭和航海圖》。

雖然，《鄭和航海圖》的數學精度很低，出處不明，但它仍折射出了古代中國航海科技的偉大光輝。它不僅是世界上現存最早的航海圖集；而且與同時期西方最有代表性的波特蘭海圖相比，其製圖的

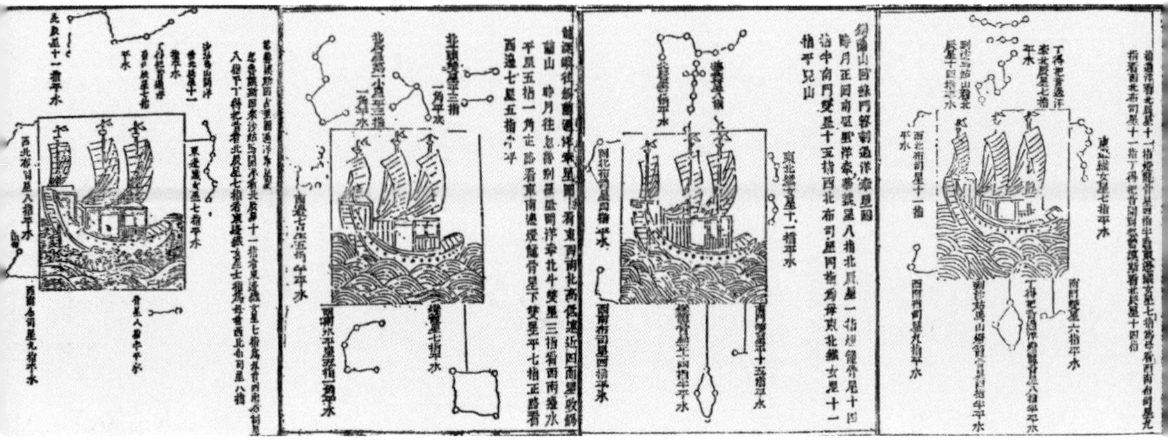

圖8.2：

《鄭和航海圖》卷尾所附「丁得把昔到忽魯謨斯」、「錫蘭山回蘇門答剌」、「龍延嶼往錫蘭」、「忽魯謨斯回古里國」四幅《過洋牽星圖》。

範圍之廣、內容之豐富，也都是天下第一的。

《鄭和航海圖》是以行船者的主觀視覺來繪製的，遇山畫山，遇島畫島，突出了海岸線、離岸島嶼、港口、江河口、淺灘、礁石以及陸地上的橋樑、寺廟、寶塔、旗竿等沿岸航行的標誌。航海者觀海看圖，只要依「景」而行，就可以到達目的地。中國古代的江河航行地圖，大多是這種山水畫式的繪法。

與西方的對位圖不一樣，《鄭和航海圖》是一種對景圖（圖8.3）。它不知道目的地的確切方向，但是利用航線各處的山形、水勢、星辰位置可以判別船舶的位置，一步步地前進。「土辦法」雖然不與世界上的海圖「接軌」，但亦實用可行。如上水時上北下南，下水時上南下北等。《鄭和航海圖》的比例混亂，航程總圖和山陸島嶼放大圖繪在一起，但又採取了不同的辦法，加以區分和說明，比如用虛線表示航線，在離岸較遠的航線上注記了針位（航向、方位）和更數（航程、距離），有時還用文字注記出航道深度、航行注意事項，是中國最早不依附海道專書而能獨立指導航海的地圖。

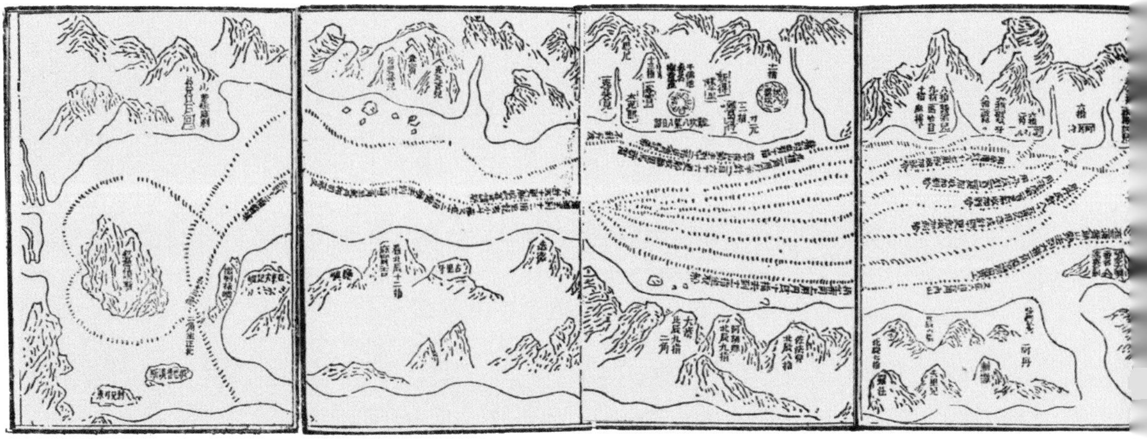

圖8.3：

《鄭和航海圖》描繪了鄭和船隊自太倉至忽魯謨斯的航路，此為卷尾部份的印度洋航海圖，圖中可以看到波斯灣的忽魯謨斯，阿拉伯半島南部的古里牙等著名港口。

圖中地名共約有五百個，其中外國地名大約三百個，大大超過元汪大淵《島夷志略》所收的外國地名。從它所標注的亞非廣闊海域來說，《鄭和航海圖》稱得上是世界現存最早的航海圖集。在世界地圖學史、地理學史、航海史上也佔有較為重要的地位。但是在繪製世界地圖這一方面，未留下什麼與西方「地理發現」可以抗衡的「發現」性成果。

從《鄭和航海圖》所列地點來看，全圖以南京為起點，最遠至非洲東岸的慢八撒（今肯亞蒙巴薩）——這也是多數學者贊同鄭和遠航最遠到達東非肯亞的主要證據。圖中列舉自江蘇太倉至忽魯謨斯（伊朗荷姆茲）的針路（以指南針標明方向的航線）共五十六條航線，由忽魯謨斯回太倉的針路共五十三條航線。往返針路全不相同，表明船隊在遠航中已靈活地採用多種針路以適應和利用季風與洋流，展現了高超的航海技術和較高的海洋氣象科學水準。

明朝所謂「西洋」，基本是南洋和印度洋，就是把東非也算上，還是沒有到達真正的西洋與西方。所以，嚴格地講我們沒有理由說，「鄭和是溝通東西文化的偉大使者」。鄭和七次「西」行，前後二十八載，從來沒有與任何西方國家打過交道。現將鄭和七下西洋的時間表和所到之地列在這裡：

第一次，永樂三年至五年（一四〇五年～一四〇七年），至古里、三佛齊國等國。

第二次，永樂五年至七年（一四〇七年～一四〇九年），往爪哇、古里、暹羅、柯枝等國。

第三次，永樂七年至九年（一四〇九年～一四一一年），經錫蘭山等國。

第四次，永樂十一年至十三年（一四一三年～一四一五年），往蘇門答臘國，忽魯謨斯等國。

第五次，永樂十五年至（一四一七年～），往忽魯謨斯國、阿丹國、木骨都京國、卜剌哇國、爪哇、古里國。

第六次，永樂十九年（一四二一年～），往忽魯謨斯等國。

第七次，宣德六年（一四三一年～），往忽魯謨斯國等十七國。

史載，鄭和的船隊各色艦船兩百多艘，共載官員、士兵、商人兩萬多人。其船隊規模之大，人員之多，組織配備之嚴密，堪稱世界之最。而遠遠晚於鄭和的西方幾大航海家，他們的海上探險規模都大大遜於鄭和。迪亞士只有三條船；哥倫布也是三條船；達伽馬是四條船；麥哲倫有五條船。但他們小小的船隊，卻給世界帶來了前所未有的地理大發現。

從已知的史料看，鄭和船隊所到的地方，都不屬於地理上的「未知領域」。所到「三十餘國」，早在漢、唐、宋、元時期都有海上與陸上的友好往來。說到遠及東非，比鄭和早近百年，元朝的航海家、旅行家汪大淵就已到訪，並有著作《島夷志略》傳世。鄭和下西洋最可靠的原始文獻有三部（圖8.4）：一是馬歡的《瀛涯勝覽》、二是費信的《星槎勝覽》、三是鞏珍的《西洋番國志》。但是，連鄭和船隊

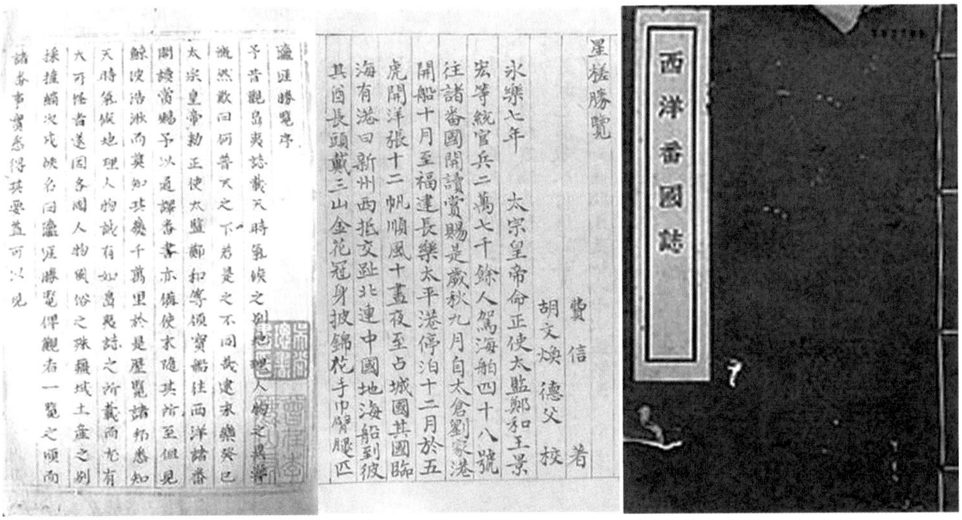

圖8.4：

鄭和下西洋最可靠的原始文獻有三部：一是馬歡的《瀛涯勝覽》、二是費信的《星槎勝覽》、三是鞏珍的《西洋番國志》。

的著作《瀛涯勝覽》等，有許多章節是直接照搬《島夷志略》。但汪大淵去非洲不是「官派」，不代表國家，後世很少宣傳他。所以，我們不能將鄭和說成了第一個到達「西洋」的人物，他也不是東西方文化交流中的「馬可波羅第二」。

下西洋的寶船，為何到了東非就不往前走了呢？

從鄭和個人來看，他不是冒險家，也不是科學家，更不是商人。僅就個人而言，他沒有發現的必要。從大明王朝來看，永樂皇帝朱棣，並不喜愛航海，朝廷也不缺外國的銀子，帝國沒有任何殖民與掠奪的願望。所以，朱棣支持了鄭和遠航，但他的兒子朱高熾卻廢止了鄭和的遠航。宣德支持了最後一次下西洋後，也終止了這一偉大壯舉。

鄭和七下「西洋」之際，真正的大西洋國家——葡萄牙，正在向非洲西海岸進軍：一四一五年，亨利王子隨父王攻克北非城市休達（摩洛哥）；一四三四年，葡萄牙人越過歐洲航海家的北非極限——博哈多爾角（Cape Bojador，西撒哈拉之西海岸），一四四五年，航海家迪亞士越過西非沙漠海岸，發現了維德角（Cape Verde）——西方世界正式拉開了大航海的序幕。

遺憾的是，大明王朝在這一刻，卻進入了全面海禁時代。正如開明的鄭學研究者所分析的那樣：「此後，西方人完成地理大發現的兩百年，正好是明朝實行海禁的兩百年……在西方文明將國家政治擴張、軍事征服、宗教傳播與民間航海發現、貿易開拓、海外殖民有機結合起來，作為一種文明整體的力量走向世界進而稱霸世界的時候，華夏文明卻由於其內在機制的矛盾自殘了向外發展的勢力。鄭和的遠航，在這樣的背景下進行，他的輝煌也恰是歷史的悲涼。」

帝國是一樣的，世界觀各有不同。西方世界是這樣解釋中國的——「中國人轉過身去背對海洋（黑格爾語）」，而轉過身去的中國沒有想到，讓這個民族遭受的災難性打擊恰恰是從海上襲來。

海商變倭患的歷史脈絡

說倭寇之前，先要弄清「倭」是什麼。「倭」不是一個古文字，甲骨金文都沒有，大篆小篆中也沒有。這個字的早期應用是在《詩經・四牡》中，其「周道倭遲」的「倭」，在此不單獨顯示意義，「倭遲」作為一個詞，有逶迤之態。

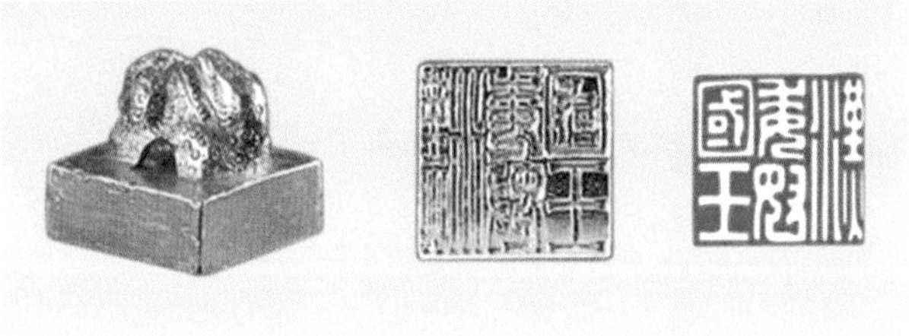

圖8.5：

一七八四年日本志賀島農民甚兵衛，在整修農田水溝時，挖到「漢委奴國王」金印。從而印證了《後漢書》中記載的東漢光武帝賜日本倭奴國金印的歷史事件。

用「倭」來指稱日本或朝鮮等中國東方的古代部族，大約始於戰國。「倭」字正式進入國家文獻，大約在漢朝。《後漢書》中即有，「建武中元二年（西元五七年）倭奴國奉貢朝賀，使人自稱大夫，光武賜以印綬」的記載。可謂傳奇的是，一七八四年日本志賀島農民甚兵衛，在整修農田水溝時，竟然挖到「漢委奴國王」金印。從而印證了東漢光武帝賜日本倭奴國金印的歷史事件（圖8.5）。

從這顆明治時被定為日本國寶的漢賜金印來看，印上的「委」或者「倭」，似乎沒有貶意。史料也能證明，當時的日本也接受這樣的稱呼。南朝劉宋（四二〇年至四七九年）時，日本貢使來華，自稱為「百濟、新羅、任那、秦韓……六國諸軍事，安東大將軍，倭國王」。直到唐代，這一「國名」才發生變化。據《新唐書・日本國傳》載：咸亨元年（六七〇年），日本派遣使者，祝賀平定高麗。使者說，學習中國文字後，不喜歡倭的名字，改名為日本，因為國家靠近日出的地方。但改稱日本國之後，很長一段時間，「倭」之舊稱仍在日本使用。連聖武天皇（七〇一年至七五六年）的宣命書裡，仍用「大倭國」自稱。

「倭」字產生貶意是與「寇」字相連之後。據專家考證，正史裡出現「倭寇」一詞是從《明史》開始的。最初「倭寇」中的「寇」字，是作動詞使用的，表示「侵犯」。如，「倭，寇福州」、「倭，寇浙江」、「倭，寇上海」。如此往復，「倭寇」終於作為名詞而被使用，成為「日本侵略者」的意思。「倭」也由此成為蔑稱。

「倭寇」是一個複雜的歷史現象。倭作為一個與中國鄰近的島國，漢唐以來就與中國有著密切的連繫，有文化往來，也有商業往來。唐以後，國家重心從中原大陸向南方轉移，海洋成為大宋朝廷的經濟倉庫。所以，大宋與日本、高麗海上交往頻密。中國從日本進口的舶貨以黃金和木材為大宗，還有一些工藝製品，尤以日本倭刀最受中國人喜愛。

日本大刀色青熒，魚皮帖把沙點星。
東胡腰鞘過滄海，舶帆落越棲灣汀。
賣珠入市盡明月，解絛換酒琉璃缾。
當壚重貨不重寶，滿貫穿銅去求好。
會稽上吏新得名，始將傳玩恨不早。
歸來天祿示朋遊，光芒曾射扶桑島。

這是宋代詩人梅堯臣的賞玩日本刀的一首詩，名為《錢君倚學士日本刀》。據說，北宋歐陽修是最早寫《日本刀歌》的，後來「日本刀」就成了詩家特定的吟詠題材。拋開詩家的故事不說，可見日本刀在宋代是一種時尚之物。

海上商貿活躍，走私與海盜也相伴而生。由於日本商業活動的快速發展，貨幣廣泛流通，使得國內銅礦匱乏的日本，銅錢流通量嚴重不足。於是，日本市場交易乾脆使用中國銅錢，雖然，南宋朝廷嚴禁走私中國銅錢，但日本海商鋌而走險，並大獲成功。這大約就是日本早期的海上走私。

雖然，《宋史・日本傳》中有「倭船的火兒滕太明打死鄭作」的記載。但宋代的中日海上走私，並沒有形成武裝販運的規模。大規模的武裝走私，興起於朝代更替的特殊時期。比如，南宋滅亡時，一批宋末將領，先後下海為盜。有意思的是蒙元興辦海運時，這些海盜又被招安成為海運功臣。如，元代海運漕糧的萬戶朱清，就是下海為盜的宋末將領。元末明初時，海盜也多有蒙元軍隊的背景，這夥人不僅搶劫海上商船，還大舉攻擊海岸目標。這種朝代更替時的海盜現象，一直持續到明清交替之時。

所以，「倭」和「倭寇」對中國來說是很特殊的詞，它不單單指日本，也不單單指日本的海盜，而是有中國人有日本人，有軍人有商人的混雜的海上利益集團。

大明代替蒙元之後，以華夏正統自居的朱姓王朝，拒絕承接蒙元發展起來海外貿易聯繫，實行嚴厲的海禁政策，規定「片板不許下海」。雖然，明永樂曾有過鄭和下西洋的壯舉，但那也只是大明王朝的「形象工程」，為的是「耀兵異域，示中國富強」，而非為了開放海上貿易。所以，明廷在太倉造了那麼多大船，那也只是供朝廷下西洋之用，老百姓是絕對不許造大船的。當然，從朱元璋開始就定下的大明海禁的基調，也有著海防的意思，因為大明初立，「倭寇」多為流亡海上的蒙元軍水師舊部，如張士誠、方國珍等殘餘軍隊。東南沿海的島嶼與大陸之間，海防任務艱巨。所以，明代在東南沿海建立了有史以來最為密集的海防。這一點，我們從《籌海圖編．廣東沿海山沙圖》可以看得很清楚（圖8.6）。

其實，以對日海上貿易而論，中日的海上貿易，早在蒙元一朝就已結仇。

元世祖忽必烈曾因惱怒日本國不肯臣服，兩度征討日本。此後，日本與中國的往來，多以「入元僧」為主。這些「入元僧」歸國以後，利用寺院空地，摹擬吳山越水，營造出日本獨有的「枯山水」庭園。同時，倭商也利用僧侶往來之便，進行中日海上商貿活動。但蒙元朝廷的官吏對倭商深懷敵意，抬高貨物進出關稅，由此還引發了倭商焚掠慶元府衙事件。日本與蒙元的仇恨越結越深，倭商鋌而走險的事也越來越多，日本海商慢慢淪為海盜倭寇。大明實施嚴厲海禁之後，窮途末路的中國海商，乾脆和倭寇合流成為海盜。此外，還有乘機渾水摸魚的日本浪人，以及真正的倭寇——流竄在外的日本國罪犯集團，這些複雜的成份和在一起，構成了大明中國的「倭患」。

說到「倭患」，有一點還應明確：日本之倭寇，並無官方背景。日本朝廷非常支持大明朝廷海上剿匪。據明王舒《題本》載，永樂初，朱棣命太監鄭和等招撫四番，日本獨先納貢，同時送來倭賊二十人。成祖讓日本使節自己去處置倭賊。日本使節回到明州港，即在海邊支起大銅鍋，將這二十倭賊丟入沸水蒸騰的大鍋中。

明代的海禁制度始於朱元璋，這在《明太祖實錄》裡記錄得很清楚：洪武三年（一三七〇年），「罷太倉黃渡市舶司」；洪武七年（一三七四年），罷唐宋以來就存在的福建泉州、浙江明州、廣東廣州三市舶司；洪武十四年（一三八一年），朱元璋「以倭寇仍不稍斂足跡，又下令禁瀕海民私通海外諸國」；洪武二十三年（一三九〇年），朱元璋再次發佈「禁外藩交通令」；洪武二十七年（一三九四年），為徹底取締海外貿易，禁止民間使用及買賣舶來的番香、番貨等；洪武三十年（一三九七年），再次發佈命令，禁止中國人下海通番。

《大明律》為海禁規定了嚴酷的懲處辦法：「若奸豪勢要及軍民人等，擅造三桅以上違式大船，將帶違禁貨物下海，前往番國買賣，潛通海賊，同謀結聚，及為嚮導劫掠良民者，正犯比照已行律處斬，仍梟首示眾，全家發邊衛充軍。其打造前項海船，賣與夷人圖利者，比照將應禁軍器下海者，因而走洩軍情律，為首者處斬，為從者發邊充軍。」

明朝廷的這一制度，本想是鞏固海防，結果不僅沒成為海防的有效手段，反而在沿海地區激化了衝突。商人不許海上貿易，漁民「禁民入海捕魚」。結果是「海濱民眾，生理無路，兼以饑饉荐臻，窮民往往入海從盜，嘯集亡命」，「東南諸島夷多我逃人佐寇」。在長崎，明時曾住有兩三萬華人。可以說，明代的海禁從一開始就不得人心。但明朝廷，不僅沒有調整這一制度，相反又不斷升級海禁政策，倭寇非但沒受到多少控制，相反越禁越多，到了嘉靖年間，倭患達到高峰。

史載：嘉靖三十一年（一五五二年）秋，倭寇在當地賊首陳東引領下，突襲劉家港。三十二年，海盜汪直引倭船十一艘，掠寶山、闖瀏河，登岸剽劫；此後，蕭顯又引倭寇二千多人大舉登陸，沿婁江襲太倉、昆山，轉而掠嘉定、青浦、松江，進犯上海；賊首徐海領倭寇數百人，直入青浦白鶴進犯太倉，還有一股倭寇七百餘人，在賊首何八帶領下，直奔太倉，兩股倭寇協同作戰，合圍太倉城……

歷史記下了像俞大猷這樣的南直隸兵備總兵，掃平倭寇的大英雄；同時，也留下了有識之士對海禁的批評與抗爭。

明王士性在《廣志繹》中指出：「番人失利乃為寇」，「而王五峰、毛海峰等，遂以華人居近島，

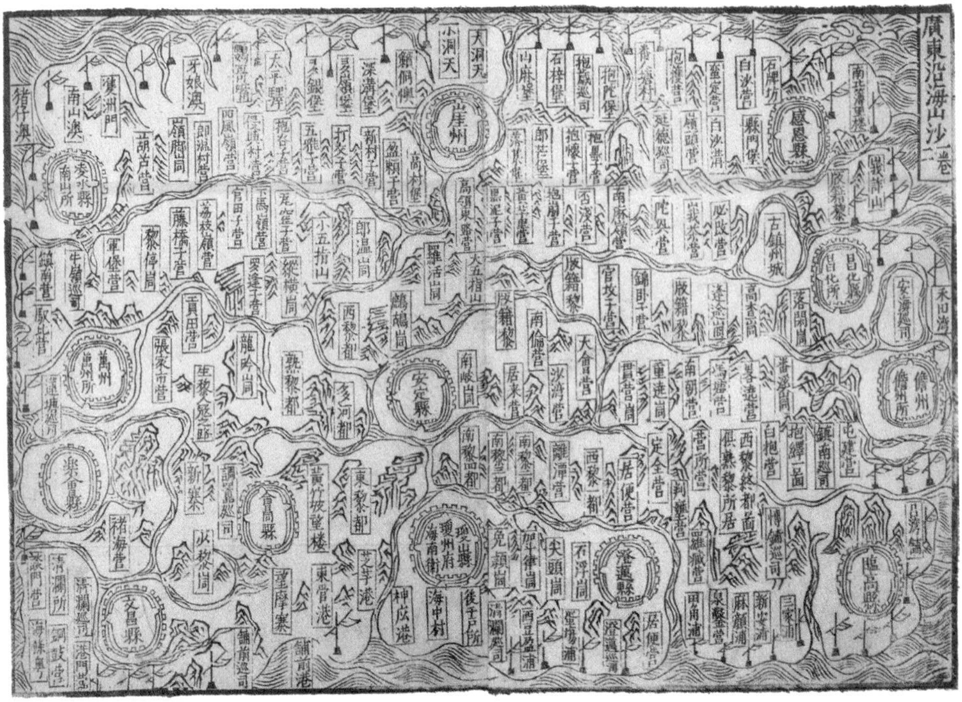

圖8.6：

《廣東沿海山沙圖》：選自明嘉靖三十五年（一五五六年）編撰的地圖集《籌海圖編》。全書編輯了明初以降，應抗倭需要而繪製的海防圖一百七十二幅。

襲王者衣寇，假為番寇，海上無寧歲矣」，「御史董威，乃復請寬海禁，是浙倭之亂，咸浙人自致之。」

明王世懋在《策樞》中說：「商貨之不通者，海寇之所以不息也」，「貨販無路，終歲海中為寇，曷能已也。」隨後，王世懋建議說：「莫若奏聞於朝，修復舊制。沿海凡可灣泊船處，及造船出海處，各立市舶司。凡船出海，紀籍姓名，官給批引。有貨稅貨，無貨稅船，不許為寇。若是國則利其用，民樂其宜，皆唯利而不復敢為寇矣。」

但這些批評與建議，並未被明朝廷所採納，海禁未止，倭患未絕。

在大明王朝三令五申地實施海禁之時，世界恰在這時，興起了影響深遠的大航海運動。一面方是西方世界，向海洋進軍，一方面是大明中國，拒絕海洋文明。在封閉的大陸體系中，大明把自己關在了世界的門外。古代中國，從這一王朝開始，漸漸落後於西方世界，漸漸脫離了文明社會。更為可悲的是，明朝的海禁制度，到了清朝不僅沒有得到反省，反而升級為「閉關鎖國」制度。這一次的中國，面對的已不是倭寇了，而是來自西方世界的「紅毛夷」，歷史由此變成了我們不願看到的另一模樣。

中國人最早繪製的世界地圖

古代中國的先人們走出國門去認識世界的歷史相當悠久。他們靠著古老的傳說，靠著堅定的信念，在沒有什麼明確的標示，甚至連東西南北都無法準確定位時，仍然踏出了堅實的探索之路。這種最偉大的行跡，最初是由傳經人一步步開拓的。

西元前二年，大月氏國派使者伊存到長安，將佛教傳入中國；西元六七年，天竺高僧用白馬馱著佛像、經書來到洛陽傳經。這些從西方來的使者留下了佛像、經書，但卻沒給我們留下東行的地圖。

西元五六年，漢明帝派蔡愔、秦景等十二人出使天竺取經；西元三九九年，東晉的法顯和尚又帶九個人西行天竺取經。中國取經人回國後，寫出了著名的《佛國記》，卻沒留下西行的地圖。

唐代以來，西遊的中國人更多了，走的也更遠了。大唐的杜環，大元的汪大淵，都遠及非洲，但他們都沒給歷史留下可以一窺世界的地圖。中國古代的地理大發現就這樣定格在只留下文字未留下地圖的遺憾之中。

《元經世大典地圖》是一幅相當「官方」的世界地圖。此圖東起「沙州界」、「別失八里」即今甘肅敦煌和烏魯木齊以東的吉木薩爾一帶；西至「迷思耳」，即今之埃及；看上去是跨了大洲，但也僅是搭上非洲一個邊。總體而言它仍一幅小型的中亞和西亞地圖。

雖然，《大元一統圖》算不上世界地圖，但中國最早的世界地圖，一定是出自元代，因為在《大明混一圖》（圖8.7）中，我們看到了元代世界地圖的偉大身影。我也是二〇〇四年去過南非之後，才知

圖8.7：

《大明混一圖》所繪地理範圍東至日本、朝鮮；南至爪哇；西達非洲西海岸、西歐；北至貝加爾湖以南。其中，對南非的完整描繪，是非洲的「第一次」，同時，它也是現存最早的中國繪製的世界地圖。

道南非有一幅由中國複製的《大明混一圖》。此圖是南非國民議會議長金瓦拉女士訪問中國時，看到曹婉如等專家一九九四年編輯出版的《中國古代地圖集》中印刷的此圖，才懇請中國政府為二〇〇二年底在南非舉辦的「南非國民議會千年項目地圖展」提供該圖複製件。我是在不久後的一個電視專輯中看到《南非國民議會千年項目地圖展》，節目裡的非洲小姐說：地圖上顯示著明顯的非洲大陸的形狀，甚至詳細地標出非洲南端的好望角海峽。這幅古非洲地圖從未在世界上向公眾展示過，南非政府獲得特許，從這個相當精緻的歷史藝術品上獲得了一個原樣摹本。這幅名為《大明混一圖》的地圖，製作年代顯然比西方探險家和地圖繪製者最早抵達南部非洲的時間要早上一百年。

這幅巨大的古地圖原件一直藏在中國第一歷史檔案館中，看過那個專輯後，我曾專門帶著介紹信到這家檔案館，找到館裡的負責人，想看看此圖。但他搖著頭說，此圖從不給任何人看，也從未對外展出過。令人安慰的是二〇一二年，在新建的上海中國海事博物館看到了原尺寸的《大明混一圖》，可能是國內唯一複製件。《大明混一圖》原圖縱三·八六公尺，橫四·七五公尺，彩繪絹本，是中國目前已知尺寸最大、年代最久遠、保存最完好的「古代世界地圖」，屬國寶級珍貴歷史文物。它所繪地理範圍東至日本、朝鮮；南至爪哇；西達非洲西海岸、西歐；北至貝加爾湖以南。當然，南非人最感興趣的是這幅圖對南非的完整描繪。因為，對於非洲它是「第一次」，目前還沒有發現比它更早的描繪南非的地圖。在這幅明代地圖上，還貼滿了密密麻麻的滿文標籤，是清政府取代明王朝後，將這幅圖內一千餘個漢字地名，全部按等級貼蓋上了大小不同的滿文標籤，表明滿族人正統治著這片土地。

《大明混一圖》上沒有留下繪圖的時間與繪製者的名字。專家們只能根據地名標注等對照分析來判定：此圖約繪製於明洪武二十二年（一三八九年）。其中國內部份是依據元朱思本的中國全圖《輿地圖》繪成；非洲、歐洲和東南亞部份是依據元末李澤民《聲教廣被圖》繪成；而印度等地可能是依據元上都天文台長札魯馬丁的《地球儀》和彩色地圖繪製；北部還可能參照了其他地圖資料。

因而，誰是歐洲與南部非洲的最早描繪者，成了千古之謎。

尚未「混一」的疆理圖

與《大明混一圖》同樣受地理學界關注的還有一幅《混一疆理歷代國都之圖》。這幅地圖也繪出了整個非洲，包括好望角。比《大明混一圖》好些的是《混一疆理歷代國都之圖》（圖8.8）上留有重要的跋文。

「天下至廣也，內自中邦，外薄四海，不知其幾千萬里也。約而圖之於數尺之幅，其致詳難矣。故為圖者皆率略。唯吳門李澤民《聲教廣被圖》，頗為詳備；而歷代帝王國都沿革，則天台僧清浚《混一疆理圖》備載焉。建文四年夏，左政丞上洛金公（即金士衡），右政丞丹陽李公（即李茂）燮理之暇，參究是圖，命檢校李薈，更加詳校，合為一圖。其遼水以東，及本國之圖，澤民之圖，亦多缺略。今特增廣本國地圖，而附以日本，勒成新圖。井然可觀，誠可不出戶而知天下也……」

建文元年（一三九九年），朝鮮賀使金士衡在中國看到了元代李澤民的《聲教廣被圖》和清浚的《混一疆理圖》，並將這兩幅圖的複本帶回國。四年後，即西元一四〇二年（比《大明混一圖》晚了十三年）經金士衡、李茂初步考訂和李薈詳細校對，後由李薈和權近補充朝鮮和日本部份。最後，在絹上繪製完成這幅縱一百五十八·五公分、橫一百六十八公分的彩繪地圖。從圖的比例看，權近將朝鮮半島畫得比日本群島大四五倍。

這幅地圖的原圖早已亡佚，現存的《混一疆理歷代國都之圖》，是西元一五〇〇年日本人摹繪的，先藏於日本的一古寺中，後被日本東京龍谷大學圖書館收藏。但據日本古代地圖研究專家海野一隆說，

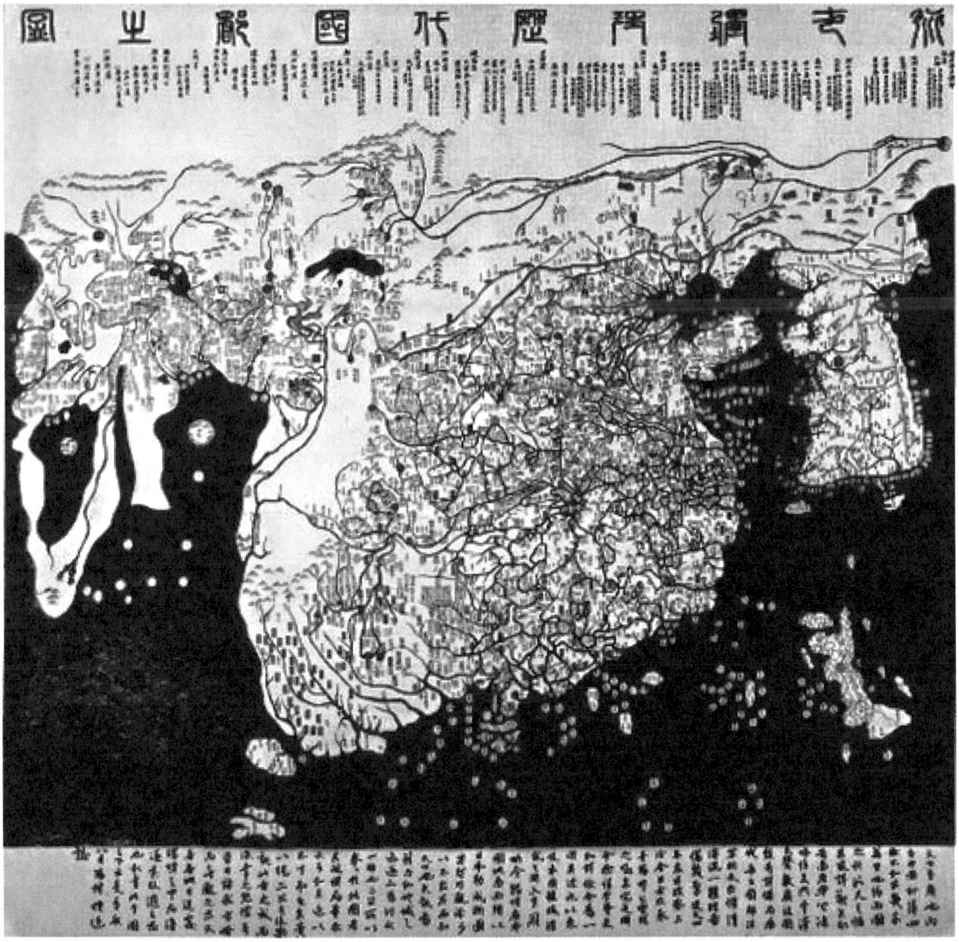

圖8.8：

朝鮮賀使金士衡在大明看到了元代李澤民的《聲教廣被圖》和清浚的《混一疆理圖》，並將這兩幅圖的複本帶回國。四年後（一四〇二年）由李薈和權近補充朝鮮和日本部份，完成這幅縱一百五十八・五公分、橫一百六十八公分的彩繪《混一疆理歷代國都之圖》。

韓國國立漢城大學奎章閣圖書館有一幅更好的《混一疆理歷代國都之圖》複刻版。這幅保存著元代繪圖風格的《混一疆理歷代國都之圖》，描繪範圍：東自朝鮮和日本群島；東南繪出了麻逸（今菲律賓的呂宋島）、三嶼（今菲律賓的巴拉旺島）等島嶼；西南繪有渤泥（婆羅州），三佛（今蘇門答臘島）、馬八兒（今印度的馬拉巴爾）等；正西繪出了三角形的非洲大陸及北部地區；北面已繪到大澤

（今貝加爾湖）以北一線。這幅地圖同樣告訴我們，早在歐洲人繪畫的世界地圖出現之前，元王朝就已對亞洲、非洲等地有了很清楚的認識。

現在的問題是，這幅地圖的重要母本——元末李澤民的《聲教廣被圖》中的非洲大陸是怎樣繪圖出來的？由於李澤民和清浚的輿圖均已失傳，史料中也沒留下他們任何故事。關於這兩幅圖的詳細內容以及李澤民和清浚是否有航海故事，也就無從得知了。日本地圖學專家海野一隆認為：《聲教廣被圖》應成於元代中期一三三〇年前後，其對非洲東岸和南部海岸的描繪之底圖，應取自伊斯蘭世界的地圖。因為，古代印度洋畢竟伊斯蘭的世界，而那裡的航海技術與地圖知識也一直是世界先進水準。此外，中亞來大元的阿拉伯人札魯馬丁曾為元朝製作過一個地球儀，或許對中國人描繪世界另有幫助。

但不論如何，首次描繪出南部非洲的《大明混一圖》和《混一疆理歷代國都之圖》，在世界地圖史上都有著極為重要的地位。但明朝的皇上從這張圖中，也只能看到半個世界。當然，這時歐洲的君王也在蒙昧之中，他們看到的也是不完整的世界。

東方人在東方，畫東方人的世界地圖。

西方人在西方，畫西方人的世界地圖。

迪亞士一四八八年繞過好望角後，歐洲人才「發現」南部和東部非洲，並將這一部份「發現」併入歐洲的世界地圖；再後是哥倫布一四九二年發現美洲，歐洲人又將這個「新大陸」併入他們的世界地圖中；再後是麥哲倫環行世界，世界地圖才算真正「混一」了。東方與西方的世界地圖，才在激烈的歷史大碰撞中融為一體，生成一個完整的世界地圖。

完整的世界地圖和全新的世界觀進入中國，還要等待另一次東西文化的大碰撞。

利瑪竇給中國帶來世界地圖

當大明中國停止遠洋航行之際，西方世界正興起一股席捲世界的航海狂潮。一四八八年葡萄牙的迪亞士發現發好望角後，達伽馬沿著他的航線跨過印度洋，在印度登陸。此後，以印度為基地，葡萄牙人展開了佔領東方市場的宏偉計畫：佔領亞丁——控制紅海通道；奪取荷姆茲——控制波斯灣通道；攻佔麻六甲——控制東部通道。以老大自居的中國，對這一切竟渾然不覺。

據《廣州通志・夷情上》載：「佛郎機素不通中國，正德十二年（一五一七年），駕大舶突至廣州澳口，銃聲如雷，以進貢請封為名……」大明邊境上的香山澳（今澳門），就這樣生出一個「番鬼城」。葡萄人以修船為名賴在香山澳不走了，順著葡萄牙人開出的航路，西班牙人也來了；義大利人也來了。這些洋人將東來第一站選在了肇慶。

肇慶位於珠江三角洲頂端的西江邊上，江海交匯，水陸交通便利。早在西漢時，這裡即立高要縣；隋時，高要升為端州府；宋時，書法家皇帝宋徽宗趙佶，穿上龍袍之前曾為端王。後來，為紀念福之肇始於端州，遂將此地改為「肇慶府」，並親題了三個瘦金字。嘉靖四十三年（一五六四年），兩廣提督吳桂芳正式開府肇慶。這裡又成為兩廣政經中心，自然成為西洋人登陸南中國的首選之地。

一五七九年六月，三十六歲的羅明堅（Michele Ruggieri）抵達澳門，他被稱為首位來中國的義大利傳教士（其實，一五五二年，西班牙的耶穌會士方濟各・沙勿略〔San Francisco Javier〕就已抵達澳門。更早的元朝，也從海上來了不少洋教士）。一五八二年春天，通過當時最有話事權的葡萄牙駐澳官員疏通，羅明堅得以在肇慶落腳，並很快將正在印度果阿（葡萄牙東方殖民活動的中心）傳教的瑪提歐・利奇（Matteo Ricci）調來當助手。為融入中國社會，瑪提歐・利奇給自己起了一個載入中西交往史冊的中文名字——利瑪竇。

師徒二人在肇慶落腳，仿照和尚的樣子剃光了頭髮，改穿僧服；並請求地方官批一小塊地，讓他們建一座敬神的小房子。斯時正在西江邊上興建鎮河寶塔的知府王泮，就在他的寶塔旁邊，批給西僧一塊土地。萬曆十三年（一五八五年），漂亮的小教堂與王泮的崇禧塔同時落成。不知這西洋教為什麼宗教的王泮，親題兩塊匾額送給教堂：一塊「西來淨土」，一塊「仙花寺」。一五八八年，王泮升任湖廣布政使，並離開了肇慶（同年，羅明堅回義大利）。臨走的前一年，當地人為了紀念來自紹興的王泮，在肇慶為官八年的貢獻，特在崇禧塔西側為他修了一座「王泮生祠」。這座建築的後殿仍在，崇禧塔仍立在西江邊上；但今天已無法找到利瑪竇「故居」——仙花寺了。舊址上，而今只有一個石碑，上書「利瑪竇仙花寺遺址」。

有了仙花寺這個陣地，利瑪竇便擺開了西洋文化的場子：西方書籍、自鳴鐘、望遠鏡、地圖……在這個圖書館、展覽館兼文化沙龍的寺院裡，最引人注目的是他帶來的那幅《世界地圖》。利瑪竇指著地圖，講述自己在哪裡出生、從哪裡來到中國、經過了哪些國家……飽讀四書五經的中國書生，大開眼界。知府王泮是個精明人，即刻請利瑪竇把這幅地圖翻刻成中文版的世界地圖。於是，利瑪竇與中國朋友一起繪製了一幅比原圖更大的，並且有漢字注釋的世界地圖。王泮為此圖題了一個中國式的名字：「山海輿地全圖」。

肇慶就這樣擁有了第一張中文版的世界地圖。

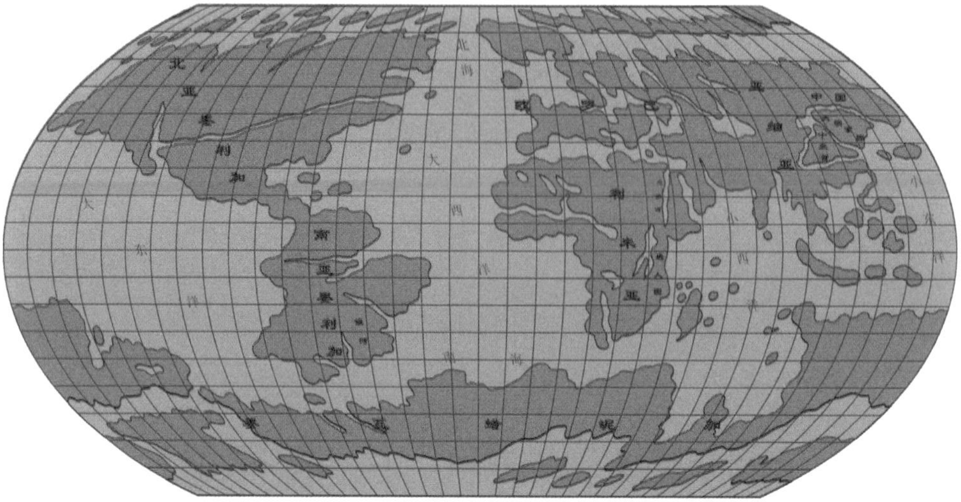

圖8.9：

利瑪竇來中國繪製的第一幅世界地圖《山海輿地全圖》早就消失了，它到底是啥模樣，沒人能確切描述出來。二〇〇〇年以郝曉光為首的幾位地圖學學者，根據史料加以推理，復原出了一幅《山海輿地全圖》示意圖。

外國人最善長捕捉中國人的弱點，尤其是他們要進入中國社會的時候。利瑪竇很快就發現，在中國人看來「世上沒有其他的國家、朝代或文化是值得誇耀的。這種無知使他們越發驕傲，而一旦真相大白，他們就越發自卑……另一個結果也同樣重要。他們在地圖上看到歐洲和中國之間隔著幾乎無數的海洋陸地，這種認識減輕了我們到來所造成的恐懼。」也就是說，利瑪竇的世界地圖在仙花寺出現，並非偶然。借助世界地圖改變中國人的世界觀，進而改變對歐洲人的看法，是利瑪竇的文化策略；但他沒有料到，地圖中的中國位置會成為東西文化一次耐人尋味的碰撞。

《山海輿地全圖》繪成後，王泮的目光在地圖上掃了半天，才找到「我泱泱大國」，知府大人對「置中國於地圖之極東一角」，表示了不滿：「世界唯中國獨大，餘皆小，且野蠻。」剛剛落腳肇慶的利瑪竇感到了主人的不快，決定以東方視角重新安排中國的位置與世界圖景。

非常遺憾的是，利瑪竇繪製的《山海輿地全圖》早就消失了，它到底是啥模樣，沒人能確切描述出來。二〇〇〇年以郝曉光為首的幾位地圖學學者，根據史料加以推理，復原出了一幅《山海輿地全圖》示意圖（圖8.9），使人們對最初的那幅地圖有了形象的認識。而據地圖史學家考證，最接近《山海輿地全圖》的是明代的理學家九江白鹿洞書院山長章潢，一五八五年編撰的《圖書編》中的《輿地山海全圖》（名字已經不一樣了）。這張地圖被認為是現存最早的利瑪竇世界地圖的仿製圖。《輿地山海全圖》將中國繪在地圖的中央，這似乎證明了：除《山海輿地全圖》外，利瑪竇後來畫的所有世界地圖，全都是將中國置於地圖中央的。四百多年過去，直到今天，這款「太平洋格局」的世界地圖，雖經無數次修正，越畫越準，但卻從未走出「利瑪竇框架」。

古代中國與世界的關係，也許被利瑪竇改圖而「事件」化了，但它確實是研究中國思想史的一個值得反覆思索的「經典」。

新世界觀並沒改變中國

利瑪竇的世界地圖，不論是把中國放在中央的，還是置於一邊的，都是當時最先進的，也是中國人前所未見的世界圖景。這是中國與世界親密接觸的極好機會，但機會並非變革的必要條件。

直到一六〇一年，也就是萬曆三十年，利瑪竇才等來了進京拜見萬曆皇帝的機會，此時四十歲當了三十年皇帝的朱翊鈞，已經稱病不朝。但這位「西洋陪臣」還是獻上了系列禮品：天帝母圖像、天帝經、自鳴鐘、建築繪畫、銅版畫、西洋琴、沙刻漏、乾羅經，還有一張被叫做《萬國輿圖》的世界地圖和不久前在荷蘭出版的奧特里烏斯（Abraham Ortelius）編輯的有五十多種各國地圖的《世界概觀》地圖

坤輿萬國全圖

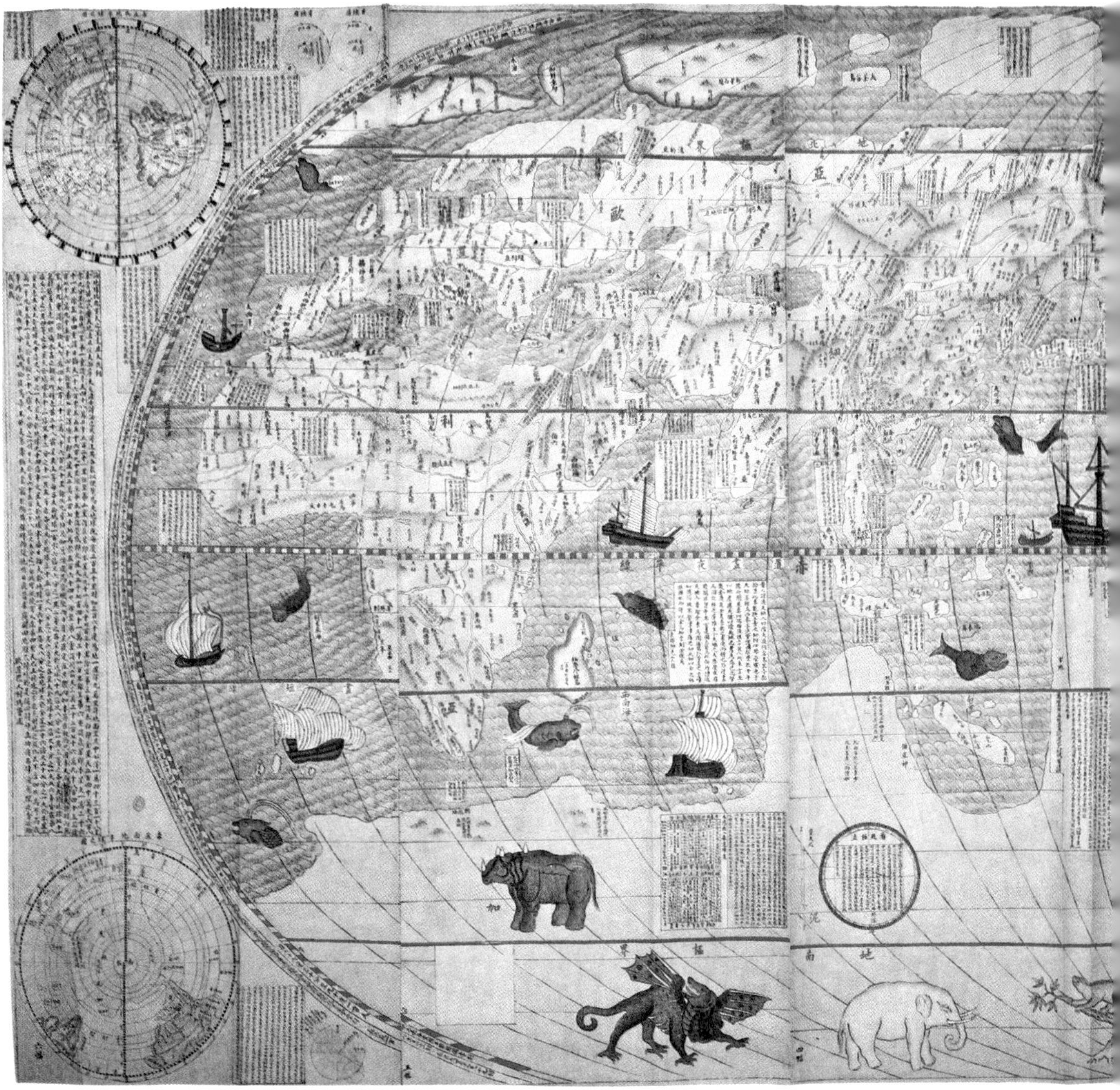

圖8.10：

南京博物院收藏的彩色摹本《坤輿萬國全圖》。

冊。萬曆皇帝是否看了世界地圖集，我們不得而知。但那幅《萬國輿圖》萬曆皇帝非常喜歡，他令工匠把這幅世界地圖分成十二幅，做成屏風。世界地圖就這樣變成了一幅賞心悅目的圖畫。

利瑪竇的世界地圖中，最為我們熟知的《坤輿萬國全圖》，初刻時總共用了幾大塊刻板，每一塊都有一人高。現為中國國家圖書館珍藏的這一幅，原來存放在西什庫教堂。此圖是當時世界最接近於真實的地圖，上面還用中文記有各種傳說和猜想。如，在黑龍江一帶就寫有「北室韋：地多積雪，人騎木而行，以防坑陷，捕貂為業，衣魚皮」。大西洋裡的一座重要島嶼被譯作「諳厄利亞」，並加注稱「諳厄利亞無毒蛇等蟲，雖別處攜去者，到其地，即無毒性」。一八四〇年，這個地方被大清譯為「英吉利」。

以華夏為中心的世界觀，並沒像人們預想的那樣在世界地圖面前「崩潰」。雖然，此後的中國繪製的地圖愈發精緻，但對世界的知曉卻依舊寥寥。至於，中國皇上的世界觀，仍然堅挺得很，也固執得很。直到鴉片戰爭和八國聯軍進北京後，中國上上下下的世界觀，才在槍炮聲中「崩潰」。

不過，有一點必須指出：並非只有中國人把自己放在世界的中央，很多國家都是把自己放在地圖的中央，歐洲的地理學也一直是以歐洲為中心。過去如此，現在也是如此。因為，從便於使用地圖的角度講，把自己的國家放在世界的中央，是合乎「情」，也合乎「理」的。

二〇一〇年是這位偉大的西學傳人，在北京去世四百週年。從一五八二年澳門登陸到一六一〇年病逝北京，利瑪竇在中國生活了二十八年。在漫長的東方歲月裡，利瑪竇留下了大量的世界地圖，據古代地圖專家曹婉如考訂其版本有十餘種：《山海輿地全圖》（王泮付梓，肇慶，一五八四年）；《世界圖志》（南昌，一五九五年）；《世界圖記》（南昌，一五九六年）；《山海輿地圖》（趙可懷勒石，蘇州，一五九五年至一五九八年）；《山海輿地全圖》（吳中明付梓，南京，一六〇〇年）；《輿地全圖》（馮應京付梓，北京，一六〇一年）；《坤輿萬國全圖》（李之藻付梓，北京，一六〇二年）；《坤輿萬國全圖》（刻工某刻板，北京，一六〇二年）；《兩儀玄覽圖》（李應試付梓，北京，一六〇三年）；《山海輿地全圖》（郭子章付梓，貴州，一六〇四年）；《世界地圖》（李應試刻板，北京，一六〇六年）；《坤輿萬國全圖》（諸太監摹繪，北京，一六〇八年）。

四百多年過去，如今在中國可以看到的利瑪竇世界地圖，僅剩下南京博物院收藏的彩色摹本《坤輿萬國全圖》（圖8.10）、中國歷史博物館收藏的墨線仿繪本《坤輿萬國全圖》、遼寧省博物館收藏的刻本《兩儀玄覽圖》、禹貢學會影印的《坤輿萬國全圖》等少數幾個版本。其他的版本流散於亞歐其他國家。所以，拋開其他不談，就是僅僅從地理學來論，利瑪竇都不愧為東西方文化交流的偉大使者。

二〇〇〇年，為與上一個百年，或上兩個千年作別，北京修建了中華世紀壇，壇內雕刻了一百位對中華文明有貢獻的歷史名人，其中僅有兩個外國人入畫，一位是馬可波羅，一位是利瑪竇。

馬可波羅把中國介紹給世界。

利瑪竇則把世界介紹給中國。

西儒送來第一部中文版《世界地理》

一六一〇年，給中國人送來「第一張世界地圖」的義大利傳教士利瑪竇死在北京，同年年底，澳門島上又來了一位義大利傳教士，他就是為中國送來「第一部中文版《世界地理》（《職方外紀》）」的艾儒略（圖8.11）。我不想說這是天主之意，但事實上，這兩位死在中國的義大利人，確實用生命完成了一次載入青史的西學知識的大接力。

一五八二出生的艾儒略和利瑪竇一樣，都出生在貴族家庭，受過良好的教育。在威尼斯神學院畢業後，艾儒略加入了耶穌會，並由此踏上了異域傳教的道路。一六一三年經過三年的努力，艾儒略終於得以進入中國內地，為了討好中國人，他為自己起了個「艾（愛）儒」的名字。

沿珠江口北上的艾儒略，先在利瑪竇生活過的肇慶落腳，過了一段時間之後，他沿韶州、南京一線北上，順利到達了北京。在北京他找到了利瑪竇的老朋友，已經入洋教的徐光啟。不久後，他跟隨辭職返鄉的徐光啟到了江南。在杭州傳教的過程中，他接納了楊廷筠、李之藻兩位重要人物入教，並開始用中文出版著作。從一六二三年到一六二四年，艾儒略在江南先後出版了他最為重要的三部著作：《萬國全圖》、《職方外紀》和《西學凡》。

圖8.11：

艾儒略版畫像。

艾儒略的《萬國全圖》並非原創，或者說，它就是一部向利瑪竇致敬的著作。這是一本他與楊廷筠聯合編撰的「世界地圖冊」，其底本就是利瑪竇的《萬國全圖》。艾儒略將自己的名字題於地圖的左上角。

艾儒略的《職方外紀》說起來也不是他的原創，此書封面上印著這樣一行字：西海艾儒略增譯，東海楊廷筠匯記。這十幾個字告訴人們它是一部書的譯記。此中的意思有點複雜，要分頭來說，才能把它說清楚。

先說什麼是「職方」？「職方」是古代中國的一個官職。遠在商周時期，便有「職方」、「外史」一類的官職，專司地理文獻方面的管理及考編工作。接著說「外紀」又是一種什麼「紀」？商周設「職方」之官時，也有「外史」之官。凡外出之史，記錄的地理文獻方面的文字，稱之為「外紀」。這方面的早期經典，即晉釋法顯的「外紀」之書《佛國記》。此後，這類輿地誌書，漸次盛行。

「西海艾儒略增譯」，所謂「西海」是明朝對弄不清的西方來客的統一稱謂。所謂「增譯」，《職方外紀》的署名的多種，其中，廣為人知的是《四庫全書》中的署名「艾儒略撰」。但在最初的刻本上，寫的就是「西海艾儒略增譯」。當初刻上「增譯」二字，艾儒略是想告訴人們這部書是有所本的。它是從西人龐迪我、熊三拔的西班牙底本上增擴而來的。

「東海楊廷筠匯記」，言明此書有中國楊廷筠的潤色整理之功。事實上，沒有護教骨幹楊廷筠將身為傳教士的艾儒略藏在杭州家中，艾儒略不僅無法完成《職方外紀》，或許，在那場聲勢浩大的教案中，連小命都搭進去了。所以，天啟四年（一六二四年）此書初刻時，當然要署上楊廷筠的大名了。

現在，該說說這個西洋「職方」是怎麼跑到中國寫上「外紀」的了。

艾儒略和利瑪竇的經歷幾乎是一樣的，都是從澳門進入中國後一路北上，而後進入北京。在中國，一邊傳教，一邊譯介西方書籍，這是那一代的傳教士的重要使命。利瑪竇先後出版著作十餘種，而艾儒略則是出版了二十二種著作。此中對中國文化產生重要影響的，即後來收入「四庫」的《職方外紀》和《西學凡》。

《職方外紀》全書共分五卷：卷一，亞細亞總說；卷二，歐羅巴總說；卷三，利未亞總說（非洲）；卷四，阿莫利加總說（美洲）；卷五，四海總說。附七幅地圖——《萬國全圖》、《北輿全圖》、《南輿全圖》、《亞細亞圖》、《歐羅巴圖》、《利未亞圖》、《南北阿莫利加圖》。

這是西方人地理大發現之後，最為全面的一部世界地理大全。它不僅記錄了大發現之後，重新認識的非洲，和以前聞所未聞的新大陸美洲，還有歐洲人並不十分瞭解的遠東。所以，它不僅是由「西方人編寫的第一部中文版的《世界地理》」，同時，它也是「十七世紀西方世界最新版的《世界地理》」。

雖然，這部《職方外紀》有著「歐洲中心觀」的視角，但它對世界的全面翔實的介紹，還是吸引了千百年來關門過日子的中國學者。楊廷筠在《職方外紀序》中說，「《楚辭》問天地何際，儒者不能對……西方之人，獨出千古，開創一家……考圖證說，歷歷可據，斯亦奇矣。」而後學之人，更是稱讚「茲刻之大有功於世道也」。杭州版刻過之後，艾儒略入閩，由於《職方外紀》深受歡迎，「閩人多有索者，故艾君重梓之。」

艾儒略的《西學凡》，雖然只有一卷，但卻將西式學科第一次展現在中國學子面前。此本言西洋建學育才之法，凡分六科：文科；理科；醫科；法科；教科；道科。其教授各有次第，大抵從文入理，而理為之綱。文科如中國之小學，理科如中國之大學，醫科、法科、教科皆其事業，道科則彼法中所謂盡性至命之極也。

天啟四年（一六二四年），明朝內閣首輔福建人葉向高退職歸里，途經杭州，在楊廷筠寓所與艾儒略結識，便邀請艾儒略南下入閩傳教。一六二四年十二月二十九日，艾儒略與葉向高坐船到達福州，開始了在閩二十五年的傳教生涯。

福州是耶穌會在中國刻印出版漢文著作的中心之一。這一時期也是艾儒略出書最多的時期，總共出版了《性學觕述》、《三山論學紀》、《滌罪正規》、《悔罪要旨》、《耶穌聖體禱文》、《萬物真原》、《楊淇園先生事跡》、《彌撒祭義》、《利西泰先生行跡》、《幾何要法》、《出像經解》、《天主降生言行紀略》、《天主降生引義》、《西方答問》、《聖夢歌》等十五種書，涉及神學、哲學、數學、醫學、地理等諸方面知識，因而該時期也成為了西學東漸的一個重要時期。

在艾儒略一心在福建傳教之時，中國發生了改朝換代的大事變。大清滅明，「愛儒」的艾儒略介入了反清抗爭，與史可法討論在澳門籌備抗清之事，但史可法的軍隊才到浦口，清兵便已經進入北京。艾儒略只得折返福州。一六四五年，南明隆武帝於福州登基，賜匾予支持抗清的福堂。次年，清軍攻入福州，艾儒略隨反清人士逃亡，後因疾病纏身，至一六四九年六月十日在延平去世。其靈柩被移往福州，葬於城外十字山。但現在人們拜祭艾儒略時，那個墓園已不是當年的十字山了。一九九九年，因為福州房地產開發，土地發展商以蓮花山墓園一隅闢作天主教公墓來與教會交換原有墓地的產權，艾儒略遺骨被火化後遷至新墓園。還好，這位來華三十六年的西學傳播者，總算留下了一個「安身」之地。

鑒於這位西來的「職方」盡職盡責地在中國寫「外紀」，受其開眼之惠的中國儒生送給艾儒略一個極高的稱號——「西來孔子」。

西文善本的中國傳奇

二〇〇七年首屆香港國際古書展的記錄網上還能查到：一頁正反兩面印刷的古登堡《聖經》，標價四十五萬港幣。以前只知宋刻本是按頁論價的，每頁與金箔價格差不多，甚至還高。首屆古書展我沒趕上，二〇〇九年的這一屆總算趕上了。在香港展覽中心展覽館，我有幸看到了傳說中的西文善本。

進入古書展的展廳，我直奔那部四開的英文《聖經》。它的來歷可不簡單，當年亨利八世為與老婆離婚迎娶第三者為妻，毅然與羅馬教廷斷絕關係，成為英格蘭僧俗兩界的最高領袖，一五三六年又下令用英文誦讀《聖經》，進而成為一個獨立的新教國家——而這裡展出的即是一六一一年英國皇家「欽定版」英語《聖經》。從某種意義上講，它就是最早的「雅思」（IELTS）教材，英格蘭語文就是從這本英國的「書經」起步的，它對英語的普及與規範功高至偉。英國歷史家格林宣稱，「英國人是一本書的民族，這本書就是《聖經》」，英國文學史家聖茨伯里（George Edward Bateman Saintsbury）則說，只熟讀一部《聖經》就能成為文學家——這本標價一百五十五萬港幣的古書，「古」得不一般。

書展會上還有一半展品是中國的善本書，這些書有很多來自海外。有人把這些本子的流動解說為「中西文化交流」。但我提請大家注意的是：中國善本多是被殖民者以各種手段，以「文物」的目標掠走的（比如，敦煌經卷），那是像流血一樣的流失。而中國現有的西文善本則是當年西方殖民者以文化和科技輸出方式進入中國，這種文明養分，味道複雜。

借此展覽，我很想說一下中國的西文善本。

西學入華的歷史，依我粗淺地劃分，大體是兩塊：一是漢唐一脈，為首次西學東來，實是「東學」東來，因為此「西」多集中於印度與西亞；二是明清一脈，為第二次西學東來，這一次的「西」則涉及整個歐洲。由於西方金屬活字印刷誕生於一四五〇年左右，所以印刷品意義上的西文善本，只能產生於第二次西學東來。西文善本於明代進入中國，具體講是萬曆年間，我們就有了今天被稱之為「西文善本」的寶貝。

利瑪竇一五八二年來華，翻開了西學東來劃時代的一頁。其中最偉大的成果當是引入《幾何原本》。這部在西方世界影響僅次於《聖經》的科學巨著，在一四八二年有了第一個印刷版本後得到了更加廣泛地傳播。利瑪竇在印刷版本誕生百年之後，為中國帶來的是它一五七四年的印刷版本，此書經過了利瑪竇的老師克拉維烏斯的翻譯整理。恰好是香港舉辦首屆國際古書展之日（二〇〇七年十一月上旬），利瑪竇的後裔利奇先生和徐光啟、熊三拔（非直系後代）的後裔在上海相聚，紀念徐光啟、利瑪竇合譯（熊三拔也參與了其中部份問題的研討）《幾何原本》四百週年——當年，正是利瑪竇「科技開路，曲線傳教」的思想和後來的那本《利瑪竇中國札記》，在歐洲產生的巨大影響，才引發了又一個中西文化交流史上（今天看也是西文善本史）的重大事件。

似有冥冥中的承繼關係，利瑪竇在北京病逝的這一年（一六一〇年），又一位傳教士在澳門登陸，他就是比利時的金尼閣。五年後，他在回國的船上用拉丁文翻譯了利瑪竇以義大利文寫成的回憶錄《基督教遠征中國史》。一六一五年他以《利瑪竇中國札記》（圖8.12）之名出版了這本書，此書的出版引起了歐洲傳教士到中國傳教的熱潮。

一六一八年的春天，金尼閣率領二十餘名新招募的傳教士再次踏上來華旅途。海路遙遙，有七名傳

圖8.12：

傳教士金尼閣用拉丁文翻譯了利瑪竇以義大利文寫成的回憶錄《基督教遠征中國史》。一六一五年他以《利瑪竇中國札記》之名出版了這本書，此書的出版引起了歐洲傳教士到中國傳教的熱潮。

教士病死在路上，其中包括金尼閣的弟弟。同船來華的有鄧玉函、羅雅谷、湯若望、傅泛際等學養深厚的傳教士，他們都成了在中國傳播西學的主力。

金尼閣二次來華負有一個重要使命，即為中國耶穌會建立一個圖書館。為此，他與同伴鄧玉函從歐洲各地挑選了各個領域的經典著作，加上教皇所贈的五百冊書，共有七千冊書裝船運往中國——如此規模，在當時的歐洲也算是大型圖書館。

明萬曆四十七年（一六一九年），金尼閣攜書抵達中國澳門，由於此前發生過「南京教案」，這批西書只好分批運進大陸，並輾轉被帶到北京，但後來也只有部份運到耶穌會圖書館。耶穌會撤消後，這部份西書又進入北堂圖書館。

參觀過首屆香港國際古書展的人，將有幸見到一五四三年德國首次出版的《天體運行論》，標價一百五十萬美金。而金尼閣帶入中國的七千部西書中，恰好就有一五六六年的瑞士巴塞爾的第二版《天體運行論》。這部具有挑戰性的科學巨著，在一六一六年曾被羅馬教廷列為禁書，但它卻能輾轉進入中國，實在是萬幸。不幸的是《天體運行論》沒有像《幾何原本》那樣被翻譯成中文，和那批東來的西書一樣寂寞地躺在異鄉，成為「沒人讀過的好書」。

事實上，金尼閣來華之初曾擬定龐大的翻譯計畫，並聯繫了艾儒略、徐光啟、楊廷筠、李之藻、王徵、李天經等中外人士共同翻譯出版這些書籍。但金尼閣在杭州早逝，最終除一小部份被李之藻和王徵等人翻譯成中文外，絕大部份西文書籍不僅沒發出華夏之聲，而且不知所終，死不見屍了。

只為後世留下一個淒涼的名字——「金氏遺書。」

三百多年過去，即使找不回「金氏遺書」，人們也想知道，金尼閣帶來的七千部西書都是些什麼書。我曾請教過一位正在英國攻讀博士的小姐，請她查一查歐洲是否有這七千部古書的書目。她沒能找到這方面的東西，西方沒有這些西書的答案。唯一能透露出一點「金氏遺書」訊息的，只有那個著名的編目——《北堂書目》。它以書目的形式顯示：「金氏遺書」曾經「存在」，今且「活著」。

所謂北堂，其「堂」即教堂；北京當時有東、西、南、北四大教堂；北堂即後來的西什庫教堂，坐落在舊北京圖書館的斜對面。所謂《北堂書目》，是北堂圖書館明清藏書的目錄，是三百多年西學東傳的文獻縮影，其中包括「金氏遺書」的部份遺存。

北堂藏書十分複雜，它有老北堂藏書和新北堂藏書之分。新北堂藏書是一八六〇年英法聯軍進北京，天主教財產被歸還以後，南堂藏書與北堂藏書正式合流以後的北堂藏書。由於老北堂藏書並沒有一個明確的書目，所以，「金氏遺書」的書，就這樣混入新北堂的書中，想從《北堂書目》中分辨出來，實在不易。

中國是一個書國，即使是看不懂的西書，知識界也高看一眼。《北堂書目》就是應北京知識階層的請求，於一九三九年啟動的。此工程經燕京大學校長司徒雷登等人介紹，得到美國洛氏基金的支持，由輔仁大學則負責編輯。一九四四年出版了北堂藏書的第一部書目，即法文部份書目；一九四八年又出版了第二部和第三部拉丁文書目和其他各國文書目。一九四九年《北堂書目》交由教會出版社正式出版。

雖然，從《北堂書目》中難辨「金氏遺書」，但它卻是目錄意義上的「西文善本大全」。找不到也摸不到「金氏遺書」的中國文獻學家，只好把研究西文善本的熱情投入到研究《北堂書目》的工作中，是他們的精細統計使我們得以知道：當年的北堂收藏了法文、拉丁文、義大利、葡萄牙文、西班牙文、德文、希臘文、荷蘭文、英文、希伯來文、斯拉夫文和波蘭等幾乎所有歐洲語言的古書。其中數量最多的是拉丁文古書，而後是法文古書。據參與過一九七八年「北堂書」清點的專家說，其中至少有兩種是一四五〇年至一五〇〇年的印本書籍，屬於西善極品「搖籃本」。

「北堂遺書」名聲極大，但絕大部份來自南堂所藏，大約一千三百種；而東堂、西堂和北堂三堂的藏書加起來，才三百餘種。此外，還有鎮江、濟南、杭州、南京、上海、正定、武昌、開封等住堂的藏書，和幾位主教的私人藏書近千種，加上來源不詳的圖書兩千餘種，共四千四百零一種，五千一百三十三冊。但「四堂」總藏書量，仍不及金尼閣的「七千遺書」。

如果不做統計，人們很容易認為傳教士帶來的書都是宗教書。其實不然，《北堂書目》中的宗教類圖書，僅佔所藏的三分之一。計有聖經、教父學、神學教義及倫理學、辨證神學及神秘主義、教規法及民法、佈道及教義問答、禱告書、禁慾主義等，共兩千餘種。北堂藏書的三分之二，是自然與社會科學類。計有歷史、自然史、哲學、文學、幾何學及水文學、數學、天文學及日晷測時學、物理學及化學、機械學及工藝學、醫藥學、語言學、傳記、雜類等，共三千餘種。

不能不嘆惜：當年若把「金氏遺書」或「北堂藏書」全部翻譯過來，我們的大明、大清將呈現出什麼樣的文化面貌？但歷史不是遊戲，歷史是你不得不接受那個結局：明清一脈，中國人依然熱考「四書五經」，不問科學，遑論民主。

「金氏遺書」顯然是見不到「全屍」了，但還有北堂藏書。這麼多身世複雜、價值連城的西文善本，而今，都在哪個「高閣」裡「高就」？

據說，《北堂書目》及北堂所藏的西文善本，現存於中國國家圖書館古籍善本部，其中，至少有的四種（五冊）一四五〇年至一五〇〇年間出版的珍貴「搖籃本」，其次才是這裡所說的那些西文善本，這些古書有的在西方已經失傳。

據說，有人見過第二版的《天體運行論》，它靜靜地躺在中國國家圖書館善本特藏部裡，藍布函套，犢皮封面，扉頁上有與金尼閣同船來華的傳教士羅雅谷的拉丁文名字。

兩年前，我曾拜訪過國圖善本部，原打算走「後門」拜見善本，結果是「沒門」。不久前，見到上海交大的科學史博士江曉原先生，與他說起此事。他說，當年為做畢業論文也曾找過「北堂遺書」，結果也是見不到。他告訴我：「此中說法頗多。」

公開的資訊稱，國圖善本目錄中收錄了一九五三種西文和日文書籍。但北堂藏書不包括此目錄之內。由於「種種原因」吧，北堂藏書還不能對內或對外開放，「金氏遺書」的最終面目，仍無從揭曉。

我只能祝願這些西文善本——大善存焉。

大明王朝拉開中國近代史的帷幕

范文瀾先生說林則徐是「睜眼看世界的第一人」，這話並不一定錯了，但卻完全忽略了明朝——中國就沒閉上眼睛。不說鄭和下西洋後，《武備志》裡展現了「鄭和下西洋航海圖」，單說萬曆朝，利瑪竇給中國帶來第一幅中文版的世界地圖《山海輿地全圖》，令大明知識界乃至皇帝都看到了全新的世界地圖，大開眼界。所以，僅從地圖的角度看去，不僅說林則徐是「睜眼看世界的第一人」不夠準確，連將中國近代史的起點劃在鴉片戰爭，也值得商榷。我更傾向於將中國近代史的起點定位於明代，至少在與地理學的意義上是有依據的。

文藝復興是西方歷史的重要分水嶺，它靠著兩個致命的武器，終結了歐洲的封建社會，使歐洲開始向全新的社會形態過渡。文藝復興並非如它的四不像的漢譯命名一樣是「文藝」的「復興」，而是一種再生，是自由意識覺醒。它對人類最偉大的貢獻：一是發現「人」，二是發現「世界」。前者是將神權的統治扭轉到人文主義的軌道上來，解放了人的思想，推動了文化的進步，進而為資本主義發展做好了思想準備；後者是發現「世界」，大航海帶來了地理大發現，使人類對世界有了全新的認識，東方與西方、舊大陸與新大陸，相互碰撞，世界格局因此而改變。

中國當然不能置身事外，恰恰相反，中國是一個重要的參與者。雖然，這種參與有著極大的被動性，但相對於西方而言，整個東方差不多都是處於被動的，被動地從傳統社會中拉扯出來，加入到世界的「三千未有之大變局」。

此後的世界史，此後的中國史，已無法再簡單地歸入各自的獨立的編年史中，世界史，世界近代史與各國的國史緊密相連。中國歷史也是如此，從此刻開始，已不能再單獨書寫，它將進入到世界近代史的大格局中，重新定位這一段的中國史和中國的近代化。

雖然，中國以自己為世界，已有上千年的歷史，但將中國圖景繪入世界地圖，一直是西方的一項偉大地理工程。西方地理學先師托勒密在西元二世紀描繪最早的世界地圖中，中國是不存在的，印度是世界的最東邊。這樣的認識在西方足足持續了一千年，直到一三七五年一幅全新的世界地圖——「加泰羅尼亞航海圖」的誕生。在這幅細密畫風格的地圖上，中國被描繪成一片富裕的大地，大汗的京城，南方的刺桐港，皆在其中；但蒙元帝國的邊界完全不準確，比例也和實際相差甚遠。這是馬可波羅東方旅行之後，最清晰地描繪了中國的西方世界地圖。不過，此時離新大陸的發現，還有一百多年，世界仍是殘缺的。直到一四九二年哥倫布發現了新大陸，一五〇七年德國教士瓦爾德西繆勒（Martin Waldseemüller）繪製並出版加入了美洲的全新世界地圖——世界終於成為一個整體。而一五八五年荷蘭安特衛普出版的奧特里烏斯《世界概觀》地圖集，終於初步完成了地理的全球化。

在奧特里烏斯《世界概觀》中，對於中國別具意義的是，它收錄了一幅葡萄牙耶穌會士、地理學家巴布達（Luis Jorge de Barbuda）所繪製的並以「CHINAE（中國）」來命名的中國地圖。自十六世紀初，葡萄牙人打通麻六甲航線後，有機會自南海接觸到中國和中國地圖。據信，明嘉靖年間刻印的《古今形勝之圖》已於一五七四年傳入西班牙。這些因素直接影響了十年後，編入《世界概觀》中的巴布達繪製的這幅中國地圖（圖8.13）。

巴布達的這幅中國地圖，也是一張中國分省地圖。它標出了明朝當時十五個省份中的十三個省

圖8.13：

奧特里烏斯一五八五年在荷蘭安特衛普出版的《世界概觀》地圖集，以地圖的方式初步完成了地理上的全球化。這個世界地圖集對於中國的特殊意義是，它收錄了一幅葡萄牙地理學家巴布達所繪製的《中國地圖》，這是西方世界的首張單幅的中國地圖。

份的位置及名稱，這些省份有：廣西（QVANCII）、廣東（CANTAM）、福建（FOQVIEM）、浙江（CHEQVIAM）、南京（NANQVII）、山東（XANTON）、京師（QVINCII）、貴州（QVICHEV）、陝西（XIAMXII）、山西（SANCII）、雲南（IVNNA）、河南（HONAO）、江西（FVQVAM撫州）。四川和湖廣則沒有標出。其中，廣西、廣東、福建、浙江、南京、山東等沿海省份的相對位置大致正確，一些港口城市和海島也標注得較為清楚，如：澳門（但誤為珠江口東岸）、廈門、寧波、海南島、台灣島等。這幅地圖的另一貢獻是，第一次在西文的中國地圖上繪出了長城。

一五八五年，西方通過《世界概觀》知道了中國的圖景與位置，這一年，中國也首次擁有了西方人繪製世界全圖，即利瑪竇在廣東繪製的《山海輿地全圖》。一五八五年，中國與世界，世界與中國就這樣聯在一起了。

海洋外交引領大明跨入近代史

現在，我們換一個視角，從海洋外交來看大明朝。

雖然，一五〇〇年到一七〇〇年之間，中國與西方的貿易是在平和中進行的，甚至，一直到一八四〇年前，中國社會一直與西方世界都沒有大的正面衝突。但是這不等於，中國人沒有同西方人打外交戰，甚至，小的戰爭。恰恰相反，晚清的屈辱，在大明時已留下了伏筆。

西方人對中國的興趣，很大程度上是被馬可波羅的遊記所激發。在一四九二年哥倫布西行尋找中國撞上美洲之後。葡文的《馬可波羅遊記》也在里斯本出版。雖然，一五〇二年這個葡文版比一三〇七年的法文版，晚了二百年，但它激起的到東方去的慾望，卻非同凡響。葡文版的前言中說：「想往東方的全部願望，都是來自想要前去中國。航向遙遠的印度洋，鼓動對那片叫做Syne Serica（中國）的未知世界的嚮往，那就是要尋訪Catayo（契丹，古歐洲人對中國的稱呼）。」

中國與西方世界相遇，只是早一天晚一天的事了。

一五〇八年，葡萄牙人塞戈拉（Diogo Lopesde Sequeira）自里斯本率六艘船隻遠航滿剌加（麻六甲）。葡萄牙國王特頒指令，要求他匯報在滿剌加的中國人的情況：「要弄清中國人的情況。他們來自哪裡？距離有多遠？到麻六甲貿易的間隔時間有多長？攜帶什麼商品？每年來往商船的數目和船的規模如何？是否在當年返回？他們在麻六甲或者其他地方是否設有商館和公司？他們是否很富有？性格怎麼樣？有沒有武器和大炮？身穿什麼服裝？身材高矮如何？此外，他們是基督徒還是異教徒？他們的國家是否強大？有幾位國王？國內有沒有摩爾人和其他不遵行其法律及不信仰其宗教的民族？如果他們不信仰基督教，他們信仰和崇拜什麼？風俗如何？國家規模以及與什麼國家接壤相鄰？」

一五一七年，已經拿下了麻六甲的葡萄牙，派出特使皮瑞茲（Tom Pires）沿南中國海北上，先後到達廣州和北京，要求通商，但被大明政府拒絕了。一五五三年葡萄牙人不再提通商要求，而以修船為借口，在澳門「借住」，一住就是四百四十六年。

利瑪竇在廣東繪製的《山海輿地全圖》，和此後艾儒略神父編成《職方外紀》等著作，天朝中國總算有人明白，天外有天，如萬曆朝進士謝肇淛在他的博物著作中《五雜俎》所言：「天主國，更在佛國之西，其人通文理，儒雅與中國無別。」此時的國人，不僅借地理學開闊了眼界，而且，將西方文化與中國文化並列而談，沒有擺出「華夷」的鄙視外來文化的大架子，表現出一種進步的全球化心態。新的地理學為大明開啟了一個融入世界的良機。

一六〇四年大舉進入南太平洋的荷蘭人，首次佔領了澎湖島，一六二四年二次佔領此地失敗後，轉而佔據了南台灣。以製作地圖名聞天下的荷蘭人，很快畫出了荷蘭版的台灣地圖（圖8.14）。

西班牙人在荷蘭人佔領南台灣的第二年，也就是一六二六年，以保護呂宋的中日貿易為名，率幾艘大帆船侵入北台灣，隨後在基隆建起了港口，定名為特里尼達德（Santísima Trinidad）。

這一切表明早在十六世紀至十七世紀，大明政府已經在主權、軍事、貿易、文化、宗教諸問題上與世界展開了正面交鋒，包括直接與海上進犯澎湖台灣的洋人開戰。

同時，西方列強，如西班牙與荷蘭的戰爭也打到了中國南部海域。

中國的外交，從此不再是昔日的西域式「和親」外交，南洋式的「朝貢」外交；不論你願意不願

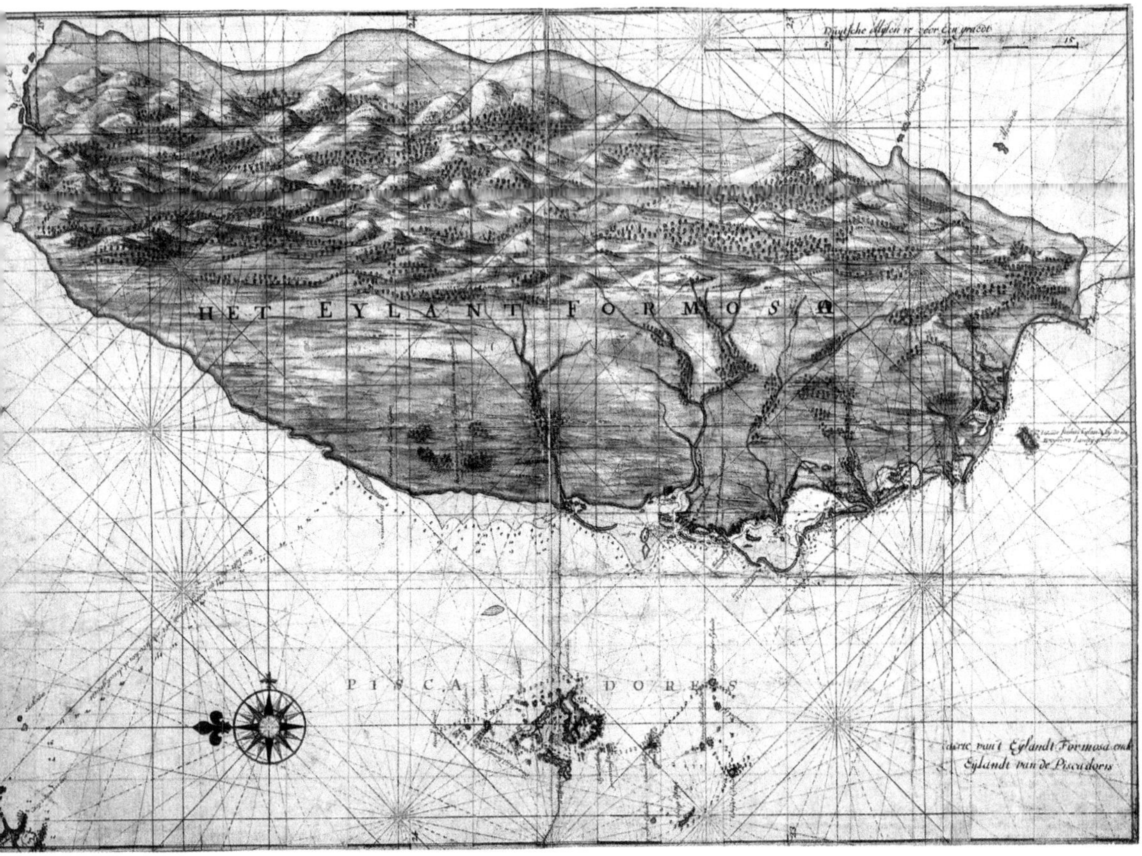

圖8.14：

一六〇四年荷蘭人首次佔領了澎湖島，一六二四年二次佔領此地失敗後，轉而佔據了南台灣。很快荷蘭人對台灣進行了環島測繪，並於一六四〇年出版了荷蘭版台灣及澎湖群島地圖。

意，它都已進入了世界的視野與紛爭之中。不過，此時的大明王朝，尚以帝國的姿態雄霸東方。不僅周邊鄰國多聽命於大明王朝，連剛剛介入東方紛爭的西方列強，也對大明敬畏三分。所以，大明直到垮台，也沒有遇到來自西方太大的挑戰與威脅。

可以說，明代的中國與世界，是在溫和中握手。由於沒能完全融入新的世界之中，中國又在溫和中與世界分手了。

9 帝國日落，師夷之長

閉關鎖國的「鴕鳥」策略

滿清帝國的建立與北方部族的支持有很大關係，尤其是滿蒙聯合，使東方之滿與北方之蒙形成合圍之勢，最終滅了大明。此後，康熙一朝，又經過十年的努力，平定三藩，統一台灣，完成了一統江山的霸業。若以版圖最大化和結束北部邊疆分裂局面而論，「康乾」足以稱之為「盛世」。

話說回來，滿清帝國大陸版圖的出色經營，並不能遮蓋它的海洋策略的失敗。如果說，明朝的「海禁」失去的只是海上貿易的利益，那麼，滿清朝廷的「閉關鎖國」則直接導致了這個帝國走向滅亡。

清初的「海禁」基本上是對內不對外的，在東南海域主要是應對鄭成功及其子孫的海上反清勢力。所以，一六八三年統一台灣後，大清又放鬆了海上貿易限制，不斷有外國商船來中國做生意，並商討通關事宜。正是在這樣的背景下，才有了著名的英國馬戛爾尼使團訪華引發的「禮儀之爭」事件（圖9.1）。

馬戛爾尼訪華與馬可波羅到大元，完全不同：馬可波羅是來大元遊歷的商人，不代表威尼斯政府；馬戛爾尼則不同，他是代表英國來華的國家使臣；這是中西外交史上一次國與國的正式接觸。所以，

圖9.1：

英國畫家吉爾雷（James Gillray）繪製的反映乾隆會見英使馬戛爾尼的漫畫，以諷刺的筆法嘲笑了大清帝國的傲慢。

「國禮相待」成了接待與訪問雙方都很看重的事情。許多史料講，中英衝突始於跪與不跪的「禮儀之爭」。其實，那只是表面現象，事實是，有英使遠隔重洋而來給清皇祝壽，已讓乾隆很有面子了。真正令乾隆不高興的是馬戛爾尼使團帶來的禮物和禮物背後的通商條件。

如果說利瑪竇給萬曆皇帝帶來的世界地圖和自鳴鐘，表達的是一種全新而溫和的「世界觀」，那麼馬戛爾尼的禮品所體現的則是海上強國強硬的「方法論」。在馬戛爾尼使團近六百件的豐厚禮品中（清王朝本著「薄來厚往」的原則，還禮三千多件），不僅有天文地理儀器，更有最新的軍火樣品：長短自來火槍十二支；還有雙管火槍；除了各式槍支外，還有銅炮西瓜炮數個，有意思的是英使團，隨團還帶來若干炮兵，準備在御前試演；作為新興的海上強國，英使團還獻上了一個高五尺餘，長五尺餘的裝有一百門銅炮的風帆木質戰艦模型。

英國人顯然有炫耀武力之意，但也透露了當時最重要的國防與軍備訊息。可是乾隆帝卻撐著面子，硬把這些當時的高科技成果，看作奇技淫巧。並讓宮中的戲班子為英國使團表演崑曲《四海昇平》的

「朝貢戲」。戲中的唱詞和乾隆後來寫給英王的信，表達的是一個意思：「國王陛下，爾雖遠隔重洋，卻以謙卑之心，求學我之文明，並遣特使呈上信函，表爾對我天朝有敬仰之意，誠願得我之文化，然我國之風俗習慣與爾截然不同，難以移植貴國享用，即使貴國特使有能力接觸我國文化之毛皮……朕對貴國物品無有需要。我天朝物產充裕，在國土以內並無匱乏之憂。無必要以我之物從蠻荒之國交換貴國物品。然而，天朝生產的茶葉、絲綢和瓷器，如若歐洲各國和爾邦極有需要，則可於廣東進行有限交易。」

但英使團所提要求，可不是乾隆想的那麼簡單：(1)英國在北京開設使館。(2)允許英商在舟山、寧波、天津等處貿易。(3)允許英商在北京設一貨棧。(4)請於舟山附近指定一個未經設防的小島供英商居住使用。(5)請於廣州附近，准許英國同獲得上述同樣權利。(6)由澳門運往廣州的英國貨物請予免稅或減稅。(7)請公開中國海關稅則。

乾隆龍顏不悅，即令送客。送走了英國人，乾隆仍不放心，於是頒發諭旨，關閉除廣州以外的其他通商口岸，並且頒行嚴格約束外國商人的條例和章程。由此形成了後世所說的「閉關政策」，其具體內容有三：限定一口（廣州）通商；嚴格約束外商活動；限制中國商民出海。與明代的「海禁」相比，清代的「閉關鎖國」，更加「反動」。

明代的「海禁」只是禁止了私人出洋從事海外貿易，但通過「朝貢」和官辦的方式仍可進行海洋貿易；而清代的「閉關鎖國」，不僅是不與外國商貿往來，還嚴格限制對外的政治、經濟、文化和科學等方面的交流。這種「閉關鎖國」的政策自乾隆起，一直延續到道光時鴉片戰爭前夕。

當然，從自我保護的角度講，滿清一朝的「閉關鎖國」政策，在當時對抗西方殖民者的入侵有一定的國防作用，它防止了中外反清勢力的聯繫，和西方殖民主義的滲透。這種策略也不止中國一個國家使用。一六〇〇年德川家康統一日本後，即開始驅逐在日本的歐洲人。除了中國人和少數向日本提供西方商品的荷蘭商人外，禁止外國和日本通商。從一六一五至一八五四年，日本經歷了兩百五十年的「閉關鎖國」，也維持了兩百五十年的內部和平與經濟繁榮。

中國和日本的「鴕鳥」策略，完全能自給自足，但卻喪失了對外貿易的主動權，拉大了與西方的差距。一八四〇年鴉片戰爭爆發，清朝政府與英國簽訂了喪權辱國的《南京條約》。乾隆時期英國使團想得到而沒有得到東西，半個世紀後，英國軍隊用堅船大炮都得到了：

開放廣州、廈門、福州、寧波、上海等五處為通商口岸。

將香港島割讓給英國。

中國海關稅應與英國商定……

魏源的「師夷長技以制夷」

即使一百五十多年過去，魏源的經典意義仍被後人不斷提起，他那部大書像一根隱身於歷史暗影中的古籐，只需輕輕扯動就會發現，那些具有某種暗喻的枝枝蔓蔓……一八四〇年英國人打到大清的門口時，道光皇帝尚不清楚英國在什麼地方。奉旨南下禁煙的欽差大臣林則徐，也不清楚生產鴉片的土耳其是否歸美國管。正是在這樣的背景下，魏源受林則徐之托，根據梁進德等人翻譯的《四洲志》、《澳門月報》和《粵東奏稿》等資料，編寫出劃時代的大書《海國圖志》。

清乾隆五十九年（一七九四年）生於湖南邵南的魏源是怎麼與福建侯官林則徐一起成為「開眼看世界」的一代宗師的呢？話還得從魏源父親說起。林則徐早在江蘇任布政使時，就與魏源的父親魏邦魯相識。魏邦魯當時是其門下的一個九品小吏，由於清廉能幹，深得林則徐的敬重。道光十年（一八三〇年），林則徐服闕抵京，在京逗留三個多月，與在京會試的魏源和龔自珍相遇。林則徐因為與兩位才俊的父親相識，所以相處十分愉快。兩年後，林則徐赴江蘇接任巡撫，遂延請已近不惑之年的魏源入幕，共議政事。正當魏源一心在江蘇整頓鹽務、興辦河工之時，海上事端突起，大清天下一片烏煙瘴氣。此後，林則徐赴廣州禁煙，魏源赴杭州參與定海抗英。不想，手分兩年後，再見面時，林則徐已是革除官職的戴罪之人。

道光二十一年（一八四一年），五十七歲的林則徐被朝廷以「辦理殊未妥協，深負委任」及「廢弛營務」等罪名，革除四品官職，發往新疆伊犁充軍。這年七月，負罪北上的林則徐在京口（今鎮江）與魏源相遇。二人把酒澆愁，百感交集，徹夜長談之後，林則徐把在廣州組織梁進德翻譯的《四洲志》手稿，和美國人裨治文用中文撰寫的《美理哥國志略》及其他資料，鄭重地交給魏源，囑托進一步搜集華夷資料豐富此書，編出一部能令國之上下瞭解世界的大書，即《海國圖志》。魏源接過這一歷史重托，想到英雄末路，想到家國天下，揮淚賦詩：

萬感蒼茫日，相逢一語無。

風雷憎蠖屈，風月笑龍屠。

方術三年艾，河山兩戒圖。

乘槎天上事，商略到鷗鳧。

次年七月，魏源挾《聖武記》不了之情懷和林則徐之囑托，展開《海國圖志》這一前無古人的宏大書卷。在梁進德翻譯的《四洲志》基礎上，歷時五個月，編出皇皇五十卷的《海國圖志》，並於當年十二月排出木活字本，即《海國圖志》第一個版本（現藏於湖南圖書館）。

《海國圖志》是一部劃時代的巨著，其敘言開宗明義：「是書何以作，曰：為以夷攻夷而作，為以夷款夷而作，為師夷長技以制夷而作。」全書五十七萬字，文字比《四洲志》增加了五倍之多。其內容大致可以分為幾大部份。

第一大部份為魏源親自寫的《籌海篇》。從議守、議戰、論款三個方面，總結鴉片戰爭的教訓，系統論述了「師夷長技以制夷」的戰略對策，實為全書之綱。第二大部份為世界各國的地理位置、歷史沿革、政治制度、物產礦藏、宗教信仰、風土人情、中西曆法、中西紀年對照通表等等。突破了「中國是天下的中心」的陳腐觀念。第三大部份為鴉片戰爭的有關檔案材料及國外情報資料，和武器的製造圖樣、西洋技藝、遠鏡做法資料、用炮測量方法及測量工具等等。第四大部份為《地球天文合論》，系統介紹了地球形狀、運行規律，哥白尼太陽中心說等近代自然科學知識。

道光二十二年（一八四二年）底刻印第一版後，在道光二十七年（一八四七年）和咸豐二年（一八五二年），魏源兩次大規模修改《海國圖志》，將五十卷擴充至六十卷，最終增至一百二十卷。《海國圖志》打破了傳統的「夷夏」文化價值觀，首次將西學納入到中國學問中來，摒棄陳舊的世界觀，開闢了向西方學習的時代新風。

從未走出國門的魏源，通過整理資料，在這部巨著中，提出了很多「制夷」的具體對策：

在國防建設上，他主張：大力發展軍事工業，置造船廠、火器局，按西人之法養兵練兵，還要建立情報部門，要悉夷情、師夷技，以抵制其殖民擴張。

在經濟建設上，他主張：迅速發展海運，應對海上列強。同時，基於鴉片貿易，造成國庫空虛，提出發展金融業，按照西法鑄造銀錢，以充實國庫。支持林則徐提出的「互市」政策，在平等基礎上公開進行海外貿易。允許商民開礦。要像西洋強國那樣「以商立國」。

在政治體制上，魏源認為英美的議會體制體現了「公」和「周」：每四年選舉更換總統，可謂「公」；民主選舉，議事聽訟，可謂「周」；這些都值得我們學習。

魏源說：「嗚呼，八荒以外，存而不論，烏知宇宙之大哉？」顯然，他強調要用開明的心懷，開通的腦筋，開放的眼光來對待真正的「天下」。因而，魏源是比他的同代人站得高看得遠的一代先師。

對於當時的大清國來講，《海國圖志》是一部極具現實意義的奇書。它不僅輯錄了世界地理概況，而且突出介紹了各國的政治與法律，並不時插入批判的聲音。在《外大西洋墨利加洲總敘》中，魏源指責英國為「無道之虎狼」，頌揚美國獨立戰爭的勝利，讚揚了美國的總統選舉任期制。這在中國近代對西方的認識史上可以說是前所未有的，極具先覺意義。

然而，魏源的濟世澤民、拯救國家危亡的先進思想，並未被大清所採納。雖然，我們說它宣告了中國閉關自守時代的結束，而實際上，新的時代久久沒有來臨……更為可嘆的是，這部為中國寫的醒世救世之書，沒有引起大清的重視。相反，《海國圖志》迅速進入日本，引起了佐久間象山、吉田松陰、橋本左內等有識之士的重視。中國在鴉片戰爭中的失敗，引起日本的高度警惕。日本的鹽谷世弘在《翻刻海國圖志序》中，甚至為魏源鳴不平：「從前，漢人以華自居，視外番不啻犬豕。間有《異域圖志》、《西域聞見錄》、《八荒史》之類，大率荒唐無稽之談。此編……名為地理，實為武備大典，豈瑣瑣柳書之比哉……嗚呼！忠智之士，憂國著書，其君不用，反而資之他邦。吾固不獨為默深（魏源，字默深）悲，抑且為清主悲也去！」《海國圖志》的思想，促進了日本由「尊王攘夷」轉向「倒幕開國」的明治維新運動。從這個意義上講，說《海國圖志》是一部影響世界歷史進程的輝煌巨著，也不算過格（圖9.2）。

道光二十五年（一八四五年），經六次會試已經五十二歲的魏源，在兒孫滿堂之時，終於考取進士第三甲，分發江蘇。次年，魏源母親過世，按禮守制三年後，補受高郵知州。一直在幕府為朝臣議事的魏源，終於有了實實在在的官職。但世道變化，時年五十八歲的魏源，也難有更大作為……咸豐三年（一八五三年），太平軍攻克揚州，魏源因「玩視軍務」，「著即革職」。兩年後，雖有人保薦他復職，但年逾六十的魏源心灰意冷無心仕途，轉而向佛到杭州避世潛修。

咸豐七年（一八五七年），在一個霧色迷茫的日子，久病的魏源似乎感到生命已至盡頭，晨起洗濯之後，他凝坐僧舍，在太陽西沉之際，嗒然仙去。讓我們以大事記的形式，簡單記下近代史上兩位重要人物相繼離世時間，算作「開眼時代」的一個小結：

道光三十年（一八五〇年），林則徐死於潮州普寧。

咸豐七年（一八五七年），魏源死於杭州僧舍。

變法維新的思想家和一代新學領袖梁啟超，還要再等上十幾年，才會在廣東新會降生……

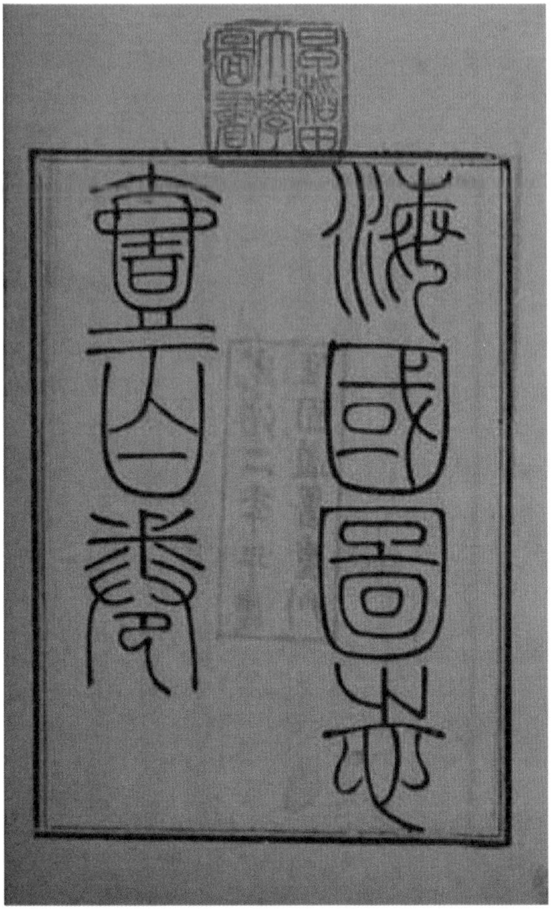

圖9.2：

中國在鴉片戰爭中的失敗，引起日本的高度警惕。所以，《海國圖志》進入日本後，引起了日本知識界的高度重視，促進了日本由「尊王攘夷」轉向「倒幕開國」的明治維新運動。圖為日本早稻田大學藏古本《海國圖志》。

大清的翻譯班底與西學東來

古代中國的國際交流，依地理特徵可分為兩個部份：一是陸路交往，這個交往至少在秦漢時就開始了。二是海上交往，這個交往沒有陸路那麼方便，但在秦漢時也開始了。不過，真正與世界進行廣泛接觸的主要通道還是海上。

大量的、鮮活的外國語，都是從海上飄來。比如，明代人稱香菸為「淡巴沽」，這個詞就是從荷蘭佔領的南洋傳來，是荷蘭語香菸的音譯。十六世紀，打開東方海上通道的葡萄牙人率先在廣東澳門登陸，各色西洋話隨著西方列強的東侵，湧入了中國南方。

最先與廣東人打交道的是葡萄牙人，這一時期嶺南的通事，也就是翻譯，基本以口譯為主，這種局面一直持續到十八世紀上半葉。馬戛爾尼英國使團來中國後，由於英國對華交往增多，和英國「日不落」的勢力範圍越來越大，中國的英語翻譯開始替代澳門葡語翻譯，以及拉丁翻譯。

十九世紀，中國這個不想開放的帝國，不得不應對來自海上的「紅毛夷」的挑戰。廣東作為中國的南大門，首先應對的是一場語言的備戰，於聽說讀寫中體味這個世界的刀光劍影。

林則徐有兩頂後世送他的帽子，一是禁煙英雄，二是「睜眼看世界的第一人」。前一個，毫無疑義。後一個，其說不一。如果說林則徐是「睜眼看世界的第一人」，那是因為前朝大明的眼睛從來就沒閉上。至少徐光啟等人是見過利瑪竇為大明繪製的第一代中文版世界地圖的。不過，這個命名是由范文瀾先生提出的，他是中共建政初期的史學界大師，這說法也就定了下來。今天看，也無修改的必要，畢竟林則徐是中國第一代翻譯工程的組織者。

不過，在說林則徐之前，要先說一個人。他叫梁廷枬。曾擔任粵秀書院監院及兩廣總督林則徐幕僚，以獻策抵禦外侮獲內閣中書銜。道光十四年（一八三四年），中副榜貢生，次受聘入海防書局，編纂《廣東海防滙覽》。道光十六年（一八三六年）梁被任命越華書院監院。在越華書院的紅雲明鏡亭編纂《粵海關志》。兩年後完成此書。道光十九年（一八三九年），林則徐來廣東禁煙，梁廷枬為之出謀劃策，大力協助禁煙工作。道光二十四年（一八四四年）寫成《合省國說》等，後刊行為《海國四說》。

梁廷枬的《海國四說》，即《耶穌教難入中國說》、《合省國說》、《蘭倫偶說》、《粵道項國說》，分別介紹了西方宗教、美、英法、義等國的概況，歷述了西方各資本主義國家相繼東來，以商品和宗教打開中國大門的情況，反映了中國社會向近代化轉變中對世界的認識過程。他至少是比魏源還早的，看世界第一人。但晚於《海國圖志》的《海國圖志》，影響更大，主旨更明確，所以，我們還是說它吧。

翻開最終完成於咸豐二年（一八五二年）的《海國圖志》，首先看到的即是著名的《海國圖志原敘》：「《海國圖志》六十卷何所據，一據兩廣總督林尚書所譯《四洲志》，再據歷代史志……」敘接下來說了那句重要的「師夷長技以制夷」。這裡我想說的不是「師夷」之事，而是想說清楚，《四洲志》並非「林尚書所譯」。《四洲志》是他指派梁進德由英國人慕瑞所著的《世界地理大全》摘譯而成。按今天的說法，林大人應算是「出品人」。

那麼，梁進德又是何許人，怎麼會得到林則徐的重用？話還要從梁進德之父親梁發說起。梁發至少有兩個「名號」是載入中國近代史的。其一是「中華第一報人」，其二是「中華第一位基督教傳教士」。其故里就在廣東佛山高明荷城區的西梁村。

算是托了改革開放的福，梁發隱身於西梁村居民區中的破敗老宅，在他逝世一百多年後的二〇〇四年得以復建，現作為「梁發紀念館」對外開放。那段塵封的歷史，從退色的圖片中漸次顯影……

清乾隆五十四年（一七八九年）梁發出生在一個務農人家。由於家境貧寒，十一歲才入村塾讀書，十五歲時又因生計所迫輟學。讀不起書的梁發，只好離開西梁村，在廣州十三行求得一份製作毛筆的工作，後來改為雕版印刷工。嘉慶十五年（一八一〇年），以東印度公司中文翻譯身份進入廣州的英國傳教士馬禮遜，看中已有些印刷手藝的梁發，請他秘密刻印傳教讀物。由於清廷禁止傳教，馬禮遜和米憐兩位傳教士改赴麻六甲發展，並把梁發帶出了國門。

梁發一生除了跟隨幾個重要的傳教洋人之外，還見過或者說影響過兩位近代史上的重要人物：

一位是洪秀全。道光元年（一八二一年）梁發回故鄉成親時，因印佈道書和私自離國出洋舊案，被當地政府判了三十大板。在家養傷期間，編寫《勸世良言》一書。道光十六年（一八三六年）到廣州參加童試的洪秀全，在逛街時邂逅正在散發《勸世良言》的梁發。梁發和他的《勸世良言》深深地影響了洪秀全。

另一位是林則徐。道光十九年（一八三九年）林則徐奉命到廣州禁煙，與兩年前就曾寫出《鴉片速改文》的梁發結識，兩人相談甚歡。林則徐不僅認真閱讀了梁發的《鴉片速改文》，並且採納了其中許多禁煙建議。

戰事初起之時，道光皇帝不知販煙夷人來自何方，林則徐也是一頭霧水。所以，奉命到廣州禁煙的林則徐，一到廣州，即刻尋找通譯人才，收集「夷邦」的情報。

最先加入林則徐翻譯團隊的翻譯叫袁德輝。此人也有留洋背景，曾在麻六甲天主教會學校學習，因成績出眾而獲得麻六甲英華書院獎學金。不到二十歲時，即編譯過《英語與學生輔助讀物》。道光七年（一八二七年）回國後進入北京，被清廷聘為理藩院通譯，曾兩次奉命到廣州收集西書。袁德輝第二次到廣州收集西書時，被林則徐收為幕僚，隨後與美國傳教士伯駕一併翻譯了瑞士法學家華達爾的《各國律例》。這是林則徐翻譯工程的第一個學術成果，其譯文不僅為林則徐談判時使用，後來還被魏源收錄在《海國圖志》第八十三卷夷情備采部份中。

隨後加入林則徐翻譯隊伍的就是梁發的長子梁進德。曾跟美國傳教士裨治文學習過英文的梁進德，經父親介紹進入林府，不僅每天要為林則徐翻譯澳門、印尼、馬來西亞出版的英文報紙和商務信函，還翻譯一些世界地理、科技文化資料，讓林則徐對國外有更多瞭解。後來成為《海國圖志》母本的《四洲志》，就是這一時期梁進德為林則徐翻譯的。

據史料記載，林則徐在廣州搭建的「翻譯班子」，共有四員大將，除袁德輝、梁進德之外，還有亞林和亞孟。其中，亞林比號稱「中國留學第一人」的容閎，還早二十年赴美留學。這個強有力的「翻譯班子」相繼編譯了《各國律例》、《四洲志》、《華事夷言》、《中國人》、《在中國做鴉片貿易罪過論》等西洋著作，成為中國近代最早譯介的外國文獻。也正是有了這些通曉西文的人，才使林則徐和魏源等不識洋文的大人物得以成為「開眼看世界」一代領軍人物。

中國人學習洋文，少不了要有洋師傅，也少不了要有洋教材。

對於外國人來講，中國的文字好比天書，所以，西洋人進入中國後，要解決的第一個難題就是語

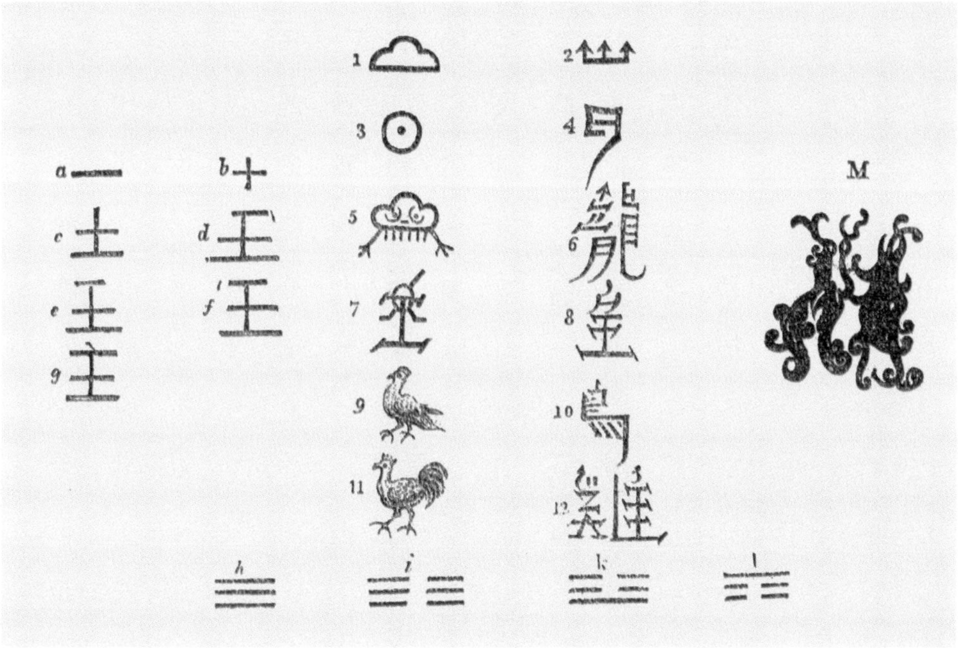

圖9.3：

西洋人進入中國後，要解決的第一個難題就是語言問題。這是荷蘭東印度公司的紐霍夫於一六六五年出版的《荷使初訪中國記》一書中刊出的「中國文字符號」，簡要介紹了漢字的筆畫添加，漢字的形義變化。

言問題。在荷蘭東印度公司的紐霍夫一六六五年出版的《荷使初訪中國記》一書中，我們可以看到書中刊出的「中國文字符號」（圖9.3），簡要地介紹了漢字的筆畫添加，漢字的形和義就發生變化。同樣，習慣了象形文字的中國人，也把洋字母視為天書，而幫中國人打開中文與洋文的譯介通道的首要功臣當屬明萬曆朝來華的義大利傳教士利瑪竇。

利瑪竇進入中國後，深感語言溝通之重要，明萬曆十二年（一五八四年），他就與羅明堅神父合編了《葡華字典》；此後，又於萬曆十七年（一五八九年）編輯《中西字典》、萬曆三十三年（一六〇五年）編輯《西字奇蹟》；最為重要的是，他與郭居靜神父合作，用拉丁字母和中文讀音對照的方式編成了一部《西文拼音華語字典》，開創了漢語拼音化的先河。這些工具書的編寫與出版，為後世翻譯打開了一條便捷的西文漢譯之路，說其功在千秋，也不為過。

清代中後期，世界上最有影響力的西洋語言，已由西班牙語和葡萄牙語，轉向了英語。所以，英國傳教士自然充當了通譯的角色。對於大清來說，第一位英語老師當屬基督教新教最早到中國傳福音的教士馬禮遜。由於滿清政府不僅禁教，而且嚴格控制洋人進入中國。為了能夠取得居留中國的合法身份，二十五歲的馬禮遜接受了東印度公司的聘請，成為該公司的中文通譯員，並以此身份進入了廣州。

馬禮遜具有很高的語言天分，他不僅很快學會了中國官話，而且還會說一口流利的粵語。在翻譯人才奇缺的年代，馬禮遜的年薪高達五百英鎊。但馬禮遜畢竟精力有限，無法完成大量的傳教「教材」的翻譯，和中英貿易中的商務翻譯。於是，萌生了建立宣教士訓練學校的念頭，由於清廷禁止傳教，馬禮遜在麻六甲建立了宣教士訓練學校，隨他一起到麻六甲的梁發，因此成為第一代英文翻譯人才。他的兒子梁進德，後來也成為了一位出色的翻譯。

一八一七年，馬禮遜因成功編寫《華英字典》，獲得了蘇格蘭格拉斯哥大學授予神學博士學位。一八三四年律勞卑勳爵被派到中國，任英國駐華商務總監，馬禮遜為他的中文文書與通譯員，此時，他的年薪漲到了一千三百英鎊。

華洋合一的現代報刊

自一四五〇年德國古騰堡發明了金屬活字印刷後，西方的印刷與出版業便步入高速發展的軌道。一般認為世界上第一份印刷報紙是以十七世紀初出現的歐洲國家報紙為標誌。如荷蘭的安特衛普的《新聞報》

（一六〇九年）、德國的《通告報》（一六〇九年）、英國的《每週新聞》（其全名為《來自義大利、德意志、匈牙利、波希米亞、萊茵河西岸地區、法蘭西與荷蘭的每週新聞》一六二一年），以及法國的《報紙》（一六三一年）。所以，當西洋人進入東方後，現代的傳播手段也被帶入東方，為其所用。

一八一五年，隨馬禮遜來到麻六甲的梁發，加入傳教士米憐創辦的《察世俗每月統計傳》中文期刊編輯團隊（圖9.4）。這本後來被史家認定為「世界第一本中文期刊」，登載各種宗教故事、地理知識和文學作品。沒有新聞專欄，只在第二期登載過一篇題為《月食》的預告性新聞，是中文近代報刊上的第一條消息。

《察世俗每月統計傳》為免費贈閱，傳佈於南洋群島、泰國、越南等東南亞華人聚居區，「中國境內亦時有輸入」。此刊每期六至七頁（一張兩面），每期初印五百冊，第五期起印一千冊，後增至兩千冊。一八二二年，因為米憐病重而停刊，歷時七年，共出七卷。研究者從所刊文章中對文言文的熟練運用判斷，梁發當時不僅是一名編輯，還是一個「記者」的雛形。所以，馬來西亞官方出版的《華人志》中，稱梁發為「第一位華人記者」。中國人民大學編寫的《中國新聞事業通史》中，尊梁發為「中華第一報人」。

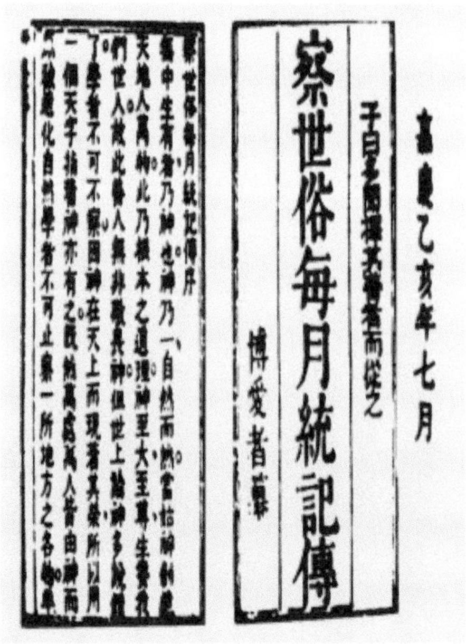

圖9.4：

一八一五年傳教士米憐創辦《察世俗每月統計傳》，這本期刊後來被史家認定為「世界第一本中文期刊」，登載各種宗教故事、地理知識和文學作品。

在麻六甲出版第一份華人雜誌《察世俗民情月報》之後，傳教士郭實臘等人編撰的《東西洋考每月統記傳》期刊就在中國境內出版，成為中國大陸的第一份近代中文期刊。郭實臘在創刊意見中，明確提出創辦這份期刊的目的是「要讓中國人瞭解我們的工藝、科學和原則，從而清除他們那種高傲和排外觀念。刊物不必談論政治，也不要在任何方面使用粗魯的語言去激怒他們。這裡有一個較為巧妙的途徑以表明我們並非『蠻夷』，這就是編者採用擺事實的方法，讓中國人確信，他們需要向我們學習很多的東西。」

據研究近晚中國思想史的學者統計：從一八一五年到一八四二年鴉片戰爭結束，外國人在南洋和華南沿海一帶共創辦了六家中文報刊和十一家外文報刊；而到了一八六〇年二次鴉片戰爭時，外國教會和外國傳教士在中國出版的報刊已達三十二家；而到了一八九〇年，外國教會在中國出版的報刊達到七十六家之多。

西洋人在中國擴張出版業，有他們的政治經濟目的，但也為近晚中國知識界送來的世界的先進文化。中國的維新派、洋務派領袖無不受到西學的直接影響，中國也由此進入了一個大變革的時代。那個兩千多年來以中國為核心的「世界秩序」將被徹底改變，新的世界正在陣痛中降生。

向內視野創造了最先進的大清版圖

西方人的大航海浪潮，沒有拍擊中國的大門之前，大明王朝上上下下，如處「不知有漢」之境；自萬曆朝利瑪竇來華之後，不僅一些書生與官員見識了世界地圖，連皇帝都知道世界有五個大洲，中國只是這個世界的一部份。但是，這個重要的世界觀的啟蒙，沒能走出多遠，甚至，從進入清朝的那一刻，它就被有意識地迴避和消解了。

清代與明代，完全不同，清廷上下不是不瞭解世界，它明明知道世界不是以中國為核心世界，世界是由東方和西方共同構成的世界，而東西方的文化也是各有所長的，但是，大清依然對西方文化採取了一種，「西學為用」的器物層面的接受和世界觀上的選擇性拒絕。比如，下面要說的清初三朝實測中國全圖，不僅技術上採用了西洋繪圖法，甚至，請洋教士來主理這一重大工程，可以說，在技術層面上已「全盤西化」了。

大清建國於極特殊的歷史時期，若將這一時期放到世界歷史的大環境中看，西方的軍事勢力雖然還沒有強力介入這個專制王朝，但西方的文化影響已經進入了帝王的生活。大清第一個皇帝順治的身邊就有幾位傳授西學的洋教士，其中德國的湯若望，還間接地指定了大清帝位的繼承人。清初天花病流行，帝王家的金枝玉葉也難逃此劫。順治的六個女兒，有五個夭折，她們甚至都沒活過八歲；而八個兒子中，也有三個夭折。據說是湯若望告訴順治得過天花而活下來的人，將在下一次天花降臨時免於染病。於是，順治選擇了得過天花而倖存下來的三兒子為太子，他就是後來的康熙帝。順治在二十四歲時，沒能逃出天花的魔爪，繼位的康熙，延續先帝對西洋傳教士的重視，特別請了比利時傳教士南懷仁為西學帝師。

中國的皇帝，雖然沒有明說西方文化是先進文化，但在「術」的層面上，還是很推崇西學的。所以，一六七八年，當了十七年皇帝的康熙，請南懷仁代皇上給歐洲耶穌會寫信，請耶穌會派人到中國傳受西方算學。十年後，六位被冠以「國王的數學家」稱號的法國耶穌會士張誠、白晉等人來到清廷，為康熙建立了蒙養齋算學館。

康熙是在位最長的皇帝，但八歲繼位的他，不可能在少年時做出政績，直到康熙八年，也就是康熙十六歲時，才贏得了與顧命大臣鰲拜的鬥爭，走向親政。康熙執政後，做了許多大事，撤除吳三桂等三藩勢力（一六七三年），統一台灣（一六八四年），平定漠西蒙古準噶爾汗噶爾丹叛亂（一六八八年至一六九七年），簽定了中俄《尼布楚條約》（一六八九）……故土新疆穩定之後，康熙開始整理這份巨大的「家業」，中國歷史上最大的版圖工程《皇輿全覽圖》，由此拉來了序幕。

《皇輿全覽圖》不僅名字中強調了皇權，實際上，它也確實是由皇帝還有皇子掛帥指揮的工程。但最初的動議，則是在中俄進行尼布楚邊界談判時，由傳教士提出的。當時被聘為中方翻譯的法國傳教士張誠借準備邊界談判地理資料之機，繪出了最新的亞洲地圖；他在向清廷進獻談判所用的地圖時，不僅指出了中國東北部地理資料很不完善，而且建議清廷進行一次全國性的大地測量。此後，他又借入宮議事的機會，當面向康熙提出這個問題，最終引發了這項影響深遠的測繪工程。

西元一七〇八年，在皇帝寶座上坐了四十七年的康熙，啟動了重繪中國全圖的工程。這支由洋教士領導的測繪隊伍，拋棄了中國傳統的「計里畫方」繪圖法，運用了西方的三角測量、經緯線及投影法等

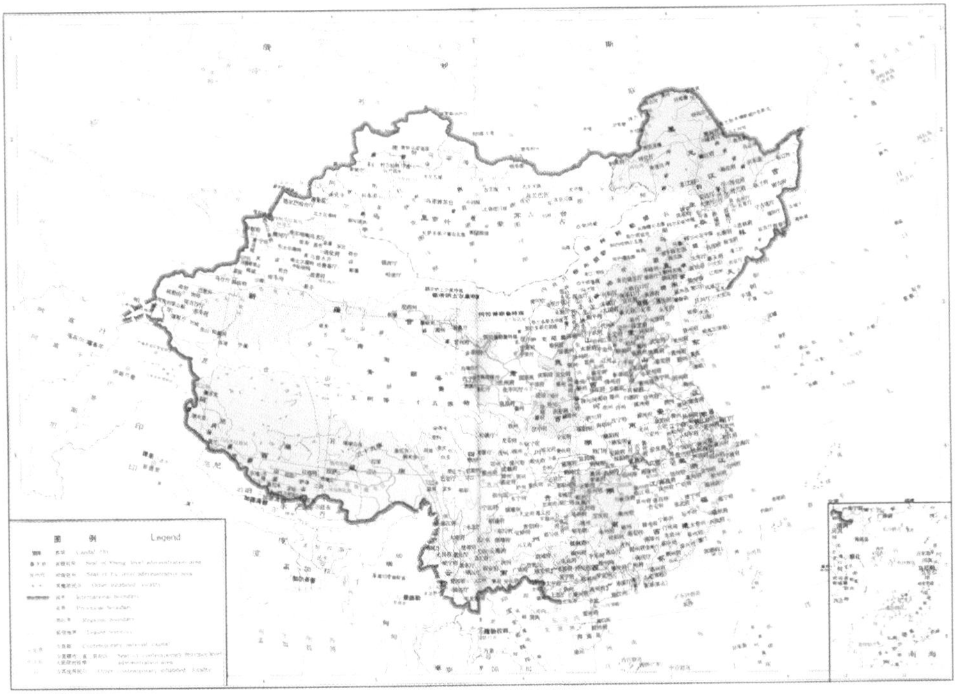

圖9.5：

康雍乾三代運用現代測繪方法繪製了《皇輿全覽圖》、《皇輿十排全圖》和《皇輿十三排全圖》，構成了最為精確的中國版圖，成為後世繪製中國地圖的基礎。如，譚其驤先生主編的《中國歷史地圖集》中的這幅形似海棠葉的《清後期中國全圖》。

先進技術，用了十年時間，先繪製出各省地圖。康熙五十六年（一七一七年），由白晉將各省分圖總繪製成一幅全國地圖。它就是著名的《皇輿全覽圖》——古代中國的第一幅實測全國地圖，也是當時世界上最大的實測地圖。它是後來大清繪製全國地圖的母本，如，譚其驤先生主編的《中國歷史地圖集》中的這幅形似海棠葉的《清後期中國全圖》。（圖9.5）。

康熙時的大清疆域，東起大海，西到蔥嶺，南至曾母暗沙，北跨外興安嶺，西北到巴爾喀什湖，東北到庫葉島，版圖面積大約有一千三百萬平方公里。但《皇輿全覽圖》由於戰亂等原因，一些地區沒有完全靠實測表現出來。所以，雍正與乾隆二朝，又在此基礎上，分別測繪和和製作了

《皇輿十排全圖》和《皇輿十三排全圖》。

康雍乾三代繪製了最為精確的中國版圖，但這只不過是運用西方傳教士帶來的現代製圖法，炫耀版圖遼闊，昭示吾皇威儀。但對於世界以及新的世界秩序，大清一代仍以「皇朝威儀」的傳統觀念看待世界。所以，乾隆八年（一七四三年）完成的《大清一統志》中，仍認定西洋國在印度洋附近，也可能在西南大海中，而佛郎機、荷蘭與蘇門答臘、爪哇相鄰。乾隆五十四年和珅等奉旨編修的《欽定大清一統志》，仍然將外面的國家都列為「朝貢」之國，而西方國家，也僅記錄了荷蘭、西洋、俄羅斯、佛郎機等少數幾個國家。

精確的國家版圖與完全糊塗的世界圖景，成為大清與世界的最終認識格局。

大清王朝為何拒絕和懼怕西學

古代中國，否定西來世界觀的並非「愚昧」的老百姓，而是著名的學界巨擘。

乾隆一朝，最聰的人除了皇上，就的紀曉嵐了。依紀曉嵐的智慧與眼光，他完全可以理解舶來之西學，也完全可以將西學文本收入到他主持編撰的超級類書《四庫全書》之中，但事實恰恰相反，他對當時已有一定影響的艾儒略的《西學凡》評介卻是「皆器數之末」、「支離怪誕而不可詰」，以一副「華貴夷蠻」的姿態，僅將這部重要的著作收錄在《四庫全書總目提要》之中，以「提要」的形式，聊備一格。而在提要中，艾儒略的《職方外紀》，也被貶低為：前冠以萬國全圖，後附以四海總圖，所述多奇異，不可究詰，似不免多所誇飾。然天地之大，何所不有？錄而存之，亦足廣異聞也。

嘉慶朝大學士阮元，雖然能編著《十三經校勘記》這樣的學術巨著，但對地球說卻竭力否定，認為這種理論「上下易位，動靜倒置，則離經叛道，不可為訓，固未有若是甚焉者也」。

晚清大學者皮錫瑞留學美國的兒子皮明舉，為了普及地理知識，曾編了一首詩歌，其中謂：「若把地球來參詳，中國並不在中央。地球本是渾圓物，誰居中央誰四傍。」這本是常識。可是晚清的大藏書家葉德輝卻勃然大怒：「地球雖圓，無所謂中央、四傍之分，但總有東西之分吧？亞洲在地球的東南，而中國又在東南之中，四時之序先春夏，五行之位首東南，中國當然就是位居地球之首。外國人笑中國人自大，你怎麼不把這個道理講給他聽？」明朝以來傳入中國的西學與世界觀，轉眼落入了一場歷史大倒退。

大清學人為何要在新知面前，設置古怪的文化屏障？不是他們不明白其中的道理，而是這些新知將粉碎那些傳承了兩千年的舊識，那是他們安身立命的東西。

古代中國的「自大式自信」，也不是沒有來由的，它因獨特的地理背景而生，也因獨特的文化背景而複雜多變。中華帝國背靠大陸，海上沒有大的島國對其構成威脅，這一特殊的地理現實使這個帝國，自先秦「九州」之說開始，就形成了以內外文野的天下觀。那時中原人強調的「華夷之辨」的「夷」，指的是中原之外的少數民族；隨著秦專制集權國家的建立，這個「夷」進一步擴大到凡與中央政權相鄰的地區；明清以來這個「夷」多指的是海外諸國，或者西方國家，如「紅毛夷」。一直以內陸視野來面對世界的中國，構建起自成一體的「天下觀」和能夠自我掌控的「小世界」的格局。而地理知識貧乏與國際交往的局限，也客觀上促成了中國人的「天朝即天下」的唯我獨尊的世界觀。

所以，明代以來，西學進入中國後，一直沒有得到應有的地位，不是西學不高明，而是古代中國自作聰明的心理過於強大。這種自大的心理甚至到今天仍有迴響，仍有當代學人在說「至清以前，西方文化並不比中國先進」，完全無視歐洲文藝復興與啟蒙運動，還有大航海給整個歐洲帶來的科技層面與政治層面的天翻地覆的變化。

除此之外，我們應當看到，每一種自大的背後必然隱藏著一種心虛。大清上下對西方和西方傳教士帶來新世界觀，有著一種更深的恐懼藏在這個古老國家的文化深處。

康乾盛世，三代皇帝接受西方傳教士帶來的地學天學，不僅任用傳教士主理中國全圖的測繪工作，而且還任用傳教士編定新曆主理天文工作，對西學的尊崇可見一斑。但是，這只是清朝接受西學的表象。據法國傳教士張誠的日記透露：康熙不准傳教士在有漢人和蒙人的衙門裡，翻譯任何科學文獻。很怕這些先進的學問傳到「外族」手裡。研究過這一切的梁啟超等學人曾指出：康熙在位時對西方科技很感興趣，並且還掌握了很多，但他卻嚴禁自己之外的人學習，因為他擔心先進的西方科技一旦傳開，將會極大的動搖以騎射起家的滿清的統治。梁啟超說，康熙的西學是用來打擊他人的一個工具，「就算他不是有心窒塞民智，也不能不算他失策」。所以，梁啟超說：「今日中國欲自強，第一策，當以譯書為第一事。」此言一語道破中國翻譯的目的與取向。

梁的說法是給皇朝留的面子，實際上，他是應該看出大清是有心「窒塞民智」的。大清朝廷不接受新的世界觀，是在維護帝國舊的世界觀。朝廷看得清楚，這不是簡單的西學東來，不是簡單的天地之學，而是一種摧毀舊世界和舊秩序與舊王朝的世界觀。因而，天朝、天子，以及他們的「家天下」都不喜歡，甚至是害怕全新的世界和世界觀。

西學大舉進入中國時，經歷了文藝復興與大航海的歐洲，不僅在科學上顯示出它的進步性，而且，在人文理念與國家建設上，走上了更高的層級，已發展出許多主權平等的民族國家，而各個國家之間的權力平衡，也慢慢進入到有了相對統一的國際秩序之中。這一切，與大清的中央集權，皇權至高無上，完全是兩個世界。

如果，中華帝國認可西學觀念，就要接受這種地理格局所展示的世界政治格局，這就等於否定了帝國的舊知識系統，而天朝的舊知識系統，完全是君君臣臣父父子子的家天下系統，那必是「君將不君」、「國將不國」的結局；大清「一姓天下」的王朝就將為「民主共和國」的「民族國家」所取代。大清王朝已經緊張地感受到，整個中國正由地理新知入手，接受重新構築的新世界秩序。這便是大清王朝被迫開展「洋務運動」時，所採取的「中學為體，西學為用」策略的背景。

所以，明清之際的中國，並不是沒有獲得世界知識的條件，而是沒有接受世界知識的心態，更重要的是沒有開放的意識形態。

鴉片戰爭給大清帶來不得不接受的「世界」與「秩序」。急操「洋務」的大清，沒能挽救「甲午」敗局。面對亡國之危機，終於有人從天朝大夢中醒來。以康、梁為代表的維新黨人，可以說是中國第一批現代意義上的「公共知識分子」。他們站在民眾立場敢於叫板於天朝，提出「開議院」、「廢科舉」、「興學校」、「設報達聰」等頗具西方立憲政治制度特色的主張，使中國近代化歷程，超越器物層面，進入到制度層面。

康梁變法有它的歷史局限性，但我們更要看到它的歷史突破性。康有為的《歐洲十一國遊記》（圖9.6），梁啟超的《新大陸遊記》，都對當時的社會產生了巨大影響。他們的限制皇權，或拋棄皇權的現代意識，使在「王即天下」裡生活了上千年的國人，第一次看到了「憲政國家」的曙光。這是西學對中國傳統思想的一次歷史性衝擊，它顛覆了幾千年的專制集權觀念，這當然是大清皇朝不願看到的。

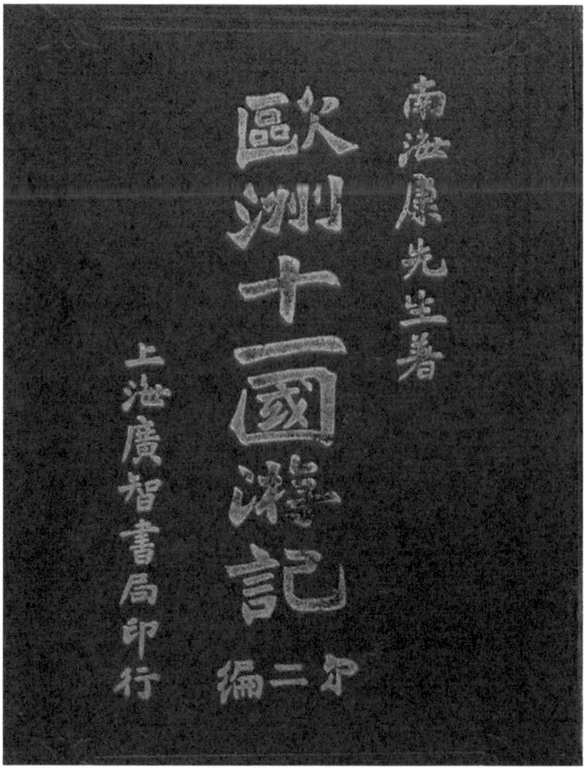

圖9.6：

康梁變法有它的歷史局限性，但我們更要看到它的歷史突破性。此為康有為所著《歐洲十一國遊記》，清光緒廣智書局初版。

既然，皇權是現代國家的死敵；自然，憲政也是皇權的死敵。康梁要變「法」；朝廷要滅維新。歷史用血的事實證明：這個帝國根本不需要新的世界觀，更不需要西洋的憲政。在這個意義上，大清的態度是——「知識越多越反動」；而對待這群新生的「公共知識分子」，帝國只用一個字來回答——「殺」。新知在血泊中被扼殺，又在血的教訓中重生。

走出國門認知世界

一八四〇年後，大清政府不得不睜眼看世界，學習如何與世界交往，一八五一年首屆世界博覽會在英國召開時，大清的商人也來到英國參加了盛會。其中，有中國商人不僅參加了博覽會，還受到了英國女王的接見。當年的《倫敦畫報》還報導大清商人及家屬拜見英國女王時的情形，畫中商人（右一），據考證是徐榮村（圖9.7）。這一時期的清政府，不僅是出國看西洋景，還做了一些「體制改革」：清咸豐十一年（一八六一年）大清成立總理衙門，咸豐十二年（一八六二年）開辦同文館，同治五年（一八六六年）朝廷派官員出國遊歷……西學、西風，就這樣再一次進入中國。

緊鎖的國門被迫向世界打開，林則徐被稱為「開眼看世界的第一人」，其實，僅是坐而論道的「開眼」人，真正走出去看世界的另有其人。比如，人們常說「近代留洋第一人」容閎。道光十四年（一八三四年）容閎父母送他到澳門洋人辦的小學讀書，最初的想法，只希望他學會幾句英語，以後到外國人那裡當個聽差，混個洋飯碗就可以了。但是容閎的聰穎好學，得到了幾位外國朋友的賞識，大家資助送他赴美留學。道光二十七年（一八四七年）容閎赴美留學。

和容閎的留學一樣，林針出國也是一次偶然。道光二十七年，在廈門給美國商人當通事（翻譯）的林針，有了一個隨「花旗」商人赴美商開展業務活動的機會，遂使他成為「近代出國考察第一人」。道光二十九年（一八四九年）林針返回廈門，在福州刻印了他的《西海紀遊草》一書。此書用古詩加注和駢文的形式，介紹了訪美所見。如美國於一八四二年架設的第一條電報線路的情況。書中還寫到了歐洲

圖9.7：

首屆世界博覽會一八五一年在英國召開時，大清商人也來到英國參加盛會，有的大清商人還受到了英國女王的接見。這是《倫敦畫報》報導大清商人及家屬拜見英國女王時的情形，畫中的商人（右一），據考證是徐榮村。

剛發明不久的照相機，稱之為「神鏡」。不過，讚嘆之餘，林針仍不放棄「華夷」之分，蔑視「蠻貊」和宣揚「節孝」的思想，溢於言表。

真正代表大清出訪西方「開眼」的是斌椿。這位官員似乎覺得也有標示「第一」的必要，所以，在他的多首紀遊詩中都有「第一」的表述：「書生何幸遭逢好，竟作東來第一人。」「愧聞異域咸稱說，中土西來第一人。」令人玩味的是，近代中國官員走出國門的建議，卻是洋人提出的。這個洋人就是時任大清海關總稅務司的英國人赫德。在他的提議下，同治五年（一八六六年），北京第一所外語學校——同文館有三名學生，踏上了遊歷歐洲的旅程，其領隊就是六十三歲的滿族官員斌椿。

容閎的出國留學是一次洋人的恩典，這一點容閎很清楚，所以，他在感恩的同時，也想到了更多的學子應當走出國門，官派留學應當成為一種制度。於是，有了同治十一年（一八七二年）到光緒元年（一八七五年）間，由容閎倡議，在曾國藩、李鴻章的支持下，清政府先後派出四批共一百二十名學生赴美國留學的壯舉，從而跨出中國走向現代化的重要一步。

第一批幼童於同治十一年八月十一日由上海出發，跨越太平洋，在美國西海岸舊金山登陸。幼童們被分配到新英格蘭地區五十四戶美國家庭中生活。從此開始了他們長達十五年的留學生涯。這批學生差不多都是應募而來的平常人家的子弟，他們皆能吃苦，勤敏好學。據不完全統計，到光緒六年（一八八〇年），共有五十多名幼童進入美國的大學學習。其中二十二名進入耶魯大學，八名進入麻省理工學院，三名進入哥倫比亞大學，一名進入哈佛大學。幼童在美國接受西方的教育，隨著時間的推移，不少幼童索性把腦後的長辮子剪掉。幼童學習西方教材，不但學到了許多新的自然科學知識，而且也接觸了較多的資產階級啟蒙時期的人文社會科學文化，這使他們漸漸地對學習四書、五經等儒家經典失去了興趣，反而對個人權力、自由、民主之類的東西十分迷戀……所有這些新變化都被清政府的保守官僚視為大逆不道，一場圍繞留美幼童的中西文化衝突不可避免。

光緒七年（一八八一年），原定十五年的幼童留美計畫中途夭折，有百分之九十以上的出洋幼童未能完成學業，絕大多數被召回國。當時，耶魯大學的二十二位留學幼童中只有詹天祐和歐陽庚二人順利完成學業。容揆和譚耀勳抗拒召回，留在美國完成耶魯大學學業。李恩富和陸永泉則是被召回後，重新回到美國，讀完了耶魯學業。

容閎等人倡導的幼童留美計畫，就這樣在頑固守舊勢力的打擊下夭折。但畢竟這是一份中斷了的偉大壯舉，得失之間，人們感受到的是民族崛起之痛。

從「洋務」考察到「走向共和」

閉關政策被炮艦政策打敗後，大清王朝中的「先進分子」終於逐漸認識到：不能不研究外國的政治，不能不引進外國技術，也不能不跟外國打交道。這就是從咸豐十一年（一八六一年）起逐步形成的「洋務運動」，和大清派員出國考察的「大背景」。

如果說，同治五年（一八六六年）的斌椿只是初賞「西洋景」，那麼，同治七年（一八六八年），大清派出了第一個出訪西洋的外交使團，則是更深入的觀察西方。但從這個使團的人員構成，依然可以看出大清的外交粗糙與人才的緊缺。這個中國使團「辦理中外交涉事務大臣」首席代表竟是一位前任美國駐華公使，此時受聘為中國政府服務的美國人蒲安臣，另兩位是總理各國事務衙門章京、花翎記名海關道志剛；總理各國事務衙門章京、道銜繁缺知府、禮部郎中孫家谷（圖9.8）。

大清使團巡迴訪問了美、英、法、瑞典、丹、荷、普、俄、比、西等國，隨大清使團志剛一起出訪的張德彝，津津有味地敘述了他在各國的見聞，如在法國，親聞親見了普法交兵、法國投降、巴黎起義、凡爾賽軍隊攻佔巴黎，以及對革命者進行大規模鎮壓等等歷史場面，他以一個目擊者的身份，寫下了《隨使法國記》，及出使「述奇」的系列著作。

這一時期，大清出訪或出使西方的中國官員，親眼見到了傳說中的西方世界，對西方的印象與看法大大改觀。光緒二年（一八七六年），原來主張「內中國而外夷狄」的駐英副公使劉錫鴻，到倫敦兩個月後，就在《英軺私記》中寫道：「經過詳細考察，我覺得除了父子關係和男女關係兩個方面以外，這裡的風俗和政治都可以算得很好，沒有不勤於職守的官員，也沒有遊手好閒的百姓，人民和政府之間比

圖9.8：

一八六八年大清派出的首個中國使團的首席代表，竟是一位前任美國駐華公使蒲安臣，副使才是兩位中國人。這是當時的《倫敦畫報》報導大清使團訪問英國的版畫。圖中間站立者為蒲安臣，左一為副使志剛，右一為副使孫家谷。

較融洽，法律並不暴虐殘酷，人們的性情也很誠懇直率。兩個月來，我出門的次數很多，見到居民的表情都很安詳快樂。可見這個國家不僅僅是富足和強大而已，我們不應該再把它看作過去的匈奴、回紇了。」

光緒三年（一八七七年）一月，郭嵩燾專為馬嘉理案（一八七五年英國駐華使館翻譯馬嘉理，擅自帶領一支英軍由緬甸闖入雲南，開槍打死中國居民。當地人民奮起抵抗，打死馬嘉理。英國借此事件，強迫清政府簽訂了《煙台條約》）而赴英。郭嵩燾不僅超越了「天朝帝國」朝廷交給他的使命，而且還能夠超越幾千年專制主義形成的觀念和教條，從而做出了西方不僅有「堅船利炮」，而且在「政教」、「文物」等方面都已經優於當時的中華，中國若要自強，就必須向西方學習的這樣一個極為重要的結論。

郭嵩燾認為推行西法，關鍵在於要有通西學，行西法的人才。因此他除了建議「通商口岸開設學館」外還建議「各省督撫多選少年才俊……而後遣赴外洋，分途研習。」他特別反對李鴻章迷信「堅甲利兵」，只許出洋學生學習軍事的做法。他認為槍炮談的再多，也是「考求洋人末務而忘其本」。

但是，就在郭嵩燾等人倡導西學之際，大清的守舊派大臣也不甘示弱，並也以遊歷西洋的身份，來反對西學。如，曾赴英國考察的劉錫鴻，就是在前往英國前就做好了對一切「用夷變夏」的嘗試都給以迎頭痛擊的充分準備，而且還準備努力去「用夏變夷」，克盡一個大清臣子的職責。如，在參觀《泰晤士報》時見到印刷機器，劉錫鴻卻認為不如用中國式手工印刷方法為妙。他算了一個帳，七萬份報紙的報費及洋銀四千餘元，足可以養活這二千八百個工人及其八口之家：「是二萬數千人之生命托於此矣，何為比用機器，以奪此數萬人之口食哉？」劉錫鴻還說英國書籍是「倒起來讀」的，由此證明，中國的一切都是對的，洋人的一切則和中國相反，不可理解的。對於西方的發達與強大，他則認為「外洋以富為富，中國以不貪為富；外洋以強為強，中國以不好勝為強」。

古代日本一直是向中國學習的納貢國。西方人打開東方航路後，中日兩國的遭遇是一樣的。但日本在「黑船事件」被迫開放後，立即維新變法，向西方學。短時間內便建成了一個「西化」的資本主義現代國家，轉而成了中國接受西學和認識西方的一條主要渠道。

日本維新以後，中國和日本的交往逐漸多了起來。因為地理和歷史兩方面的原因，在中國慢慢地走向開放以後，知識分子到日本去的，要比到歐美去的多。在這些人中，有由清廷特派出使和遊歷的官吏，有地方當局為了辦理洋務推行新政資遣參觀考察的人員，也有自費出遊的士子。到了東洋的中國人，看到了許多西學的成果，許多感想與見聞散見於他們的各色筆記與遊記中。如，較早出使日本的何如璋，就著有《使東述略》，較為詳細 地介紹日本的基本情況。例如長崎及附近地方的地理、歷史、民俗、國政各方面的基本情況都涉及到了。此後，經歷日本各地描寫莫不如此。

所有赴日的中國人，都看到了東洋的進步，覺得中國應該急起直追；思想保守的人，也感到了外國的威脅，覺得不能泰然處之。但在近代中國，第一個對日本有真正瞭解，其關於日本的研究在國內產生真正大影響的人，應該算是黃遵憲。黃遵憲不僅是一位詩人，更是一個維新運動家、一個啟蒙主義者、一個愛國政治人物。他是第一個把明治維新的經驗教訓介紹到中國的。他的著作《日本國志》（一八八七年成書），可以稱為中國研究日本的空前著作。除了系統介紹日本人的天文地理國通的基本情況外，其價值尤在外交、職官、學術、食貨、禮俗諸志。它是中國人寫的第一部日本通志，敘述了日本古往今來各方面的情況。但書的核心是想達到讓中國人瞭解日本，特別是瞭解日本的明治維新，這是一次自上而下的改革，使維新之後的日本發生了巨大變化。從某種意義上來說，它也是一部名副其實的「明治維新史」。後來事實證明，黃遵憲的這部書在中國近代史上產生了重要的啟蒙作用。

但黃遵憲的書生之言，並沒能引起清政府的重視，中日關係一步步走向緊張，學習日本經驗，甚至成為忌諱的話題。最後，沒能打敗西洋人的清政府，又在鴨綠江邊和黃海海上敗給了東洋人。

受戊戌變法影響，戊戌九月，梁啟超開始了政治流亡的生活。走出國門的梁啟超，對世界形勢的認識與康有為比較起來，還是有很大的進步。他有了一個比較明確的進步歷史觀，肯定了「凡在天地之間者莫不變」這個前提，認為「大地萬國，上下百年間，強盛弱亡之故」，完全在於能否自覺地適應

「變」的規律。他向整個知識階級大聲疾呼，讓大家都來看清「地大萬國」的歷史和現狀。從中得出中國必須變法才能自強的結論。

清政府在戊戌、庚子事件及孫中山的革命運動興起之後，為鞏固人心，確保清朝基礎，特派出五位大使出訪外國，尋求現代治國之道。光緒三十一年（一九〇五年），清廷發出《派載澤等分赴東西洋考察政治諭》，諭旨「分赴東西洋考求一切政治，以期擇善而從」，當時慈禧太后說過：「立憲一事，可使我滿洲朝基礎永遠確固，而在外革命黨亦可因此消滅。候調查結局後，若果無妨害，則必決意實行。」

五大臣都是深得清廷寵信的官僚。他們從來不能代表中國士大夫階級中那些傾向進步的力量，但也並非特別昏庸，不算極端頑固。他們看到革命的危險，看到了政治不「善」是革命「逆說橫流」的根本原因；同時也知道「方今各國政治藝術，日新月異。進步正速」其中就包括了實行君主立憲制度的日、德、英、奧、義、比等國家，只有「實行其因革損益之方」，才能「收富國強兵之效」，從而「杜絕亂源」防止革命。

五大臣的考察立憲的結論，可見載澤領銜的《奏請以五年為期改行立憲政體摺》。五大臣一出洋，考察政治的諭旨一發表。清廷中守舊的一派突然覺得，綱常名教、世道人倫、國恩家慶、利祿功名，隨著憲政即一定程度的民主制度的建立，都將毀於一旦。因此，他們不能不誓死力爭。因此，五大臣說：唯有立憲，才有可能避免革命。反對五大臣的人說：唯有不立憲，才有可能制止革命。

這樣的情形下，慈禧太后又一次運用了保持平衡，利用平衡的馭下權術。於光緒三十二年（一九〇六年）發出一通「宣示預備立憲，先行釐定官制」的上諭，一面表示「仿行立憲」；一面強調「目前規制未備，民智未開，若操切從事，塗飾空文，何以對國民而昭大信」，所以只能先作預備，「俟數年後」查看情形，「妥議立憲期，再行宣佈天下」。兩年以後，又宣佈了一個「九年預備立憲」的計畫，比五大臣奏請的期限實際上推遲了七年。但進步的世界不會等了，中國人民不會等了。另一種人，另一種思想，像風暴一樣引發了一場更大的變革，那是一場摧毀舊世界的革命。

面朝大海，一曲悲歌

中國發明了火藥，是世所公認的事實，但說中國是大炮的故鄉，還有不同的看法。現存最早的中國火炮是元朝至順三年（一三三二年）的銅製大炮。但義大利的古老交易文件顯示：一三二六年佛羅倫薩城訂購了銅製大炮和一些鐵質炮彈。折中的說法是：中西火炮是相互獨立發展起來的，大約同一時期出現在中西戰場上。但最能展示近代軍事實力的「堅船利炮」，無疑是西方世界所獨有的。

關於大炮在艦船上的應用，西方最早的記載是：在一三四〇年英格蘭與法國在斯魯伊斯港（Sluys）的海戰，弱小的英格蘭率先在船上中使用了火炮，海戰由此進入了熱兵器時代。一五二二年，葡萄牙的五艘戰艦企圖佔據珠江口一島嶼，被大明守軍擊敗，兩艘戰艦和二十餘門艦載大炮被繳獲。按當時大明對葡萄牙等西洋國家的稱呼，中國人遂將這些艦載大炮稱之為「佛郎機」。這種大炮當時的有效射程，已達五百公尺至六百公尺，四十五度仰角發射的時候，最大射程可達一公里。「佛郎機」大炮不僅是後裝炮的祖先，而且是近代金屬定裝彈藥的原型。

大明王朝完全沒有意識到西洋人的海上擴張，僅僅把他們當成了武裝海商，只要「海禁」就萬事大吉了。而此時的英國航海家羅利（Walter Raleigh），則將航海與國策的關係說得十分明白：「能控制海洋的人，便可以制控世界貿易，而能控制世界貿易的人，便能控制陸地資源和陸地本身。」事實上，英國也正是靠著「堅船利炮」攻開中國大門的。

一八六〇年，工業革命為英國提供了鐵製戰艦「勇士」號，它標誌著鋼鐵戰艦的時代拉開了大幕。

有著悠久造船傳統的中國，此時，已無法在造船這齣戲裡唱主角了。一八六一年《北京條約》簽訂後，清廷請英國買辦為中國購買戰船。人們很容易這樣想：大清是從鴉片戰爭汲取了教訓，才想起打造帝國艦隊的。事實上，當時急切需要戰艦的大清，並不是用戰艦來抗擊外國侵略者，而是要用它來鎮壓太平天國。所以，英國人在賣船的同時，提出《英中聯合艦隊章程》，規定這支艦隊要由英國人擔任司令，這個洋司令還將是中國海軍的總司令，他甚至有權不執行清政府的命令。

清廷斷然拒絕了將兵權移於國外的合同，進口外國戰艦組建中國海軍的第一次嘗試就這樣破滅了。而此時，在美國炮艦的威懾下，日美簽訂了《日美和好條約》，由此打破了日本延續兩百多年的鎖國狀態。一八六八年借「明治維新」之新風，日本從美國購入鐵甲艦，迅速建立起自己的海軍。

在外族侵略和日本建立海軍的雙重壓力下，清光緒元年（一八七五年）由李鴻章牽頭，掀起購買外國軍艦的浪潮。大清把用七萬六千兩白銀從英國買回的第一艘軍艦，命名為「龍驤號」。此後，清廷又從英、德等國訂購了大量戰艦，其中就有國人所熟知的德製「定遠號」和「濟遠號」。

當時的大清與日本艦隊裝備都達到了世界先進水準，但待遇優厚的大清海軍，管理混亂，實戰功夫差，更重要的是清廷迂腐且無能，注定了中國海軍的悲劇命運。在光緒二十年（一八九四年）七月爆發的中日甲午海戰中，日本巡洋艦「浪速丸」，以不宣而戰的方式，在朝鮮牙山口外擊沉了大清租的英國運兵船「高昇」號。這是當時日本《朝日新聞》報導此新聞時配發的版畫（圖9.9）。此後，黃海海戰、威海海戰，大清連敗。中國近代海軍史上第一位艦隊司令丁汝昌服鴉片自殺。幾天後，日本聯合艦隊正式佔領威海衛港，俘獲北洋海軍的「鎮遠」、「濟遠」、「平遠」、「廣丙」、「鎮東」、「鎮西」、「鎮南」、「鎮北」、「鎮中」、「鎮邊」等十艘軍艦。

圖9.9：

在一八九四年七月爆發的中日甲午海戰中，日本巡洋艦「浪速丸」，以不宣而戰的方式，在朝鮮牙山口外擊沉了中國運兵船「高昇」號。這是當時日本《朝日新聞》報導此新聞時配發的版畫。

奇怪的是，海上戰敗的清廷不去總結海洋策略的失誤，卻把北洋營建海軍當成了錯誤。戰敗後，清廷不僅放棄了對朝鮮的宗主權，而且下令撤銷了大清海軍衙門。至此，輝煌一時的中國海軍覆滅了。

為大清管理海關的英國人赫德，對大清的認識似乎更加清楚，他說：「恐怕中國今日離真正的改革還很遠。有時忽然跳起，呵欠伸腰，我們以為他醒了，準備看他做一番偉大事業。但是過了一陣，卻看見他又坐了下來，喝一口茶，燃起煙袋，打個呵欠，又朦朧地睡著了。」

「睡著的中國」後來被形象地繪入那幅今天所熟知的《時局

全圖》中，那是一個令人警醒的「時局」：一九〇〇年沙俄乘八國聯軍侵華戰爭之機，出兵侵佔了東北全境。中俄兩國於一九〇二年四月八日在北京簽訂中俄《交收東三省條約》，按規定一九〇三年四月八日，是沙俄第二期撤軍的期限，俄軍不僅沒有退兵之意，反而想要獨吞東北三省。為喚起國人對東三省前途問題的關注，一九〇三年十二月底，蔡元培、章士釗等人在上海創辦了一份以抗俄為主旨的《俄事警聞》期刊。並在創刊號上推出了一幅漫畫地圖——《時局圖》，這是我們今天所見到的《時局全圖》最早的內地版本（圖9.10）。

《時局圖》初刊於一八九八年七月的香港報紙《輔仁文社社刊》，當時的名字叫《時局全圖》。依時間算，它應是中國第一幅近代報刊漫畫和漫畫地圖；而到了一九〇三年底蔡元培等人主編《俄事警聞》刊出時，《時局全圖》已變了模樣。首先它是比原圖多出了五個中國人的形象：一個手舉銅錢的貪官；一個醉生夢死的人；一個倒在地上的大煙鬼；一個文狀元和一個武狀元。新加入的人物形象多了一份自我批判的意識。此外，五個動物也有了一點變化：原來代表英國的犬，換成了老虎，近珠江口香港的位置上有爪痕；德國的腸不見了，似乎被老虎尾巴所代替；代表日本的太陽，其光線不只延向台灣，更延伸至遼東半島、福建及中國內陸。

回望歷史，我們會發現：時間深處總藏有我們錯過的「峰迴路轉」的節點——在大清重臣痛苦思索來自海上的種種危險與應對策略時，遠在地球的另一邊，卻有人給出了指導當下並影響未來的答案：一八九〇年美國出版了海洋史專家馬漢（Alfred Thayer Mahan）的《海權對歷史之影響：一六六〇～一七八三》（*The Influence of Sea Power Upon History: 1660-1783*），它和此後接連出版的《海權對法國革命和法帝國的影響：一七九三～一八一二》（*The Influence of Sea Power upon the French Revolution*

圖9.10：

一九〇三年十二月底，蔡元培、章士釗等人在上海創辦了一份以抗俄為主旨的《俄事警聞》期刊。並在創刊號上推出了一幅漫畫地圖——《時局圖》。它是中國第一幅近代報刊漫畫和漫畫地圖。

and Empire, 1793–1812）和《海權與一八一二年戰爭的聯繫》（*Sea Power in Its Relation to the War of 1812*），構成了「海權論」三部曲。

但不論是在一八九四年甲午海戰之前，還是在此後，清廷都沒有關注到：憑借海上力量控制海洋，以實現國家發展戰略構想的海權理論。相反，那時的海上列強則都以海權為立國之本：英國對馬漢之海權思想推崇備至，在一八八九年英政府提出海軍擴充計畫時，海權理論成了最強力的辯護理由。美國高度重視馬漢的海權思想，突破傳統近岸防禦思想，相繼吞併了夏威夷、威克島、關島等一連串「踏腳石」，走上了大洋擴張之路。在海權論的直接影響下，日本上下形成了大力發展海軍的統一意志，在短時間內建成了遠東一流艦隊，相繼打贏了甲午戰爭、日俄戰爭這兩場具有重大意義的海戰，一舉成為西太平洋上的海洋強國。

馬克思曾說：「不能想像一個偉大的民族能夠與海洋相隔絕」，而我們這個偉大民族卻不幸被言中。古代中國與大海結緣就是幾個短暫的好光景，又都好景不長。生於黃土敗於大海的帝國，至死都沒有看清楚大洋與國家的關係，沒有樹立起正確的海洋觀。

那麼，我們還為它的命運哀嘆什麼呢？

國家圖書館出版品預行編目 (CIP) 資料

誰在世界的中央：古代中國的天下觀 / 梁二平著. -- 第二版. -- 臺北市：風格司藝術創作坊, 2019.12
面； 公分
ISBN 978-957-8697-53-9

1.東西方關係 2.古地圖 3.中國史

630.9 108012479

誰在世界的中央——古代中國的天下觀

作　　者：梁二平著
責任編輯：苗龍
發 行 人：謝俊龍
出　　版：風格司藝術創作坊
235 新北市中和區連勝街28號1樓
Tel：（02）8245-8890
總 經 銷：紅螞蟻圖書有限公司
Tel: (02) 2795-3656　Fax: (02) 2795-4100
地址：台北市內湖區舊宗路二段121巷19號
http://www.e-redant.com
出版日期／2020 年 2 月　第二版第一刷
定　　價／480元

ISBN 978-957-8697-53-9　Printed in Taiwan